Deslumbrante

MADELINE
HUNTER

Série As Flores mais Raras – livro I

Deslumbrante

Traduzido do inglês por
Ana Álvares

QuintaEssência

Título original: *Ravishing in Red*

Diretor editorial: Pascoal Soto
Editora executiva: Maria João Costa
Preparação de texto: Beatriz Sarlo
Revisão de texto: Fabrício Fuzimoto
Diagramação: Abreu's System
Adaptação de capa: Trio Studio
Produção Gráfica
Direção: Marcos Rocha
Gerência: Fábio Menezes

CIP-BRASIL. CATALOGAÇÃO-NA-FONTE
SINDICATO NACIONAL DOS EDITORES DE LIVROS, RJ

Hunter, Madeline
Deslumbrante / Madeline Hunter; tradução de Ana Alvares; coordenado por Maria João Costa. – Rio de Janeiro: LeYa, 2013.
392 p.

Título original: *Ravishing in red*
ISBN 978-85-8044-902-0

1. Literatura americana 2. Romance erótico 3. Amor I. Título II. Alvares, Ana III. Costa, Maria João

13-0832 CDD 813.6

2013

TEXTO EDITORES LTDA.
[Uma editora do Grupo LeYa]
Rua Desembargador Paulo Passaláqua, 86
01248-010 – Pacaembu – São Paulo – SP – Brasil
www.leya.com.br

Capítulo 1

Uma mulher independente é uma mulher desprotegida. Audrianna nunca compreendera tão bem a primeira lição que a sua prima lhe ensinara como naquele dia. Uma mulher independente era também uma mulher de respeitabilidade duvidosa.

A sua entrada no Duas Espadas, uma estalagem à saída de Brighton, atraiu mais atenções do que qualquer mulher decente desejaria. Sentiu-se examinada da cabeça aos pés. Vários homens observaram o seu percurso solitário até o outro lado da sala de estar com descarado interesse; o tipo de homens aos quais ela nunca se vira exposta.

As certezas patentes naqueles olhares deixaram-na ainda mais apreensiva. Embarcara naquela viagem cheia de justa determinação. O brilho do sol e a temperatura inusitadamente amena para o final de janeiro lhe pareceram a forma de a Providência favorecer a sua grande missão.

A Providência revelara-se caprichosa. Uma hora depois de sair de Londres surgira o vento, a chuva e o frio crescente, fazendo-a se arrepender amargamente de ter escolhido um lugar no tejadilho da carruagem. Agora estava encharcada pelas horas que passara na chuva gelada, e, no mínimo, um tanto irritada.

Recuperou a compostura e procurou o estalajadeiro. Pediu um quarto para passar a noite. Ele observou-a longa e duramente, depois olhou ao redor, à procura do homem que a tinha perdido.

– O seu marido ainda está no estábulo?

– Não, estou só.

A pele branca e fina do rosto envelhecido do homem enrugou-se numa expressão desconfiada. A boca contorceu-se de cinco maneiras diferentes enquanto procedia com um novo exame.

– Tenho um quarto pequeno com que pode ficar, mas dá para o pátio do estábulo.

O seu tom relutante deixava claro que a alojava a contragosto. Uma mulher independente também fica com o pior quarto da estalagem, ao que parecia.

– Serve, se estiver seco e quente.

– Venha comigo, então.

O estalajadeiro levou-a para um quarto no segundo andar, ao fundo. Avivou o fogo, mas não muito. Ela reparou que a quantidade de combustível não era o suficiente para aquecer o quarto muito mais e durar a noite toda.

– Vou precisar que me adiante a primeira noite.

Audrianna não se mostrou insultada. Enfiou a mão na bolsa e tirou três xelins. Seria mais do que suficiente para uma noite, mas ela pôs tudo na mão do homem.

– Se chegar alguém fazendo perguntas sobre Mr. Kelmsley, envie-a para cá mas não diga nada sobre a minha presença nem sobre mim.

O pedido fez o homem franzir ainda mais a testa, mas as moedas que tinha na mão mantiveram-no em silêncio. Foi embora com os xelins e ela presumiu que tinham chegado a um acordo. Só esperava que os frutos da sua missão compensassem a facada na sua reputação.

Reparou no dinheiro que restava na bolsa. De manhã a maior parte estaria gasta. Só estaria ausente de Londres durante dois dias, mas a viagem consumiria as poupanças que ela juntara com todas aquelas aulas de música. Teria de aguentar meses de escalas desajeitadas e moças chorosas para repor a lição.

Tirou um pedaço de papel da bolsa. Aproximou-o da luz do fogo apesar de saber as palavras de cor. *O dominó solicita Mr. Kelmsley a se encontrar com ele no Duas Espadas em Brighton daqui a duas noites, para discutir um assunto de interesse mútuo.*

Fora pura sorte ela ter sequer sabido que tinham posto o anúncio no *Times*. Se a sua amiga Lizzie não passasse a pente fino aqueles anúncios todos, em todos os jornais e gazetas de fofocas disponíveis, poderia ter escapado ao olhar de Audrianna.

O apelido não estava bem escrito, mas ela tinha a certeza de que o Mr. Kelmsley a que se referia era o seu pai, Horatio Kelmsleigh. A pessoa que queria encontrar-se com ele não sabia, seguramente, que ele tinha morrido.

Imagens do pai invadiram sua mente. Sentiu o coração se apertando e os olhos queimando como acontecia sempre que as memórias tomavam conta dela.

Viu-o brincando com ela no jardim e assumindo a culpa quando a mãe brigava por causa dos seus sapatos sujos. Evocou uma recordação distante, difusa, provavelmente a mais antiga que tinha dele. O pai trajava o uniforme do exército, pois isso fora antes de vender a patente, quando Sarah nasceu, e de assumir um cargo no Gabinete do Material de Guerra, que superintendia a produção de munições durante a guerra.

Em geral, porém, o que via era o rosto triste e perturbado daqueles últimos meses em que ele se tornou objeto de tanto desprezo.

Guardou o anúncio, que a fazia recordar o motivo da sua presença ali. Nada mais importava realmente, nem a chuva, nem os olhares, nem a antipatia. Com sorte, iria ser comprovado que ela tinha razão em pensar que o Dominó possuía a informação que teria ajudado o pai a recuperar o bom nome.

Despiu a capa azul e a peliça que trazia por baixo e pendurou-as no gancho para secar. Tirou a touca e sacudiu-a. Em seguida, colocou o único candeeiro do quarto em cima da mesa ao lado da porta e a cadeira na sombra, no canto oposto, atrás da lareira. Se sentasse ali, conseguiria ver imediatamente quem entrasse, mas a pessoa não a veria muito bem de imediato.

Pousou a mala em cima da cadeira e abriu-a. Veio à mente o resto da primeira lição de Daphne. *Uma mulher independente é uma mulher desprotegida, por isso tem de aprender a proteger-se.*

Então, enfiou a mão na mala e tirou a pistola que escondera por baixo das roupas.

Lord Sebastian Summerhays entregou sua montaria a um criado encharcado. O rapaz entrou na longa fila que aguardava o atendimento dos cavalariços do Duas Espadas.

Sebastian entrou na sala comum da estalagem. Debaixo das vigas de madeira do teto, amontoava-se uma amostra da diversidade humana. A chuva obrigara os cavaleiros a se refugiarem e as carruagens tinham sofrido atrasos. Mulheres e crianças ocupavam a maior parte das cadeiras e bancos enquanto os homens ficavam espalhados na sala, esperando a vez de chegarem perto da lareira para se secarem.

Foi aí que Sebastian estacionou, deixando que os estragos do tempo escorressem por sua capa de montar. Sentia-se no ar o odor da lã úmida e corpos por lavar. Alguns criados se esforçavam para recompor chapéus de seda e toucas de tecido crepe, enquanto outros serviam comida cara e pouco apelativa. Sebastian dirigiu um olhar experiente ao mar de rostos, procurando algum que lhe parecesse suspeito, estrangeiro ou pelo menos tão curioso como ele.

O nome de código do anúncio deixava-o igualmente irritado e intrigado. Dificultaria a sua missão, mas também significava que havia segredos envolvidos. O próprio anúncio, dirigido a Kelmsley, indicava que quem o escrevera não sabia que o homem estava morto há quase um ano. O que sugeria, por sua vez, que o Dominó não era de Londres, nem sequer da Inglaterra, talvez. O fato de o nome não estar corretamente escrito o fazia pensar que Dominó não seria um bom amigo nem um colega próximo de Horatio Kelmsleigh. Com sorte, ele nem sequer saberia como Kelmsleigh era.

O suicídio de Kelmsleigh fora lamentável em muitos aspectos, um deles era ter fornecido uma explicação fácil demais para um mistério que, Sebastian estava convencido, possuía muito mais facetas. Naquela noite tinha esperança de descobrir se estava certo.

– Então, Summerhays? Não esperava vê-lo por aqui, neste refúgio decadente.

A saudação, tão próxima do seu ouvido, arrancou-o da inspeção da sala. Grayson, conde de Hawkeswell, estava ao seu lado, radiante, com um copo de vinho quente quase vazio. Um sorriso deliciado iluminava o rosto de olhos azuis e a cabeleira preta de corte exímio.

– A uns oito quilômetros de distância fui atingido por um pé d'água – explicou Sebastian. Hawkeswell era um velho amigo, um grande companheiro dos dias de farra. Normalmente Sebastian ficaria encantado por poder contar com a sua companhia para passar uma noite que prometia ser miserável. Mas o motivo que o levara lá tornava inconveniente o seu encontro com Hawkeswell.

– Está a caminho de Londres ou de regresso?

– Estou de regresso. Fui me encontrar com um agente imobiliário em Brighton esta manhã.

– Colocou a propriedade à venda, então?

– Não tenho escolha.

Sebastian manifestou o seu pesar. As finanças de Hawkeswell iam mal desde que herdara o título, e já se desfizera da maior parte das propriedades de alienação consentida. A tentativa de retificar o problema através do casamento correra lamentavelmente mal, pois a noiva rica desaparecera no dia do casamento.

Hawkeswell examinou-o.

– Sem bagagem? Espero que não a tenha deixado no cavalo. Se tiver alguma coisa de valor, amanhã de manhã já não estará lá.

Sebastian reagiu com uma gargalhada moderada e desprendida. Não tinha bagagem porque planejava voltar a cavalo naquela mesma noite, apesar do mau tempo e da escuridão.

– Você tem um quarto lá em cima? A bagagem está lá? Pedi que me arranjassem um mas o estalajadeiro já os tinha alugado todos, diz ele. Nem sequer o título me serviu de alguma coisa. Mas se tiveres quarto podemos fumar e beber lá e escapar a este fedor.

– Está em algum quarto lá em cima? E a bagagem está lá? Pedi que me arranjassem um mas o estalajadeiro já tinha todos alugados, diz ele. Nem sequer o título me serviu de alguma coisa. Mas se estiver em algum quarto podemos fumar e beber lá e escapar deste fedor.

– Não tenho quarto nenhum, lamento.

As sobrancelhas de Hawkeswell se arquearam sobre os olhos astutos.

– Não está aqui exatamente para se abrigar, não é? Nem está a caminho de Brighton, aposto. Está aqui para se encontrar com uma mulher. Não, não fale nada. Eu compreendo a necessidade desses esquemas elaborados nestes dias. Você agora é quase um marquês, certo? Não pode ficar levantando saias quando e sempre que quiser. – Colocou o dedo sobre os lábios, zombando da necessidade de discrição.

Era uma explicação tão boa como qualquer outra, por isso Sebastian não a contestou. Sempre receptivo e atento, terminou de inspecionar a profusão de rostos. Não havia nenhum que se destacasse como possível Dominó.

Aparentemente, Hawkeswell ficaria com ele a noite toda. Sentindo necessidade de se livrar dele, Sebastian decidiu utilizar a teoria do próprio para conseguir.

– Com sua licença, por favor. Preciso falar com o estalajadeiro sobre a pessoa com quem vim me encontrar.

Conseguiu libertar-se. Encontrou o estalajadeiro, que servia cerveja a um sujeito de chapéu marrom enterrado na cabeça.

– Chegou alguém aqui perguntando por Mr. Kelmsley ou falando o nome dele?

O estalajadeiro olhou para ele e depois concentrou-se em receber o dinheiro do freguês.

– Em cima, ao fundo, última porta. O hóspede que procura está lá, não me pergunte por quê.

Sebastian dirigiu-se para as escadas. Tomara que Hawkeswell estivesse certo. Aguardar que o tempo melhorasse deitado numa cama de penas, seco e confortável, com o calor de um corpo feminino nos braços, seria uma recompensa agradável pela viagem miserável até aquele lugar e àquela que o esperava no fim da missão.

Em vez disso, estava preso ao dever e à obrigação, e a uma longa conversa com alguém que era conhecido como Dominó.

Audrianna se encolhia debaixo do xaile, nas sombras. O fogo débil não conseguia anular o frio úmido do quarto. Aquela não era, no entanto, a única razão pela qual tremia.

A vigília enfraquecia a determinação que ganhara ao ler novamente o anúncio. Começara a ver seu plano por uma perspectiva diferente, a da vida que tivera até aqueles últimos sete meses.

Desse ponto de vista, o seu comportamento daquele dia era completamente louco e de uma imprudência sem justificativa.

Certamente, teriam sido as palavras da mãe. O pai teria concordado. Roger também teria ficado chocado se soubesse. As jovens de respeito não pegavam carruagens públicas sozinhas para se dirigirem a estalagens vulgares e ficarem à espera de desconhecidos em quartos escuros.

A expedição começava a parecer um sonho bizarro. Obrigou-se a se acalmar e exigiu que a sua mente recuperasse alguma determinação.

Estava ali porque mais ninguém estaria. O mundo havia enterrado o bom nome do pai juntamente com o seu corpo. A sua morte fora prova suficiente de que era culpado das acusações que se levantaram. Todos presumiram que tinha sido o remorso, e não uma melancolia profunda, que o tinha levado a se matar.

A família inteira ainda estava marcada pela vergonha. A mãe chorava a perda dos amigos sem deixar de defender a sua memória com valentia. Até o tio Rupert deixara de escrever quando o escândalo se espalhara, na tentativa de se livrar de máculas por associação. E Roger, bem, o seu amor eterno também não bastou para vencer o escândalo.

Audrianna tentava conservar uma aparência de indiferença diante desse assunto, mas ao se lembrar de Roger sentia uma mágoa profunda no coração. Eventualmente não se sentiria mais assim, acreditava. Pelo menos tinha a pequena consolação de saber que não voltaria a se desiludir-se tanto com alguém. Com o rumo que os acontecimentos tomaram, homem nenhum voltaria a pedi-la em casamento.

Dissera à mãe que ia viver com a prima Daphne para aliviar a sobrecarga financeira provocada pela morte do pai, pois a família vira o seu rendimento reduzido às magras poupanças da mãe. Na verdade, quisera era escapar de uma vida prisioneira da tristeza e construir uma nova na qual encontrasse um contentamento adequado às suas atuais expectativas.

A multidão do andar de baixo produzia um barulho suave que chegava aos ouvidos. Ali no segundo andar nada se ouvia, a não ser uma porta ou outra se fechando. O silêncio a deixava mais desconfortável. Apesar de ter mais viajantes nos outros quartos. Se o tal "Dominó" tentasse alguma coisa inconveniente e ela gritasse, acreditava que a ajuda chegaria rapidamente.

Puxou o xale mais para cima, para se livrar do frio. Protegida pelo calor da lã, apertou na mão a pistola de Daphne. Levara-a para tomar coragem, e para que não se repreendesse depois por andar desprotegida.

Infelizmente, sentir o peso da pistola apenas provocou mais um calafrio.

Sebastian pressionou o trinco. Para sua surpresa, ele cedeu. Empurrou a porta do quarto.

Logo à entrada, foi recebido pelo clarão de um candeeiro. A luz intensa transformava o resto do compartimento em um mar de escuridão. Avançou para escapar da iluminação agreste. Os olhos foram se adaptando lentamente.

Um fogo baixo na lareira criava o seu próprio contraste de claro eescuro. Contudo, assim como os quadros que exploravam um efeito semelhante, a escuridão começava a tomar formas e volumes quanto mais tempo ficava olhando.

Surgiu a cabeceira da cama de dossel, voltada para a lareira, que assim se uniu aos pés, banhados pelas chamas. Pregos mostraram-se na parede ao lado da porta, segurando tecidos. Os cantos do quarto revelaram finalmente o seu conteúdo. Uma mesa. O vulto pesado de um roupeiro.

Contornos tênues no outro canto ganharam forma, mais próximo da luz da lareira. Compuseram algo que reconheceu. Uma mulher.

A presença deteve-o. Presumira que o Dominó era um homem. Um erro desculpável, afinal, mas era uma opinião infundada.

A descoberta de que o Dominó era apenas uma mulher animou-o imediatamente. Ficaria rapidamente sabendo aquilo de que precisava e a reunião não tomaria tempo.

Abriu um sorriso que cativara muitas mulheres no seu tempo. Dirigiu-se para a lareira.

– Por favor, fique aí – disse ela. – Devo insistir.

Era sério? Aquilo o fez sorrir ainda mais. Ela tinha uma voz jovem. Sem ser imatura, no entanto. Com mais atenção, conseguiu distinguir melhor a aparência dela.

Cabelo escuro. Talvez aquela cor interessante em que o ruivo invade o castanho, como a tonalidade do cavalo alazão. Difícil avaliar a idade, mas parecia de vinte e poucos. O rosto parecia bonito, mas àquela luz a maioria das mulheres seria atraente. Um xale escuro cobria o colo e o peito. O vestido parecia ser cinzento ou alfazema e era bastante simples, pelo que via.

– Ia apenas me aquecer perto da lareira – esclareceu ele. – A viagem me deixou encharcado.

A cabeça dela inclinou-se para trás ao ponderar a explicação dele.

– Até a lareira, então. Sem chegar mais perto.

Ele tirou a capa. Ela ficou visivelmente assustada.

– É para eu pendurá-la e secar, se não se importar – explicou ele.

Ela assentiu com a cabeça.

Pendurou-a num dos pregos. Habituado agora à luz do quarto, conseguiu perceber que as outras roupas que estavam penduradas eram uma capa e peliça de mulher. Aproximou-se do fogo e fingiu se concentrar no calor que emanava, mas observava-a de esguelha.

Sorriu novamente para ela quando se virou de costas para o fogo. Ela mexeu-se por baixo do xale.

– Devo avisá-lo de que tenho uma pistola. – A voz dela tremia de ansiedade.

– Fique descansada que não irá precisar dela.

Ela não pareceu convencida. Olhos verdes, pensou ele. Mostravam determinação e algum medo. O último era bom sinal. Indicava que ela não era estúpida, e um pouco de medo teria utilidade.

– Esperava um homem – retomou ele.

– Mr. Kelmsleigh não estava disponível, por isso vim no lugar dele. Creio que pretende ser recompensado pelas informações que tem e estou preparada para pagar se a soma for razoável.

Ele disfarçou a reação de surpresa. Ela pensava que *ele* era o Dominó. O que significava que ela, obviamente, não era.

Nunca acreditara que a má pólvora que chegara à frente de batalha se tratasse de mera negligência da parte de Kelmsleigh, embora uma negligência dessas fosse grave a ponto de acabar com um homem. Suspeitava, sim, de conspiração e fraude, e duvidava de que Kelmsleigh tivesse concebido e controlado o esquema. Ainda assim, nunca esperara que houvesse mulheres envolvidas. Agora esta cúmplice indicava que havia pelo menos uma.

Só que, quem era ela? Sua identidade podia fornecer uma ligação com as outras pessoas envolvidas no esquema.

Ela observava-o cautelosamente. Agora conseguia ver melhor o medo dela. Não era o que ele esperava, mas supôs que também era uma surpresa para ela.

Fora lá para se passar por Kelmsleigh. Afinal, mais alguém lera o anúncio e também viera comprar informação.

Mudou de planos. Já não podia ser Kelmsleigh. Mas podia ser o Dominó.

Capítulo 2

Ah, meu Deus! Ah, Céus!

Decididamente, o dia não estava se desenrolando da forma que ela tinha imaginado.

Não estava à espera de que o Dominó fosse um cavalheiro. Não esperava certamente um homem alto e atraente com um sorriso tão arrebatador.

Não tinha certeza do que tinha imaginado. Só sabia que não era aquilo.

Ele não parecia nada perturbado pela presença dela em lugar do seu pai, nem pela declaração de que tinha uma pistola. Continuou com uma atitude amável enquanto se aquecia à lareira. Não parava de cintilar com aqueles sorrisos breves, deslumbrantes, de quem quer tranquilizar.

E que não a deixavam nada tranquila. Pelo contrário, pareciam muito perigosos. Talvez fosse porque a luminosidade do fogo o transformava num conjunto de ângulos fechados, ou os seus olhos parecerem muito mais intensos e alertas do que sua postura.

Podia ser pela riqueza, evidente pelo corte e pelo tecido da capa de montar cinza-escura que tirara, e na qualidade das botas altas e da confortável pele de gamo que cobriam as pernas. Até o cabelo escuro era de rico, com aquele corte esvoaçante, curto e solto, que em vez de arrepiar melhorava com a umidade e o vento.

Mas a aparência dele ainda era o de menos. Era impossível ignorar a alteração que a chegada dele provocara na atmosfera do quarto, como se emanasse raios de poder minúsculos e invisíveis.

– Meu senhor, parece que devemos avançar com o propósito da reunião.

– Com este tempo, não há pressa. Nem você nem eu vamos a lugar algum tão cedo.

Desejou não ter permitido que se aproximasse tanto. Ele não estava nem a dois metros de distância e era imponente, muito mais alto do que ela. Não conseguia ignorar o seu tamanho nem o quanto ele a fazia se sentir pequena e vulnerável, e em maior desvantagem do que era justo.

– Ainda assim, gostaria de tratar do assunto rapidamente.

Ele começou a formar um daqueles sorrisos, mas um peculiar, que refletiu algum pensamento que passou pela cabeça.

– Quem é a senhora? – perguntou ele.

– Isso é importante?

– Pode ser muito importante. Pelo que sei, você pensava que eu queria me encontrar com um Kelmsleigh diferente, e sairá daqui com fatos que não deveria possuir. Para um homem inocente e insuspeito, isso pode ser danoso.

– Eu diria que isso é improvável. – A voz soou aguda ao seus próprios ouvidos. Ele falava como se a informação que tinha não fossem boas notícias. – Contudo, se receia fazer revelações a quem não tem a ver com o assunto, identificarei o Kelmsleigh em que estou interessada. Era funcionário do Gabinete do Material de Guerra. A minha esperança é que a sua informação esteja relacionada com esse cargo.

Dito isso, o sorriso dele mostrou-se menos amigável. Um tanto predatório, para dizer a verdade. Podia ser da luz crua, claro, mas... Para seu desgosto, ele avançou em sua direção, olhando fixamente o seu rosto.

– Insisto que fique onde está. – Detestou que a exigência tivesse saído em tom de lamúria.

Ele continuou a se aproximar.

Pôs-se em pé num salto. O xale caiu ao chão. Não apontou a pistola mas segurou-a com força.

– Não se aproxime mais. Eu sei como isso dispara.

Ele parou à distância de um braço. Perto o bastante para ela ver que seus olhos estavam sombrios. Muito sombrios. Tão perto que, se ela disparasse, não havia como falhar. Ele ignorou a pistola, preferindo estudar o rosto dela.

– Quem é você? – voltou a perguntar.

– Você se autonomeia pelo nome bobo de "Dominó" e exige que eu revele o meu? A minha identidade não é mais importante do que a sua.

– Que papel tem nisto? É cúmplice? Amante de alguém? Parente de algum dos soldados que morreram, talvez? Eu não desejaria que este encontro desencadeasse uma vingança entre familiares.

Pouco faltava para os olhos dele a atravessarem, e o seu escrutínio perturbava-a de forma curiosa. Mesmo com todas as suas suspeitas, ele não deixava aquele sorriso vago, cativante, que oferecia... amizade e... excitação e... coisas nas quais não deveria sequer pensar naquele momento. Ele tinha o tipo de rosto que deixava as mulheres tontas, e a incomodava o fato de se revelar mais suscetível do que a situação alguma vez deveria permitir.

Levantou ligeiramente a pistola, apontando-a ao nível do quadril, em vez de para baixo. Ele olhou para a arma, mas depois o olhar voltou para o rosto dela. Só que agora ele tinha a expressão de um homem que fora desafiado, mas que sabia ser o vencedor.

– Que informação tem? – insistiu ela.

– Quanto dinheiro tem?

– Suficiente.

– Quanto é suficiente para você?

– Não sou estúpida a ponto de adiantar o valor. Diga o seu preço.

– E se não tiver? – Indicou a pistola com a cabeça. – Planeja me forçar a revelar tudo, aconteça o que acontecer?

Subitamente, ele encontrava-se ainda mais perto, o corpo dele estava a dois dedos do cano da pistola e poucos mais dela. Ela o olhou com surpresa.

Ficou sem ar. Agora parecia muito perigoso, sem levar em conta a pistola. O olhar e o sorriso dele se destinavam a conquistar e seduzir, e havia algo invisível a que ele dera livre curso também para esse efeito.

Duvidava de que alguma mulher conseguisse ficar imune àquele homem. Era como se a masculinidade dele falasse ao seu eu primitivo sem que sua mente pudesse intervir na conversa.

Reagia fisicamente, ainda que se agarrasse a um escudo mental. Pequenas flechas de estímulo eram disparadas pelo corpo. Valente, procurou contrariar o efeito que ele provocava, mas as flechas prosseguiam os seus excitantes trajetos, ignorando a tristeza que lhe era própria.

– Seria melhor abaixar a arma – disse ele suavemente. – Este encontro deve fazer de nós aliados, não adversários. Amigos, não inimigos.

Disse a palavra *amigos* com uma voz de veludo. Ela agarrou a pistola com mais firmeza.

– Dê-me a arma – ele falou calmamente, mas era uma ordem firme. Os olhos mostravam confiança de que levaria a melhor, como em qualquer outra coisa.

Numa rebelião desesperada, ela engatilhou a arma.

– Dois cliques. Afinal sabe como usá-la – disse ele, aborrecido. Deixara de ser um "amigo" e estava com um ar duro e zangado. – Está sendo burra. Pelo menos não a aponte para mim. Pode disparar acidentalmente agora.

– Eu uso-a se precisar. Não ponha à prova a minha determinação.

– Não é determinação que sinto em você neste momento.

– Então os seus sentidos o enganam.

– No que diz respeito às mulheres, os meus sentidos nunca me enganam. Pelo menos não nesse sentido.

Ele se referia às flechas estúpidas e ao medo ofegante que ela sentia, à excitação chocante. Ele sabia. Pior, abordava o assunto em voz alta.

Ele estudava-a, avaliando algo. O olhar dele a atraía e assustava ao mesmo tempo.

Aquele sorriso outra vez, tentando deixá-la à vontade como se a elogiasse sem usar palavras.

– Não me atrevo a confidenciar o que tenho sem saber o papel que desempenha. Sua presença é inesperada.

– Se estou pagando, por que se interessa em quem ouve a sua história?

– Duvido que tenha dinheiro suficiente para pagar, ainda que eu vendesse.

Ela temeu que ele tivesse razão. Tudo nele denotava a mais alta qualidade. Uma corrente de ouro pendia do colete bordado com bom gosto, presa a um relógio de ouro, sem dúvida. As dez libras e o medalhão de ouro que trazia escondidos na bolsa não impressionariam um homem daqueles.

Sujeitava-se a ter feito aquela viagem toda, arriscando a pele e a reputação, e a acabar falhando só porque as exigências do Dominó seriam dispendiosas demais.

Ele observava-a como se ouvisse os seus cálculos mentais.

– Quer mesmo essa informação? Você é tão bonita que eu até lhe dava em troca de um beijo.

– Um beijo! Começo a pensar que é um charlatão, se aceita pagamento tão simples.

– Dá tão pouco valor aos seus beijos?

– É fugaz, o valor de qualquer beijo, por maior que seja.

– Que triste moral. E contrária à verdade, espero. Dizem os poetas que há beijos que sustêm a alma de uma pessoa para sempre.

– Os poetas são idiotas. – A conversa havia tomado um rumo muito peculiar.

– Receio que tenha razão, mas espero que não. Daí a minha oferta. A minha alma me diz que pode ser aquela mulher cujo beijo terá valor eterno.

Que absurdo ridículo. Ambos sabiam que ele elogiava para servir os seus fins e que o beijo não era sequer o objetivo. Sua expressão denunciava o jogo ao mesmo tempo que ele descaradamente o jogava. Devia colocá-lo em seu lugar e fazê-lo ver que não era uma pateta qualquer que arquejava e desfalecia com as investidas de um homem belo de olhos desconcertantes e sorriso sedutor.

Só que, apesar das repreensões mentais, sentia mesmo alguma tontura e excitação, para dizer a verdade. Saía quase um arquejo. Os elogios faziam o seu sangue correr e pulsar.

– Tenho que descobrir se você é essa mulher, obviamente – prosseguiu ele. – Uma vez que não quer negociar, vejo-me forçado a roubar. – A cabeça dele inclinou-se e mergulhou. Seus lábios roçaram nos dela.

O choque paralisou-a. O coração bateu forte. As flechas provocadoras multiplicaram-se e espalharam-se por todo o corpo. Roger beijara-a algumas vezes, e embora os beijos tivessem sido muito agradáveis, o efeito não era comparável. Mas Roger também não era um estranho, e os beijos dele não tinham sido escandalosos, perigosos e deliciosamente proibidos.

Os lábios dele não se limitaram a pousar nos dela. Brincavam e mexiam-se e insistiam sutilmente. Uma dentadinha inesperada fez o seu coração dar uma cambalhota.

Um novo toque a distraiu. Sobressaltou-a. Outra suavidade, úmida e endiabrada. Santo Deus, a ponta da língua dele fazia a zona sensível por baixo do lábio tilitar, provocando-lhe cascatas de arrepios pelo corpo abaixo.

No meio do torpor, ela sentiu-o agarrar suavemente seu pulso, afastando o braço para virar a pistola para a parede à direita.

A arma deixara de os separar, e de protegê-la. A mão dele controlava-a e à arma, mas este beijo interessava-a muito mais do que a voz da razão, que, em pânico, tentou emitir um protesto.

Ele aproximou-se mais. Ela ficou com o coração na garganta. A mão direita dele deslizou lentamente pelo pescoço numa carícia de assombrosa ligação física. Cuidadosa, mas controladora. Calorosa, mas não completamente doce. A sensação da pele dele na dela e a ligeira aspereza do seu toque deixaram-na hipnotizada. Sua mão suscitava arrepios deliciosos. Ele segurou sua nuca e beijou-a novamente.

Mais impetuoso desta vez. Mais ávido. Mais agressivo. Ele brincava com a vulnerabilidade dela e manifestava um domínio ao qual, Deus lhe valesse, ela não sabia sequer como resistir. Havia deixado de reparar que era devassa por permitir, ou que se estupidificara inexplicavelmente. Um caos de sensações aprazíveis obscurecia pensamentos assim tão sensatos.

A mão esquerda dele deslocou-se, envolvendo a dela, por cima da pistola. Com dedos carinhosos, cuidadosos, sedutores, retirou-lhe a arma.

A mão subitamente vazia fez com que uma réstia de bom senso se afirmasse.

O que ela estava fazendo?

Abriu os olhos, literal e metaforicamente. O que viu arrancou-a de seu torpor.

A porta estava aberta. E eles não estavam sozinhos. Outro homem estava atrás de Dominó.

O sedutor interrompeu o beijo. Franzindo a testa, seguiu o olhar dela e olhou por cima do ombro. Atravessou-o uma sensação de alarme.

– Mas o que...?

O intruso viu a pistola e atacou. Dominó deu meia-volta e empurrou-a para o lado. Ela caiu na cadeira com um baque.

À frente mal distinguia o turbilhão de movimento. O recém-chegado se atirara para cima de Dominó, fazendo com que ambos caíssem no chão. Outra mão agarrou a arma enquanto eles, atracados, se debatiam.

Um estouro atravessou o quarto. E depois o intruso se levantou, correu e foi engolido pelo corredor escuro.

Dominó olhava para o braço. O sangue escorria da manga queimada e rasgada da camisa, por cima do cotovelo.

– Droga!

Ficou de pé num salto e saiu correndo. Audrianna agarrou os braços da cadeira e tentou acalmar o coração retumbante.

Sons. Altos. Vozes agitadas no andar de baixo e gritos assustados nos quartos vizinhos.

Dominó voltou ao quarto e fechou a porta.

– O seu braço! – gritou ela.

– A bala está na parede, ali. – Ele apontou um buraco preto novo, no reboco por baixo da janela. – Mas, mais um centímetro e...

Mais gritos. Mais próximos.

Ele olhou atentamente para ela.

– Está bem? Recomponha-se e nem pense em desmaiar agora.

– Estou bem. Só com um pouco de falta de ar, por causa do choque.

– Você trouxe uma pistola carregada e armou o gatilho. Não devia se chocar de que ela tenha acabado disparando. – Com uma mão firme no queixo dela, levantou a cabeça, para verificar como ela estava, presumiu ela, e quão perto estava de desmaiar.

– Estarão aqui em breve – comunicou ele. – Questão de segundos. Não fale. Eu responderei as perguntas.

O olhar dela percorreu o quarto em todas as direções. Claro que haveria perguntas. Um tiro fora disparado na estalagem e todo mundo ouvira.

A confusão aproximava-se da porta. Vozes e passos pesados e excitação. Depois, de repente, silêncio. Uma fresta se abriu.

– Não fale – ordenou Dominó novamente.

A porta se abriu completamente, mostrando o estalajadeiro com uma expressão de preocupação no rosto. Que foi substituída por alívio, depois raiva. Atrás dele, uma massa de rostos se esgueirava para conseguir olhar para dentro do quarto também.

– Não tem ninguém morto – anunciou o estalajadeiro por cima do ombro. Enquanto a notícia se espalhava pelo corredor, ele entrou no quarto, cruzando os braços. Olhou para a ferida no braço do hóspede, depois para a cadeira onde Audrianna estava sentada, depois para a pistola, ainda no chão.

Voltou a olhar para Audrianna. – Assim que chegou soube que só traria problemas. A minha estalagem é um estabelecimento de respeito e eu não...

– Summerhays! Mas que diabos...? – Juntou-se ao aglomerado que estava à porta um novo rosto, belo, com olhos azuis e cabelo muito escuro.

O recém-chegado abriu caminho e transpôs a soleira. Apreciou a cena e balançou a cabeça.

– Que lindo serviço, Summerhays. Lindo serviço.

Audrianna constatou, alarmada, como a situação devia parecer. Um homem e uma mulher sozinhos numa estalagem... O homem ferido por uma pistola... Todos pensavam que ela e Dominó eram amantes e que houvera uma discussão e que ela disparara.

– Está sangrando, Summerhays – alertou o recém-chegado.

– Foi atingido?

Ela percebeu que o cavalheiro de presença altiva se dirigia a Dominó e não ao estalajadeiro. Summerhays. Um membro do parlamento chamado Summerhays estivera envolvido na investigação feita ao seu pai. Lord Sebastian Summerhays. Era irmão do marquês de Wittonbury e fora inflexível, cruel e implacável.

Mas como podia ele ser o Dominó? Se havia pessoa que sabia que o seu pai estava morto...

Entendendo o que se passava, começou a encará-lo.

– A bala está aqui na minha parede. – O estalajadeiro dobrou-se para examinar o estrago. – Mas foi apontada para o braço, ou pior, isso é certo. Esta mulher atirou nele sem dúvida alguma e a sorte dele foi ela ter má pontaria.

Fora do quarto, a multidão concordou com aquela opinião.

Vozes transmitiram a notícia de que uma mulher tinha tentado matar o amante.

– Não foi isso que aconteceu. – Lord Sebastian arrancou o que restava da manga e usou o retalho para comprimir a abertura grande e escura que tinha no braço. – Alguém entrou. Um ladrão. Tentei me defender e ele me atacou. Na luta, a pistola disparou.

– É uma história improvável – disse o estalajadeiro, entredentes.

– Questiona a minha palavra de cavalheiro? – perguntou Lord Sebastian, ameaçador.

– Não questionarei nada, senhor. Vou deixar isso ao magistrado, se não se importar. Pode contar do ladrão audaz que entrou num quarto ocupado, simplesmente para atirar e fugir sem dinheiro. – O estalajadeiro dirigiu a Audrianna um olhar de desdém. – Quer que mande alguém a Brighton buscar um cirurgião, senhor? Ou esta mulher consegue cuidar do ferimento enquanto espera pelo juiz de paz? Fico com a sua palavra do cavalheiro que realmente é de que vai ficar e não fugir.

Lord Sebastian tirou o farrapo e olhou para o braço.

– Tem a minha palavra. Conseguimos tratar da ferida. Mande trazer água fresca e um trapo limpo. Além do mais, a senhora vai precisar de um quarto para ela, para passar a noite, por isso trate de providenciá-lo.

– Os outros quartos estão ocupados, e não vou mandar ninguém sair para alojá-la. Nem quero essa mulher perambulando por minha propriedade depois do que ela fez. Não tenho tempo para ficar de carcereiro, por isso deixo também isso a seu cargo. Ficarei com a sua palavra também a respeito disso, de que a manterá por perto e se certificará de que ela permaneça aqui até o juiz de paz chegar.

– Que assim seja, então, já que insiste. Agora pode ir embora.

Foi uma ordem calma, mas com uma autoridade tal que o estalajadeiro se voltou imediatamente para a porta. Na saída, os corpos começaram a dispersar, abrindo caminho.

– Você também, Hawkeswell – indicou Lord Sebastian. – Preciso de privacidade. Peço também sua discrição, não que espere que seja de grande ajuda. Deve compreender.

– Concedo ambas de bom grado. Também tenho uma camisa a mais na minha bagagem. Vou mandar para você. – Fez uma pequena mesura a Audrianna e saiu do quarto seguindo o estalajadeiro.

Capítulo 3

Lord Sebastian fechou a porta para afastar os retardatários que persistiam em espiar perto da ombreira da porta. Em seguida aproximou-se do fogo e examinou mais atentamente o ferimento.

– Por que ficou tão preta? – perguntou Audrianna.

– Pólvora quente. A bala só me tocou de raspão, mas fiquei bem chamuscado. – Voltou-se para ela. – O seu nome. Preciso dele agora, e não pense em mentir. O juiz de paz o arrancará de você com certeza, e nem pense que vou continuar sem saber o que se passa aqui.

Ela estava assustada e consternada demais para mentir.

– Sou Audrianna Kelmsleigh, filha de Horatio Kelmsleigh.

Ele ficou perplexo.

– Vi uma mensagem no jornal de alguém que se autointitulava Dominó e parecia ser para o meu pai – explicou ela. – Eu vim, para ver se o homem tinha informação que pudesse limpar o seu nome. – Tudo aquilo havia parecido tão certo, tão necessário, no dia anterior. – Por que você está aqui?

– Também vi o anúncio, e também tive esperança de falar com o tal Dominó.

– Por quê? Meu pai está morto. O mundo seguiu em frente.

– Acho que há algo mais nessa história.

– Não vejo como poderia obter informações do Dominó fingindo ser o próprio Dominó.

– A minha intenção era fingir ser o Kelmsleigh. Quando você presumiu que eu era Dominó, decidi entrar no jogo e descobrir quem era aquela mulher inesperada, e que papel desempenharia no esquema geral.

Esquema geral?

Então alguém abriu a porta. Uma criada trouxe uma bacia e um balde de água. Colocou alguns panos limpos sobre a cama.

– Um cavalheiro me pediu que trouxesse também esta camisa – explicou, colocando-a de lado. Deu uma boa olhadela a Audrianna e saiu apressada.

Lord Sebastian pôs o balde perto do fogo. Sentou na cama, despiu o colete e depois tirou a camisa rasgada. Fez uma careta de dor quando o tecido roçou na ferida.

Audrianna piscou os olhos repetidamente, espantada mais um vez. Aquele homem não tinha nada que o cobrisse. Estava ali sentado, preocupado com o ferimento, sem roupa, meio nu na verdade. Não parecia achar nada estranho que ela estivesse sentada ali mesmo ao lado dele.

Nunca vira um homem sem camisa. Tentou fingir uma indiferença espontânea, mas não pôde evitar reparar que, se uma mulher tinha de ver um homem meio nu pela primeira vez na vida, Lord Sebastian não era um mau começo. Já não era rapaz, mas ainda possuía a firmeza ágil da juventude, que não interferia nos músculos que definiam o peitoral.

– Vou precisar dessa cadeira, Miss Kelmsleigh. Se não se importar.

Ela soltou-a num salto. Ele agarrou o móvel pelo encosto, posicionou-o à frente da lareira e sentou. Com a água quente e sabão, começou a limpar o corte que tinha no braço.

Supunha que aquilo devia doer, mas ele não mostrava reação alguma. Talvez não estivesse tão indiferente à sua presença como parecia.

– Vou lá para baixo enquanto você...

– Dei a minha palavra de que não sairia deste quarto. Além disso, lá embaixo somente desprezo a aguarda, senão pior. Ficará aqui até o magistrado chegar e decidiremos o que lhe dizer.

Ela se aproximou, hesitante. A parte de trás do braço escapara em muito aos cuidados dele.

– Deixe que o ajude, então. Passe o trapo.

Ele o deu a ela. Ela limpou o pó preto. Agora via melhor o corte. Não era profundo, mas tinha uma queimadura feia de uns dois centímetros à volta. Duvidava de que um cirurgião pudesse ter feito mais do que limpá-la como eles faziam.

– Conseguiu vê-lo bem? – perguntou ele. – O Dominó?

– Acha que era ele?

– Tenho certeza. Deve ter me ouvido pedir indicações para o quarto e achou que o Kelmsleigh estava aqui. Viu o rosto dele? Você o reconheceria?

Tentou resgatar a memória. Abrandar a explosão da ação. Vislumbrara o rosto do intruso por baixo da aba larga do chapéu, banhado pela luz da lareira quando se aproximou deles. Recordou o choque dele, primeiro ao ver que ela estava lá, bloqueada pelo corpo de Lord Sebastian, depois ao ver a pistola na mão dele.

– Sim, acredito que conseguiria reconhecê-lo. Acha que ele ainda está aqui?

– Ele acaba de atirar num homem. A esta altura, já está bem longe da estalagem. No entanto, é bom um de nós ter conseguido vê-lo bem. Pode vir a ser útil.

Ele parecia determinado e irritado. Duvidava de que aquele interesse persistente pelo Dominó beneficiasse sua própria causa.

Continuava limpando, enquanto ele olhava o fogo com um ar obstinado. Depois se voltou para ela com o cenho franzido.

– Não devia ter vindo a este lugar. O que tinha na cabeça?

– Que mais ninguém se importava com a verdade e, por isso, eu mesma tinha que tratar disso.

– Criou complicações e distrações desnecessárias.

– Não acredito que um homem da sua envergadura seja escravo de alguma distração. Nem tenho a ilusão de ser o tipo de mulher que faz um homem se esquecer de si mesmo. Mas lembro a você que qualquer distração que tenha resultado neste ferimento foi por sua própria culpa.

Os olhos dele se incendiaram com a acusação dela, mas as chamas acalmaram com bastante rapidez. O rosto permaneceu com uma expressão severa, mas não voltou a culpá-la tão descaradamente.

Audrianna também se agitara. Os acontecimentos e conversas recentes pediam uma explicação.

– Mencionou um esquema maior, Lord Sebastian. O que quis dizer com isso?

– Não acredito que o seu pai tenha sido culpado de negligência. Não acredito que a pólvora ruim que deixou os soldados indefesos tenha sido um acidente.

A resposta dele deixou-a perplexa. Insinuava que o pai dela enviara deliberadamente a pólvora ruim para a frente de combate.

– Como se atreve?! Não basta que ele tenha sido injustamente se sentido infeliz a ponto de se desesperar? Acusá-lo agora de...

– Era dele a última verificação da qualidade numa longa linha de verificações. A distribuição nunca se faria sem a assinatura dele. Fosse por descuido ou conspiração, por alguma razão as atenções se voltaram para ele, Miss Kelmsleigh. Lamento, mas esta é a verdade.

O insulto a deixou com vontade de bater nele. Limpou o ferimento com mais força enquanto lágrimas de raiva turvavam a visão.

– Não, não é essa a verdade. Está enganado. O meu pai não teve culpa de absolutamente nada.

Subitamente, a mão dele fechou-se sobre a mão dela que limpava. O toque dele sugeria que ela estava machucando mais do que percebia e que, agora, ele apenas a fazia parar. Contudo, o toque firme da mão dele por cima da sua e a aproximação do rosto que permanecia estoico produziu um inesperado surto de intimidade.

O desânima que sentira com as insinuações dele sobre seu pai misturou-se com uma nova surpresa. Compreendeu que ele segurava sua mão daquela forma para reconfortá-la.

Ninguém fez aquilo antes. Não desde que o escândalo rebentara. Nem a mãe, que ficara tão perturbada, primeiro com a preocupação, depois com o desgosto. Roger, certamente não. Nem sequer Daphne, a prima, que tratara todo o episódio como um livro cuja capa deveria ficar fechada para sempre.

Agora aquele homem, a quem só faltara entregar a corda ao seu pai para ele se enforcar, fazia uma pequena tentativa de acalmá-la. Devia repelir o toque dele e ignorar seu esforço. Devia lhe dizer que não queria ser consolada, e ainda menos por ele.

Em vez disso, ficou sem conseguir se mexer durante certo tempo. Fechou os olhos e aceitou o gesto humano da preocupação dele, sentindo-a fluir como água cálida no corpo. Permitiu que tocasse seu coração e acalmasse a agitação que sentia. Ignorou a peculiaridade da origem do reconforto por precisar tão desesperadamente do seu bálsamo.

Ele segurou sua mão e tirou o trapo ensanguentado que segurava. Pegou um pano limpo.

– Me ajuda a amarrar isto, por favor, para que eu possa me vestir para nosso convidado.

Com as mãos trêmulas e as dele segurando o pano, ela enrolou o braço.

Depois ele colocou-se de pé. De repente, tinha aquele tórax nu à frente do nariz. Uma consciência aguda daquele peito, da textura da pele e da força, desenhada em sombras profundas pela luz do fogo, deixou-a atordoada durante um longo momento.

Forçou-se a olhar para cima e o flagrou olhando a forma como espiava seu corpo. Sentiu-se muito vermelha e quente. Afastou-se e deu as costas, para que não visse o embaraço.

Não havia nada censurável na maneira como ele a olhara. Nada de insinuante nem lascivo. A expressão fora de longe mais chocante do que isso.

Vira o próprio fascínio que ele sentira e o reconhecimento silencioso de algum segredo partilhado. Confiança, igualmente, como se soubesse que era digno de ser olhado, mas curiosidade também, como se o interesse dela fosse menos previsível do que o de mulheres anteriores.

Ouviu-o se vestindo, e depois o movimento da cadeira.

– Miss Kelmsleigh.

Ela se obrigou a virar e a olhar para ele. Tinha um aspecto decente agora. Além da camisa e o colete, vestia também a capa de montar cinza-escura que tirara quando havia entrado. O lenço tinha sido muito bem atado, se considerasse a dor que provavelmente sentira ao mexer o braço.

– Miss Kelmsleigh, lamento a morte de seu pai. Lamento sua dor e lamento que a minha busca da verdade tenha magoado sua família. Ainda assim, esta noite ou amanhã de manhã o juiz de paz do condado vai levantar algumas questões embaraçosas. Devo pedir que confie em mim e que me permita responder em nome dos dois.

A referência à morte do pai inflamou a raiva que a lançara naquela viagem miserável. Sentia-se grata por aquele momento de consolação, mas, na verdade, aquilo não mudava nada.

– Você conduziu meu pai à sepultura com a perseguição, Lord Sebastian. Você e os outros membros do parlamento, que não paravam de falar daquela pólvora. Não aceitavam nenhuma explicação e insistiram em que o Gabinete do Material de Guerra encontrasse um bode expiatório para condenar em praça pública. Acho que seria estupidez da minha parte confiar em você.

– É compreensível que veja as coisas assim. No entanto, eu sou a única proteção que pode ter a este respeito. A minha palavra de cavalheiro, o título do meu irmão e a minha posição no governo podem poupá-la.

– Me poupar? Não tem como evitar o escândalo, seja você quem for, se souberem que estávamos nós dois sozinhos. Sua posição só me dará mais visibilidade.

– Esse tipo de escândalo é o de menos. Na verdade, seria melhor se o magistrado visse o que aconteceu como uma confusão de amantes. Porque quando ele souber que você é filha de Horatio Kelmsleigh, vai pensar que conseguiu achar uma forma de se encontrar aqui comigo para me matar e vingar o seu pai.

Ela quis rir daquela previsão tão dramática. Só que, num ápice, viu a sórdida cena através dos olhos do estalajadeiro. Lord Sebastian estava certo. Sua identidade proporcionaria uma interpretação diferente, muito pior, dos acontecimentos da noite.

O pensamento a deixou enjoada. Nunca deveria ter saído da obscuridade segura que encontrara na casa de Daphne. Nunca deveria ter se rebelado contra a reviravolta infeliz que a vida dera, ou ser estúpida a ponto de achar que conseguiria alterar o curso do destino.

Lord Sebastian apontou para a cama.

– Não temos forma de saber quando chegará. Vamos arrumar tudo para conseguir descansar um pouco com privacidade enquanto eu planejo a melhor maneira de evitar que seja levada por tentativa de assassinato.

Ele fechou as cortinas da cama com o braço bom. Depois levantou a bainha de um lado e pô-la a meio da cama para formar um túnel, estreito mas decente, para lhe proporcionar alguma privacidade.

– Entre, Miss Kelmsleigh, e tente dormir. Não a incomodarei. Está em perfeita segurança.

Ela observou demoradamente a cama.

– E onde você ficará?

– Do outro lado da cortina.

– Seria perfeitamente inconveniente.

– Nós já passamos da fase das conveniências, não acha?

Fez uma careta de resignação. Envolveu-se no xale, levantou um canto da cortina e desapareceu por trás dela. Estavam aprisionados, de todas as maneiras, e não havia espaço para cerimônias.

Ele não podia passar a noite sentado na cadeira com aquele braço e provavelmente também não permitiria que o fizesse cedendo a cama a ele.

Deitou-se de lado, encolhida, e fechou os olhos. Apesar da exaustão, seu corpo parecia a corda esticada de um arco. Não parava de ouvir os pequenos ruídos da movimentação dele no quarto.

Em seguida, afundou-se no colchão, do outro lado da cortina esvoaçante. Sentiu a presença dele aquecendo-a, apesar de não se tocarem em parte nenhuma.

Tentou dormir. Era impossível. Ele estava logo ali. Imaginou se aproximando dela e...

A ideia a deixou chocada. Assim como a reação de seu corpo.

Tentou dirigir os pensamentos para outras coisas, para a mãe e Sarah, para o pai. Até para Roger. Nada daquilo foi de grande ajuda.

Em vez disso, a intimidade da situação saturava o quarto, tornando-se impositiva.

Era pior do que estar numa carruagem apinhada de estranhos. Nessa situação podia fingir que eles não estavam lá e ignorar a proximidade física, que em qualquer outra ocasião seria malquista.

E todos continuavam a ser estranhos uns aos outros, mesmo se algum gostasse de falar, porque a conversa não era sobre nada importante. No fim da viagem desapareciam, assim como a intimidade, como se nada tivesse acontecido.

Lord Sebastian não desapareceria. De manhã teria de enfrentá-lo e não podia fingir que nada daquilo ocorrera. Também não era nenhum estranho, e a conversa dele tratara de coisas muito importantes.

E ele a havia beijado. E ela permitira. Era aquilo que a deixava verdadeiramente assustada e, sim, na expectativa. Dera motivos para pensar que se ele se aproximasse poderia não se importar. Era isso que aprofundava aquela consciência que tinha do corpo que estava ao lado, ali, daquela forma tão escandalosa, alarmante, permanente.

Ele também não dormiu. Sabia. Por isso não se atreveu a se mexer. Nem um pouquinho, a noite toda.

Sebastian esperou quinze minutos sentado na cadeira de madeira com o braço latejando. Depois, deitou completamente vestido, de bota e tudo, do lado da cama que ficara exposto pela sua obra com as cortinas. Suou muito, literalmente, para evitar sequer tocar na nuvem de tecido que a protegia.

Simplesmente descansar o ombro e o braço ajudava. Ou talvez ter uma presença feminina tão perto o distraísse do ferimento. Assim como a maioria dos homens, talvez mais do que a maioria, tendia a ter fantasias sensuais. Sorriu pesarosamente ao notar que por dentro sinais de excitação o excitavam, só de ouvir a débil respiração dela.

Que droga! Ali estava ele, vestido com casaco e bota, na situação mais casta que era possível criar em tal desastre, e ainda assim o corpo o incitava a especular sobre as possibilidades.

Pior, com aquela imobilidade toda, tinha certeza de que ela também não dormia. Nenhuma mulher com um beijo tão puro conseguiria descansar tendo um homem no mesmo quarto, muito menos a um centímetro de distância, do lado de lá de um pedaço de tecido.

A mesma pureza indicava, claro, que quaisquer especulações seriam uma idiotice. Sem mencionar que o braço mal se mexia.

Forçou sua mente a se desviar do tecido e da mulher que estava por trás e que ajudava a aquecer a cama tão bem. Fixou o olhar para baixo, para as botas, no fogo baixo, até aquele calor delicioso no sangue se extinguir.

Sem distração, o braço começou novamente a latejar como um tambor do inferno. Os pensamentos processaram a rapidez com que a noite se transformara numa catástrofe.

Admirava a coragem de Miss Kelmsleigh de se atrever a se encontrar com Dominó, mas uma boa dose de irritação fervilhava na sua cabeça ao rever os acontecimentos da noite. Se tivesse ficado quietinha em Londres, como qualquer outra mulher, ele poderia ter conseguido executar o plano, e saber a verdade acerca da conspiração do Gabinete do Material. Teria sido agradável poder oferecer uma resolução ao irmão. Em vez disso, ia ser um inferno.

Em nenhum momento deixou de reparar na presença dela ao seu lado. Provavelmente ela também não se esqueceu de que ele estava ali. Um estado de alerta mútuo afetava o ambiente do quarto. De nada servia reconhecer sua existência, nem o quanto os acontecimentos que a noite havia criado acentuava a intimidade forçada.

Tampouco serviria pensar nos beijos. Mas a presença dela, palpável, persistia em trazê-los à sua mente, para repetido desconforto do corpo.

Presumira que era experiente no jogo quando começara a brincar com ela. Erro seu, como em várias outras suposições da noite.

A surpresa e o assombro dela haviam cativado-o demais. Arrastado-o. Aparentemente, inocência conseguia ser muito apelativa. Aqueles beijos o encantaram e não os esqueceria durante um longo tempo. Ela o distraíra tanto que o verdadeiro Dominó já estava no meio do quarto quando um dos dois percebeu que já não estavam a sós.

Tentou recordar o que conseguia sobre o intruso, mas tudo se resumia a um borrão indefinido de instinto e defesa. Via apenas o chapéu, escuro, baixo, com uma aba larga. Suspeitava, mas não tinha certeza, de que o homem que comprava cerveja quando ele questionara o estalajadeiro estava com um chapéu como aquele. Se aquele homem fosse o Dominó, teria ouvido as indicações para o quarto sem que ele mesmo tivesse que pedir ao estalajadeiro.

Por mais que tentasse se sentir irritado com ela, durante as horas em que ficaram à espera não conseguiu. Os beijos tinham muito a ver com aquilo. Também simpatizava com o desejo dela de limpar o nome do pai. Compreendia o amor filial e os sacrifícios que podia requerer. Devia admitir que sua imprudente missão era justificável, mesmo tendo sido em vão. Horatio Kelmsleigh não gerara um filho que lutasse pelo seu nome, por isso um filha havia assumido o papel.

Começou a pensar naquilo que sabia acerca da família do homem, além do que descobrira naquela noite sobre Audrianna. Sebastian vira o funeral de Kelmsleigh, enterrado em solo não consagrado devido ao suicídio. Tinham ido poucas pessoas. Um homem caído em desgraça tinha poucos amigos.

Vira a viúva de vestido crepe preto. Estava acompanhada de duas moças. Uma a agarrava, ficando praticamente debaixo do braço da mãe. A outra estava a uma distância que já sugeria algum isolamento emocional. Ele estava um pouco afastado do pequeno grupo e, além do cabelo escuro, nada mais despertara sua atenção nas mulheres.

Fora espiar naquele dia por pensar que os outros conspiradores podiam estar presentes, como amigos ou colegas. Os poucos homens que se encontravam à volta da sepultura perceberam sua atenção, não as mulheres.

A perda daquelas mulheres não se limitara a um pai e marido. Os meses que se seguiram foram provavelmente difíceis ao nível financeiro e social para as Kelmsleigh. Na verdade, ele não se detivera sobre as consequências que a investigação e a morte pudessem ter para aquelas inocentes. Na verdade, não pensara nem um pouco nelas.

Agora, estava uma ao seu lado numa cama, num quarto onde não deveriam estar juntos e sozinhos.

Cruzou as pernas. Pensou se o juiz de paz seria sensato ou mesquinho.

A entrevista que os aguardava só tinha dois finais possíveis, mas nem um nem outro poderia ser positivo para Miss Kelmsleigh.

A pancada breve e seca pareceu um foguete. Sebastian despertou sobressaltado do sono inquieto. Quando se colocou de pé, o ferimento o deixou atordoado de dor por um instante. Olhou para a janela. Pelas frestas das portas fechadas entravam tênues fios de luz. Em breve seria o raiar do dia.

Miss Kelmsleigh também se levantara. Alisou o vestido, arrumou a cama e foi buscar a peliça que estava pendurada no gancho. Ele esperou que ela se vestisse e se esforçasse para ajeitar rapidamente o cabelo desgrenhado em frente ao espelho.

A pancada voltou a soar. O olhar dela cruzou o dele. Parecia triste e resignada, e constrangida pela noite que haviam passado juntos. Não tinha dúvida de que as horas de reflexão também a tinham feito ver a impossibilidade da situação.

Abriu a porta. Era Hawkeswell que aguardava, não o estalajadeiro.

– Fiz questão de eu mesmo vir – disse.

– Muito atencioso. Obrigado.

– O juiz de paz está lá embaixo. Prefere descer ou posso indicar que suba?

– Este lugar não é o mais adequado mas é melhor do que o outro. Não queremos ter plateia.

Hawkeswell assentiu.

– E o seu braço?

– Foi um mero arranhão. Se não se importar em continuar me ajudando, por favor, descubra a que horas a primeira carruagem para Londres parte, e venha me dizer.

Hawkeswell retirou-se. Sebastian fechou a porta novamente.

– Nove horas – disse Miss Kelmsleigh. – É o horário da primeira carruagem. Eu planejava embarcar.

Ela disfarçava bem o nervosismo. Não fossem as mãos se apertando e a melancolia da expressão, ninguém adivinharia que estava prestes a enfrentar um julgamento.

Decidido de que sua presença e compostura fariam mais bem do que mal, Sebastian abriu as portas das janelas de par em par para dispersar as sombras da noite. Virou-se para ela e pela primeira vez, à luz nova do dia, olhou-a bem.

O cabelo tinha uma acentuada cor de cobre. Os reflexos arruivados pareciam agora uniformes. Os olhos tinham uma tonalidade de verde impressionante. As feições eram regulares e mais delicadas do que a luz crua do fogo dera a entender. O rosto, de uma beleza única e madura, mais atraente que formoso.

Atraente o bastante para fazê-lo parar um momento e recordar vividamente aquele beijo. Depois, pegou a cadeira e a virou para a lareira, mas no canto.

– Por favor, sente-se aqui. Assim que ele entrar verá que é uma senhora e isso afetará toda a conversa.

Ela obedeceu. Sebastian tirou a pistola de cima da mesa, onde ficara a noite toda, e pousou-a na lareira, contra a parede, onde não seria imediatamente visível.

Ouviu-se outra pancada na porta, nem de perto tão forte como a de Hawkeswell. Aquela qualidade hesitante, de certa forma, era um bom sinal.

Sir Edwin Tomlison era um sujeito alto e muito magro cujo farto cabelo preto começava a ser tingido por mechas grisalhas. O traço resignado que Sebastian notou em sua boca quando ele entrou no quarto e se apresentou disse muito. Tratava-se de um homem que gostava de ser juiz de paz pela posição social que lhe proporcionava dentro do condado, mas que não apreciava os deveres jurisdicionais que o cargo acarretava.

– Lord Sebastian Summerhays – cumprimentou Sir Edwin com uma reverência. – Tive a honra de conhecer o seu irmão, antes de ele ir para a guerra e... – A voz dele sumiu. O rosto assumiu uma expressão de condolência.

– Parece que teve suas próprias aventuras de guerra, Sir Edwin. Lembro-me de quando foi armado cavaleiro por causa delas.

O rosto de Sir Edwin se reavivou. Como simples escudeiro de campo armado cavaleiro ficou agradado pelo fato de o irmão de um marquês saber os motivos.

Sebastian apresentou Miss Kelmsleigh. Sir Edwin mostrou surpresa, e reconhecimento, ao ouvir o nome dela.

– Temos aqui uma situação complicada, senhor – disse ele a Sebastian. – Lá embaixo se encontra um grupo apreciável, todo mundo muito excitado com os acontecimentos empolgantes que proporcionou. As histórias deles chegarão a Brighton pelo meio-dia, e a Londres à noite, por isso precisamos conversar francamente.

– É a minha intenção. Disse ao estalajadeiro, como digo agora, que apareceu um intruso, que disparou em mim durante uma luta. Fugiu imediatamente.

– Consegue descrevê-lo ou identificá-lo?

– Não o vi muito bem. Aconteceu tudo muito depressa. Talvez pensasse que o quarto tinha apenas malas e que os ocupantes estivessem jantando no andar de baixo. Ele pareceu tão surpreendido por me ver quanto eu pela invasão – continuou Sebastian. – Mas ele tinha um chapéu diferente. Marrom, talvez, fora de moda. – Fez uma descrição elaborada.

Sir Edwin digeriu a informação. Dirigiu a Audrianna um olhar penetrante e depois caminhou pensativamente até a janela. De cinza-escura, a luz passara a prateada, revelando sua expressão descontente.

Sebastian se aproximou. Sir Edwin olhou pela janela e falou baixinho:

– Por acaso ela é filha de Horatio Kelmsleigh? Não há ninguém na Inglaterra que não conheça esse nome. A presença dela aqui levanta questões.

– Compreendo que isso possa acontecer. Faça suas perguntas que responderei como cavalheiro que sou, tanto quanto é permitido a um cavalheiro.

– Quer dizer que existem perguntas que um cavalheiro não responderia a este respeito?

Sebastian não respondeu. Deixou que o silêncio falasse por ele. E diabos levassem a reputação de Audrianna.

– É minha obrigação dizer que o estalajadeiro me contou que Miss Kelmsleigh disparou o tiro que provocou esse ferimento, senhor.

– O estalajadeiro não estava presente e não pode dar nota dos fatos. Tem a minha palavra de que esteve aqui uma terceira pessoa, um homem, como lhe disse. Jurarei pela inocência dela se assim quiser. Comparecerei às suas sessões trimestrais para isso, se necessário, mas preferia poupá-la da exposição de ter de se defender de uma acusação tão sem fundamento.

Sir Edwin corou. Pedir tal coisa a um cavalheiro que dera sua palavra seria um insulto. Ficou abalado por Sebastian ter sequer insinuado que tal coisa tivesse ficado implícita. No entanto, olhou outra vez por cima do ombro, para as costas de Audrianna.

– É curioso ela estar aqui, desempenhando seu papel na investigação, Lord Sebastian. Não esperava que os dois fossem... conhecidos.

– Essa estranheza não tem interferência alguma no seu dever, correto?

– Não, senhor, corretíssimo. Se houve um intruso, não tem. Tentarei manter o nome dela fora disso, mas se não conseguir... Talvez devesse dizer que ela estava aqui para dar informação a respeito das atividades do pai? Pode ser que impeça que alguns presumam que a presença dela teve outros motivos.

– Pode dizer o que quiser, e os outros podem presumir o que quiserem, mas ela não disparou aquela pistola.

Sir Edwin anuiu.

– Acho que compreendo as circunstâncias que se apresentam, caro senhor.

Sebastian olhou para o relógio de bolso.

– Sir Edwin, a primeira carruagem parte dentro de quinze minutos. Miss Kelmsleigh deseja voltar a Londres. Peço que a acompanhe ao andar de baixo e a coloque em segurança no transporte, para os curiosos e grosseiros não a importunarem com perguntas.

Sir Edwin empertigou-se.

– Com certeza. É provável que isso realmente aconteça logo, acho eu. Seria atencioso poupá-la do pior esta manhã. – Uma nova luz se assomou ao olhar. Uma luz crítica, pois o cavalheiro à sua frente seria para sempre poupado do pior, enquanto Miss Kelmsleigh pagaria qualquer custo que estivesse associado ao infame episódio.

Sebastian acatou a crítica silenciosa. Ninguém acreditaria que a encontrara ali por um capricho do destino. O importante era que Sir Edwin não a deteria até a sessão trimestral, para enfrentar a acusação de tentar assassinar o irmão de um marquês.

Sebastian dirigiu-se para a cadeira dela.

– Miss Kelmsleigh, Sir Edwin terminou e está satisfeito. Irá escoltá-la à carruagem agora.

Ela ergueu os olhos, que estavam fixos nas pernas. Sua expressão estoica sumiu para mostrar o alívio que sentia. Os olhos verdes refletiam a preocupação que ela escondera.

– Estou livre? – articulou, em silêncio, com os lábios.

Ele assentiu e ofereceu a mão para ajudá-la a ficar de pé. A palma suave da mão dela tocou na dele, pousando levemente, mas comunicando, ainda assim, a intimidade silenciosa da noite. Sua mão deixou a dele quando esticou o braço para pegar na capa.

Sir Edwin pegou a mala e ficou na porta à espera. Audrianna se aproximou. Antes de ir embora olhou para dentro do quarto e dos olhos de Sebastian, com uma expressão que ele não conseguiu decifrar.

Capítulo 4

Era perto da meia-noite quando o cabriolé que Audrianna pegara na estalagem local a deixou em casa.

À luz do candeeiro da carruagem, a casa parecia um bloco alto e retangular. O espírito de Audrianna gemeu de alívio assim que viu a forma simples e rústica. A salvo da estrada, longe o bastante de Londres para fingir que o falatório da cidade não existia, aquela casa e as pessoas que nela viviam proporcionavam o apoio e o conforto de um verdadeiro lar e uma verdadeira família.

Só ali vivia há meio ano, mas dentro daquelas paredes conhecera mais contentamento do que em qualquer outro lugar do mundo.

O edifício estava escuro, exceto por uma luz dourada que se via na janela da sala da frente. Era esperar demais que Daphne tivesse deixado um candeeiro aceso e tivesse ido se deitar. A prima estaria cosendo ou lendo enquanto aguardava o retorno do membro ausente da casa.

O papel de Daphne na casa era difícil de descrever. Parte mãe, parte anfitriã, parte dona de casa, tratava as inquilinas como irmãs. As regras que estabelecera para a casa obrigavam a existência de igualdade entre todas elas, em todas as coisas. Na verdade, porém, todas dependiam da sua generosidade.

Audrianna entrou na sala e colocou a mala numa cadeira.

Daphne estava sentada perto da lareira, com o cabelo muito claro completamente solto e já escovado para a noite como um rio de seda. Vestia um roupão que caía solto pelo corpo esguio e alto.

Ergueu os olhos do livro. Um sorriso de alívio surgiu no rosto adoravelmente delicado. Os olhos cinzas depararam com a bainha enlameada e a mala de Audrianna.

– Está cansada e provavelmente com fome – disse. – Vá à cozinha comer alguma coisa.

Era típico de Daphne não reclamar tão quanto era típico que, se ela quisesse, teria motivos de sobra para isso.

Audrianna atravessou a sala atrás da prima, até a curta passagem que dava na cozinha. Originalmente uma estrutura separada, a cozinha fora ligada à casa através daquele corredor estreito na mesma altura em que se aumentara a estufa.

Na grande lareira da cozinha luziam apenas algumas brasas, e Daphne cuidou de alimentar o fogo.

– Quando lhe entreguei sua canção nova hoje, Mr. Trotter me deu dinheiro para que eu desse a você. Vinte xelins.

Mr. Trotter era editor de partituras musicais em Londres e concordara em publicar algumas canções que Audrianna compusera.

– É muito mais do que eu esperava.

– Ele disse que "O meu amor inconstante" vendeu particularmente bem. Disse para que eu lhe dissesse que suas músicas tristes dão mais dinheiro do que as outras.

– Não tenho certeza se quero escrever só canções tristes, mas vou tentar compor mais algumas.

– Certamente qualquer coisa que escreva que vier do coração terá sucesso. "O meu amor inconstante" vendeu bem por causa disso.

Possivelmente era verdade. Quando Audrianna compusera a canção, estava se sentindo devastada com a inconstância de Roger, depois de ele a ter rejeitado por causa da desgraça do pai. As lágrimas a cegavam enquanto trabalhava na melodia.

Daphne abriu um armário, examinando o interior.

– Acho que Mrs. Hills planeja comer o resto deste fiambre amanhã ao jantar, por isso é melhor não roubá-lo. Deixe isso aí que arranjo outra coisa.

– Um pouco de queijo e pão é o suficiente.

– Tem certeza? Se eu tivesse chegando de viagem...

– Pão e queijo está ótimo.

Daphne serviu a comida, sentando-se depois em frente à Audrianna, do outro lado da mesa de trabalho.

– Foi a Londres visitar sua mãe?

– Você bem sabe que só a visito quando combinamos antes, e quase sempre ao domingo.

– Eu não sei de nada, e nem mesmo sobre essa sua aventura. Não havia me dito uma palavra. Nem um recado. Se Lizzie não tivesse reparado que tinha feito as malas, eu poderia achar que tinha caído no rio.

Então Daphne sempre ia reclamar. Tinha sido realmente indelicado partir sem dizer nada, mas uma palavra que dissesse teria dado oportunidade a muito mais protesto do que desejava.

– Devo lembrar-lhe da regra para se viver nesta casa, Daphne. Uma das normas mais importantes é não nos intrometermos nas histórias nem nas vidas umas das outras.

Aquela casa, composta por mulheres solteiras e independentes, mantinha a civilidade e a segurança graças à regra de Daphne. Assim como os códigos dos monges de antigamente, os preceitos da regra governavam seu comportamento e ajudavam-nas a evitar o tipo de desavença que poderia facilmente surgir num ambiente assim. No momento em que chegou, a regra lhe parecia descabida, mas logo passou a apreciar sua sabedoria.

– Tem razão. É uma boa parte da regra. Uma parte essencial – concedeu Daphne. – Não impede, porém, que nos preocupemos, nem que cuidemos umas das outras como irmãs. Razão pela qual a regra inclui também a indicação de que, se nos ausentarmos durante grande período, é necessário informar as outras para que não se preocupem.

Não a repreendia, apesar das palavras. Sua voz era suave demais para ser considerada uma censura. Havia nela preocupação, e uma delicada compaixão, e talvez um pouquinho de mágoa, como se a discrição de Audrianna implicasse uma perda de confiança.

Audrianna manteve-se empenhada em comer. Não se atrevia a olhar para Daphne. A prima era detentora de uma sabedoria de vida que excedia em muito o esperado de uma mulher que ainda não chegara aos trinta. Seria difícil conseguir esconder seu desânimo se Daphne a olhasse nos olhos.

Uma mão branca se esticou e tocou suavemente no braço de Audrianna.

– Visitou algum homem, Audrianna?

Depois dessa, Audrianna teve de olhar para ela. Não foi só a pergunta que a surpreendeu, mas também a forma singela como Daphne a fizera. Falara como se fosse normal Audrianna ter passado a noite anterior com um homem.

E, para ser honesta, ela tinha mesmo.

Sentiu o sangue ferver quando se deu conta disso.

– Não é que eu queira bisbilhotar sua vida ou o estado de sua virtude – retomou Daphne, fingindo não ter reparado no rosto enrubescido nem no abatimento. – Na verdade, eu me pergunto se devia dar tanta importância à virtude, neste sentido, como se dá. É só que...

– É só que, o quê?

– Sei que ainda está se recuperando do que se passou com o Roger e que ainda não superou a desilusão – prosseguiu docemente. – Se visitou algum homem, isso não me preocupa tanto quanto o motivo de tê-lo feito. Espero que a mágoa não a tenha deixado imprudente. Não sentirá nem felicidade nem prazer se estiver ligada a alguém por ressentimento, decepção ou rebeldia.

– Pode ter certeza de que não embarquei em nenhuma ligação, por nenhuma razão. Sou grata pelo meu lugar na sua casa, querida prima. Mais grata do que pode imaginar. Estive ausente esses dois dias por um assunto pessoal, e não um assunto do coração. Por favor, vamos acabar com a explicação agora mesmo.

Daphne baixou a cabeça, aceitando e recuando. Não se mostrava insultada. Ainda assim, Audrianna receou ter ofendido a prima. Normalmente tinham opiniões parecidas e aquela conversa fora o mais perto que já chegaram de um desentendimento.

Não teria se importado em confiar a história a Daphne, mas naquela noite não sabia ao certo como explicar, nem o que dizer. Precisava de um longo descanso antes de se dedicar a destrincar os acontecimentos e implicações da desastrosa viagem.

Levantou-se e levou o prato para a pia. Daphne continuava sentada, numa serenidade pálida e encantadora.

Audrianna inclinou-se e abraçou a prima, sentindo-a calma como sempre, o que a reconfortou.

– Vou para o meu quarto. Amanhã de manhã nos vemos. Agradeço sua preocupação. Peço desculpa por ter causado isso.

Daphne virou-se e a beijou.

– Durma bem, minha querida. – Assim que Audrianna chegou à porta, Daphne falou novamente: – Ah! Tenho outra coisa para lhe falar, senão vou esquecer. Audrianna, a pistola que estava no alto do armário da biblioteca desapareceu. Se encontrá-la, por favor, me avise imediatamente.

Sebastian fez uma careta de dor ao vestir o sobretudo azul que o criado segurava. O braço esquerdo recusava o movimento.

Um cirurgião chegara de madrugada para aplicar unguentos e um novo curativo. Anunciara que o ferimento parecia preservado. Aparentemente, a pior consequência seria aquela maldita rigidez do braço inteiro durante mais alguns dias.

Consultou o relógio de bolso e se certificou de que eram dez horas, seguindo para o andar de baixo, para os aposentos do irmão, Morgan.

Não era só porque estava na cidade de manhã que precisava visitá-lo, mas ainda assim o fazia. Sabia que o irmão desejava passar aquela hora com ele, a companhia silenciosa que se faziam enquanto bebiam café e liam os jornais e a correspondência. As discussões sobre as histórias e as estratégias que ocupavam o governo. O interregno de normalidade, num dia em que tantas coisas serviriam para lembrar que era de se esperar muito pouco.

O Dr. Fenwood saiu para a sala de estar ao mesmo tempo em que Sebastian entrava. Fenwood não era realmente médico, mas sim um criado de força significativa e circunspeção adequada. Morgan tratara-o por Dr. Fenwood uma primeira vez por brincadeira, mas nunca mais parou.

Agora todos o tratavam por Dr. Fenwood, para Morgan manter a pequena pretensão de que a pessoa que o ajudava com uma intimidade por vezes escandalosa era um profissional da medicina. Existiam muitas ilusões semelhantes naquela casa, com todos se esforçando para preservar a dignidade de um homem bom.

– A saúde do marquês hoje de manhã está ótima – informou Fenwood. O título lhe subira ligeiramente à cabeça e ele avançava sua opinião como se soubesse a diferença entre a saúde estar ou não boa. – A disposição do marquês também está boa.

Era essa a informação que Sebastian realmente queria. O irmão com frequência sofria de surtos de depressão. Os médicos verdadeiros haviam avisado desde o início que se tratava de uma coisa comum em inválidos.

Entrou no aposento que servia de pequena sala de estar ao amplo domicílio do marquês. O irmão não ouviu a porta se abrir e continuou a ler a correspondência. Havia um tanto dela. A alta sociedade ainda enviava convites, sabendo que nunca seriam aceitos. E Morgan, terceiro marquês de Wittonbury, lia cada um deles, como se pudesse escolher ir a alguns jantares festivos.

A cadeira de Morgan era recostada à janela, pela qual podia olhar a cidade. Tanto a mesa como um cobertor negro obscureciam qualquer vislumbre das pernas imóveis que o haviam feito prisioneiro daquele aposento desde que fora transportado para casa vindo de uma guerra à qual se juntara nobre e idealisticamente, tardia e impulsivamente.

O fato de Morgan ter comprado a patente com a guerra em estado tão avançado sempre pareceu a Sebastian uma ironia impossível. Dava vontade de perguntar se a retirada francesa na campanha peninsular tinha sido programada para o destino arruinar a vida de Morgan.

Sebastian ocupou seu lugar na cadeira que ficava diante do irmão e se serviu de café da cafeteira que o aguardava. Nenhum criado ficava por perto, para não importuná-los naquela rotina que os dois partilhavam.

Morgan levantou os olhos da carta que lia.

– Que bom que está de volta.

– Não contava que a chuva me atrasasse ontem.

Normalmente, se faltasse às visitas matinais, Sebastian avisava Morgan. No dia anterior não fora possível, claro.

Sebastian não se importava com esta imposição à sua rotina.

Ele próprio a criara, ao iniciar o hábito e permitir que o irmão dependesse dele. Atualmente Morgan tinha tão poucos visitantes que só lhe restava a companhia da família para quebrar o tédio do dia.

Não obstante, enquanto Sebastian justificava a ausência do dia anterior, percebeu que sua vida mudara em comparação com a do irmão. A paralisia que encerrava Morgan naquele aposento, vivendo uma vida tragicamente alterada, também mudara radicalmente o destino de Sebastian.

– Estive perto de Brighton – explicou Sebastian. – Fui verificar uma coisa relacionada com aquela questão das munições.

– Pode ter se tratado apenas de negligência, como todo mundo pensa.

– Não acredita realmente nisso.

– Não. – Morgan olhou pela janela, mas na verdade sua visão voltava-se para dentro. Para as memórias da guerra, suspeitou Sebastian.

Morgan seguira o escândalo de perto, incrédulo com os relatos jornalísticos de uma companhia que ficara indefesa por causa de má pólvora. O marquês de Wittonbury quis que fosse feita justiça aos soldados mortos e Sebastian quis que o irmão conhecesse a satisfação de ver os camaradas de armas finalmente vingados.

– Ficou sabendo de alguma coisa?

– Posso ter descoberto um homem que sabe alguma coisa. Ele pode ter uma informação que acabe revelando a verdade. Finalmente.

Morgan assentiu distraidamente. Pegou um dos jornais impecavelmente passados a ferro que aguardavam sua atenção.

Sebastian fez o mesmo. Aquelas visitas haviam se tornado rotina. Ritualizadas.

– Nossa mãe esteve aqui de visita ontem à tarde – comentou Morgan enquanto perscrutava o periódico. – Queria falar sobre você.

Bom, aquilo não era rotina.

– Mesmo?

– A-hã... Quer que eu lhe diga que deve se casar. Escolheu várias moças que se adequam.

– Tenho certeza de que ela pensa que sim.

– Eu disse a ela que não devia se iludir e pensar que tenha mudado tanto assim. Sugeri que aquilo que ela vê como uma nova página é apenas uma película que obscurece as folhas antigas. Discrição não é o mesmo que arrependimento ou mudança.

– Obrigado.

– Ficou muito decidida e imperiosa... Bom, você sabe como ela é.

– Tem lhe visitado muito estes dias?

Morgan encolheu os ombros.

– Mais do que antes.

– Demais, então. Avise a Fenwood para não recebê-la na próxima vez. Não permita que ela se assenhore do seu apartamento e entre nele a seu bel-prazer.

Existira sempre o perigo de a mãe deles transformar Morgan numa criança assim que tivesse a oportunidade. Intrometia-se, o mimando e dominando, até ele perder o direito de ser um homem distinto.

Esse havia sido o motivo de Sebastian se mudar para aquela casa quando o irmão voltou da guerra. Sua presença assegurava que a mãe não expandiria demais o seu domínio, especialmente no que dizia respeito ao filho mais velho.

– Sempre foi melhor em lidar com ela do que eu. Como em tantas outras coisas – declarou Morgan.

Não havia nada que dizer adiante daquilo, por isso ambos voltaram-se aos jornais.

– Disse que esteve perto de Brighton, ontem? Ouviu alguma coisa acerca do espetáculo no Duas Espadas?

– Espetáculo?

Morgan estreitou os olhos para ler as letras impressas. Deixou sair um sorriso.

– Um homem levou um tiro de uma amante. Aquilo é que deve ter sido um bom teatro. Ele não morreu, parece. Mesmo assim, não se deve ter falado de outra coisa lá embaixo.

– O que está lendo aí?

Morgan corou.

– Um dos jornais de fofoca da nossa mãe.

– De Brighton?

– Londres.

Maldição! Sir Edwin estava certo. A história provavelmente chegara à cidade antes de qualquer uma das suas vítimas. Evidentemente, não havia nomes no jornalzinho, porém.

Ainda.

O ritual terminou às onze horas. Sebastian se despediu e voltou ao próprio quarto. O criado pessoal o saudou com uma carta selada na mão.

– O endereço não estava correto, meu senhor.

Sebastian pegou a carta. Escrevera-a para Miss Kelmsleigh e enviara-a por um mensageiro para a casa do pai.

– Não vivem mais lá?

– Mrs. Kelmsleigh sim, e Miss Sarah Kelmsleigh. Audrianna Kelmsleigh, porém, não. O lacaio perguntou e lhe disseram que ela fora morrar no Middlesex, perto da aldeia de Cumberworth.

Sebastian levou a carta para o quarto. Abriu uma gaveta e olhou para a pistola que trouxera do Duas Espadas. Suas tentativas de devolvê-la de forma discreta não tinham dado certo.

Podia mandar o despachante a Cumberworth. Se Miss Kelmsley havia se mudado para o campo, bastariam algumas perguntas para localizá-la. Podia igualmente embrulhar a pistola e dá-la ao criado, e dar o assunto por encerrado.

Viu a pistola numa mão suave, feminina. Viu olhos verdes de mulher cintilando de vida, depois acendendo de fascínio e paixão, e, por fim, esmaecendo de melancolia. Imaginou ela atravessando a hospedaria até a carruagem, fingindo não reparar que os outros clientes olhavam e sussurravam.

Disse ao criado para mandar buscar o cavalo.

Capítulo 5

Cumberworth continuava uma aldeia rural, mas Londres se aproximava a cada ano que passava. Já fora absorvida pelos subúrbios da cidade, um dos muitos vilarejos do Middlesex que viam recém-chegados se misturar com velhos residentes e agentes imobiliários decompor quintas em pequenas propriedades para as famílias prósperas da sua vizinha maior.

A chegada de Sebastian, portanto, não atraiu grande atenção.

Desceu a rua principal, passando por lojas em edifícios velhos de tabique e casas de pedra alinhadas. Procurou uma taverna.

O Baron's Board não estava muito cheio às duas da tarde e a cerveja de Sebastian chegou rápido. Bebeu em pé, submetendo-se à inspeção curiosa do proprietário.

– Também está assim úmido na cidade? – perguntou o homem, secando canecas de cerveja.

– Pior – respondeu Sebastian.

– Está a caminho de um lugar mais seco?

– Não, vim à procura de uma pessoa para tratar de negócios. Talvez a conheça. Miss Kelmsleigh.

O proprietário estalou a língua.

– Eu conheço ela e as amigas. Todas as pessoas de Cumberworth conhecem as hóspedes de Mrs. Jones.

– Ah, conhecem? Acho que Miss Kelmsleigh é prima dela, não sua hóspede.

– É difícil saber do que chamar aquelas mulheres, não acha? O resto não são parentes, não me parece. Só um grupo de mulheres que vieram de visita e nunca mais foram embora.

– Mrs. Joyes vive na aldeia?

– Tem propriedade a pouca distância. Uma casa boa e um bom pedaço de terra. Cultiva flores numa estufa grande lá. Vende-as em Londres a floristas chiques. A casa dela fica um tanto afastada da rua, por isso há uma placa pintada no local onde é preciso virar. Flores Preciosas, é assim que o negócio dela se chama. – Estalou novamente a língua. – Até parecem boa gente. São reservadas. Não há razão para pensar que haja alguma coisa imprópria, mas as pessoas falam, não é mesmo?

Sem dúvida. Sebastian acabou de beber a cerveja e pediu indicações para chegar ao letreiro do Flores Preciosas.

Quinze minutos depois, seguia pelo caminho privado que conduzia à casa de Mrs. Joyes.

Era o tipo de casa boa e sólida que se encontrava por toda a Inglaterra. Bonita, na sua alvenaria de pedra cinzenta, era grande demais para uma simples casa rústica e pequena demais para ser um solar. No topo, um sótão com telhado duplo erguia-se em dois pisos de altura tendo apenas janelas bem proporcionadas decorando a fachada simples.

Não apareceu ninguém para ficar com seu cavalo, por isso Sebastian atou as rédeas a um poste. O tempo que esperou depois de bater à porta deixava a entender que poucos criados trabalhavam lá, apesar da propriedade deixar transparecer alguma riqueza.

A porta finalmente abriu. Uma governanta muito magra de meia-idade espreitou-o por entre os folhos da touca. Leu o cartão dele e voltou a espreitar. O olhar dela se demorou na caixa de madeira comprida que ele trazia debaixo do braço.

– Disseram-me que Miss Kelmsleigh vive aqui – explicou ele. – Vim devolver uma coisa que ela perdeu.

Uma moça loira, bonita, surgiu. Também leu o cartão.

– Eu trato disto, Mrs. Hill.

A mulher mais velha se retirou. A loira indicou que entrasse.

– Devia falar com Mrs. Jones – prosseguiu. – É a proprietária da casa. Está na estufa. Vou levá-lo até lá.

Num passo tranquilo, levou-o até os fundos da casa. Passaram por uma biblioteca com bonitas estantes e muitas cadeiras estofadas. Uma segunda sala de estar ocupava a parte de trás da casa. Através de uma das janelas, viu uma estufa.

Situada a vinte metros da casa, a estufa era muito maior do que as encontradas em casas rurais, a não ser que fossem propriedades muito grandes. A metade de cima das paredes era de vidro, num mosaico de painéis retangulares suportados por ferro.

A entrada para a estufa ficava no fundo de um corredor que saía da sala de estar. A mulher que o guiava abriu uma porta e ele foi envolvido por um calor úmido. Olhou para cima. Metade do teto era composto também por pequenos painéis de vidro.

– Aguarde aqui, por favor – indicou ela, desaparecendo por trás de uma enorme palmeira num vaso. Momentos depois reapareceu e gesticulou para que se aproximasse. Apontou Mrs. Joyes e se despediu.

Mrs. Joyes trabalhava sentada a uma mesa coberta de vasos cheios de terra. A mesma terra sujava o avental, as mãos e a touca. Enquanto ele se aproximava, ela pegou um trapo para limpar a pior parte.

Tinha um rosto muito bonito. Muito pálido. Muito perfeito. Olhos cinza-escuro. Possuía uma elegância natural que afetava até sua postura de pé. Se ele nunca a tivesse visto, poderia ter ficado embasbacado. Só que ele já a vira antes. Tinha certeza.

– Lord Sebastian Summerhays, que honra. Não é frequente termos visitas tão ilustres. Procura uma flor para dar de presente a uma pessoa da sua estima? Temos pelargônios raros de nossa própria hibridação que são sempre apreciados.

– Procuro uma mulher que, segundo me disseram, vive aqui. Miss Kelmsleigh. – Indicou com a cabeça a caixa que trazia. – Devo devolver-lhe algo que lhe pertence.

– Miss Kelmsleigh não está em casa. Deve voltar muito em breve, se quiser aguardar. Ou pode deixar a caixa comigo.

Bom, era aquilo. Podia largar a caixa e ir embora. Não havia razão para não confiar que Mrs. Joyes a entregasse a Miss Kelmsleigh quando voltasse. Se avisasse para não abri-la, era bastante provável que controlasse a curiosidade.

– Se estiver voltando em breve, eu mesmo lhe darei.

– Então deixarei a indicação para ela vir para aqui assim que retornar. – Olhou para o lado. – Lizzie, pode... Ora essa, onde é que ela se enfiou? Estava aqui mesmo antes de a Celia trazê-lo e até leu o seu cartão... – Estalou a língua em sinal de exasperação. – Por favor, aguarde aqui, Lord Sebastian, enquanto vou pessoalmente dizer para nos enviarem Miss Kelmsleigh.

Deixou-o no meio da vegetação. O ar tinha um aroma luxuriante cuja densidade úmida continha um pouco de tudo. Citrinos e rosas e até o laivo fresco da erva. Uma pessoa podia se inebriar com um perfume daqueles. Enfiou o dedo na terra de um dos vasos em que Mrs. Joyes estivera trabalhando. Tocou no volume de um bulbo.

Desceu tranquilamente o corredor, passando por vários limoeiros em vasos e por mesas de botões floridos. No fundo do edifício uma videira* crescia dentro do vidro. A raiz encontrava-se do lado de fora, mas o pé espesso entrava por um buraco aberto na parede de tijolo. As várias gavinhas trepavam por apoios robustos, estirando-se depois por barras de ferro, colocadas meio metro acima da sua cabeça. Debaixo deste frondoso caramanchão interior, estavam uma mesa de pedra e quatro cadeiras, compondo uma vinheta toscana.

---

* Em inglês, “grape vine”, que num registro coloquial significa também “boatos, diz-que-diz”. *(N. da T.)*

– Foi uma experiência – esclareceu Mrs. Joyes, regressando.

– A videira, não pensei que resultasse.

– Deve ser agradável ficar sentado a esta mesa nos dias enselarados de inverno. Tem um belo conservatório de plantas.

– É uma estufa. A maior parte daquilo que as pessoas chamam conservatórios na realidade são estufas, ou estufas de forçagem. Imagino que a palavra não seja suficientemente requintada e por isso a designação incorreta se tenha tornado comum. Um verdadeiro conservatório de plantas faz isso mesmo, limita-se a conservar as plantas durante o inverno, período em que estão em dormência. Temos um desses, também, no fundo do jardim.

O rosto dela voltou a prender sua atenção.

– Queira me desculpar, acho que fui inadvertidamente grosseiro. Já nos cruzamos, tenho certeza, mas não consigo me lembrar onde.

– Já nos cruzamos, realmente, anos atrás. Eu trabalhava como governanta para a família do duque de Becksbridge. Fomos apresentados um ao outro numa receção no jardim, à qual fui autorizada a ir com a mais velha das minhas pupilas. Tem uma memória excelente para as pessoas insignificantes com as quais se cruza na vida, Lord Sebastian.

Se ela fosse de fato insignificante, ele poderia merecer o elogio, mas duvidava de que algum homem esquecesse que a conhecera.

– Já fui em outras festas com as crianças presentes. Não me lembro de vê-la nessas.

– Só estive com elas um ano, antes de conhecer o capitão Joyes e deixar minha posição. Na cidade ninguém ouviu falar que houvesse algum homem na casa.

– O seu marido está a serviço da marinha?

– Esteve no exército. Morreu na Guerra Peninsular. – A pergunta não alterou a graciosidade da sua postura, mas os olhos, escurecendo um pouco, revelaram que o assunto ainda lhe causava dor. – Se me der licença novamente, vou ver porque que demora Audrianna. Já devia ter voltado.

* * *

Audrianna olhava fixamente para o cartão que Daphne entregara a Celia. Lord Sebastian Summerhays estava na casa.

Por quê? E como é que ele a encontrara?

Num instante, soube a resposta. Ele devia ter ido primeiro à casa da mãe, que não demoraria a lhe escrever, querendo saber por que o perseguidor do pai voltava a importuná-las.

– Sente-se, por favor, Audrianna. Mal consigo me aproximar, mesmo na ponta dos pés – disse Celia.

Audrianna deixou-se cair numa cadeira para Celia poder mexer no seu cabelo. Celia era a melhor de todas com penteados. Apresentava sempre os seus caracóis loiros numa variedade interminável de estilos.

– Bem, ela disse “imediatamente”. – Audrianna lembrou Celia da mensagem que ela própria lhe transmitira assim que chegou em casa.

– Daphne não se incomodará que demore um minuto para se arrumar – retorquiu Celia enquanto deixava as mãos ágeis fazerem sua magia. – É o irmão de um marquês que está na estufa. É membro do parlamento. É o que está no cartão dele.

Como Celia não sabia que ela já conhecia Lord Sebastian, Audrianna decidiu que o silêncio era a melhor resposta.

– É um homem de grande importância e o nome dele está sempre aparecendo nos jornais. Não pode recebê-lo com a aparência de quem passou a tarde no convés de um navio.

Audrianna nem mesmo queria recebê-lo. Rezava para que ele não tivesse trazido más notícias sobre o juiz de paz. E se Sir Edwin tivesse decidido que ela afinal precisava comparecer às sessões trimestrais?

– É o melhor que consigo fazer, a não ser que o deixe todo solto. A culpa é sua, por ter tirado a touca assim que entrou em casa – repreendeu Celia, se afastando. – Devíamos começar do início e ajeitá-lo direito.

– Não fará isso – respondeu a voz de Daphne.

Audrianna levantou a cabeça. Daphne estava à porta da sala de estar, a que dava para o corredor que conduzia à estufa. Vestia o avental de trabalho sujo de terra e sua touca mais velha, mas tinha uma aparência etérea e deslumbrante. Daphne podia se vestir de trapos que continuava linda.

– Deve me seguir imediatamente, Audrianna. Ele está determinado a vê-la – informou Daphne.

– Ele disse por que está aqui?

– Só disse que lhe trouxe uma coisa que havia perdido.

– Eu não perdi nada.

– Está numa caixa comprida. Como uma caixa para luvas. Uma caixa para luvas bem grande.

A pistola!

Audrianna sentiu o rosto ficar corado. Daphne fitou-a com aqueles olhos cinzas.

– Como é que Lord Sebastian Summerhays ficou sequer de posse de algo que é seu? – O lindo rosto de Celia enrugou-se de repente quando reconheceu o propósito daquela visita.

– Não faço a menor ideia – murmurou Audrianna.

Daphne permaneceu serena.

– Alguém viu a Lizzie?

– Estava aqui há pouco – disse Celia.

– Tem um talento para desaparecer no momento menos conveniente. Vem comigo Audrianna. Seu cavalheiro está à espera.

– Ele não é meu cavalheiro – retorquiu Audrianna, descendo o corredor.

As pálpebras de Daphne se estreitaram rápida mas muito eloquentemente.

Daphne parou no meio do corredor que dividia as duas filas de mesas que sustentavam hostes de pelargônios, lírios e jacintos. Quanto a Audrianna, estava feliz demais para fazer uma pausa para se recompor.

Do lugar onde estavam conseguiam ver Lord Sebastian. Estava sentado numa das cadeiras da mesa de pedra, por baixo do caramanchão, com o belo perfil, pois olhava para alguma coisa do outro lado da estufa. Descontraído e confiante, sua presença era tão marcante naquele jardim interior como na estalagem rústica.

– Não parece irritado nem descontente. É muito simpático, mas dá para perceber que não é homem de brincadeira – disse Daphne calmamente.

– Eu não andei brincando com ele.

– Isso é evidente. Não tem nenhuma experiência nisso. Ele, por outro lado, é mestre no assunto.

– Você já o conhece?

– Sei sobre ele, e nos cruzamos uma vez, há muito tempo. Ele também se lembra. Diz que está muito diferente, nos últimos anos. Pergunto-me se é verdade.

Terminadas as considerações do momento, Daphne acompanhou Audrianna até o visitante.

Lord Sebastian levantou-se ao vê-las se aproximar. Daphne apresentou-lhe Audrianna, retirando-se em seguida.

– Devo terminar os bulbos enquanto ainda a luz está boa – explicou.

Audrianna esperou que Daphne desaparecesse. Ela não estaria muito longe, porém. Conseguiria ouvir tudo o que não fosse silenciosamente sussurrado.

Audrianna apontou para a caixa de madeira que estava sobre a mesa.

– É aquilo?

Lord Sebastian notou seu tom de voz baixo e circunspecção.

– Sim.

– Obrigada por ter vindo devolvê-la. Pertence a Daphne e ela reparou que não estava aqui na casa. Acho que terei de me justificar quanto ao seu desaparecimento, mas será mais fácil se a tiver de volta.

Ele pousou as pontas dos dedos em cima da caixa.

– Ela não sabe da sua aventura?

– Esperava poupá-la dos detalhes.

– É melhor que saiba por você do que por outra pessoa.

– Sim, devia lhe contar tudo. Acho que ela já adivinhou uma parte.

– Que parte?

– A parte a seu respeito.

Ele olhou para o lugar onde Daphne trabalhava invisivelmente nos bulbos.

– Parece que existe um jardim agradável lá fora. Dá a impressão de ser abrigado do vento, e o sol está quente. Quer me mostrá-lo, Miss Kelmsleigh?

Sebastian acompanhou Miss Kelmsleigh e saíram os dois para o jardim.

– Foi primeiro à casa da minha mãe? – indagou ela.

– Enviei um mensageiro com uma carta. Duvido que sua mãe saiba que a carta era da minha autoria, e, de qualquer forma, nunca chegou a sair das mãos do mensageiro.

Ela pareceu ficar satisfeita ao ouvir que a mãe não sabia que Lord Sebastian Summerhays andara à procura dela. Era claro que ficaria. Não só ele se incluíra entre os inimigos do pai como sua reputação com mulheres não seria do agrado de nenhuma mãe.

– Vive aqui há muito tempo, Miss Kelmsleigh?

– Apenas há seis meses. A Daphne é minha prima. Depois que o meu pai morreu, me escreveu e me ofereceu um lugar para morar. Achou que eu podia querer sair de Londres. Foi muito gentil da parte dela. Muito mais do que nós fomos na época em que ela precisou de uma casa, quando era mais nova.

– É uma bela propriedade. Ajuda a cultivar flores?

– Todas ajudamos quando podemos, mas são principalmente Daphne e Lizzie que cuidam das flores. Eu dou aulas de música para contribuir para o meu sustento. Era onde eu estava quando você chegou. Na parte alta da rua, ensinando piano a uma mocinha.

Entraram descontraidamente num jardim informal, agora não cultivado, apenas com algum buxo e trepadeiras cobrindo grande parte do muro em tijolo que o cercava. Os caminhos serpenteavam pelo meio de canteiros e à volta de árvores de fruto despidas. Sebastian visualizou tons pastel na primavera e uma profusão de cores no fim do verão, e Miss Kelmsleigh e Mrs. Joyes sentadas no pequeno caramanchão, coberto agora por uma rosa trepadeira.

Miss Kelmsleigh caminhava graciosa nos seus botins, fazendo raminhos e folhas mortas estalarem. Deixava educadamente que ele desse a sua volta no jardim, mas não se esforçava para conversar. Uma vez ou outra, seus lábios se apertavam ligeiramente, lembrando a boca da sua mãe quando tinha visitas indesejadas que tinham de ser toleradas devido à importância social do visitante.

Àquela luz límpida, sua maturidade era mais óbvia do que à luz do fogo ou do suave clarear da aurora. Vinte e tantos, tinha certeza agora. Já era tarde para ficar sem casar. Talvez tivesse perdido o pretendente na guerra, assim como muitas mulheres da sua idade.

– Trouxe a pistola pessoalmente por uma razão – retomou ele, sentindo-se obrigado a justificar a sua intrusão. – Queria avisá-la de que já se deu o primeiro sinal de más-línguas. Veio uma menção num pasquim esta manhã.

Ela parou e bateu com o pé no chão, numa expressão de raiva e frustração. O seu rosto carregou-se de preocupação.

– Já?

– Só as fofocas da estalagem. Sem nomes. Pode não dar em nada.

– Ou pode ficar muito pior, com nomes ditos ou aludidos de maneiras que não deixam dúvidas a ninguém. Quanto tempo até sabermos qual dos desenvolvimentos será?

– Essas coisas têm um padrão. Dentro de uns quatro dias ou morre ou torna-se muito mais público. Se for o último, eu lhe enviarei um aviso e, claro, farei o que for necessário para proteger sua reputação o quanto puder.

– A minha mãe será sem dúvida a primeira a me avisar, Lord Sebastian. Se ela se ver envolvida em mais algum escândalo, nunca serei capaz de me desculpar o suficiente com ela. E ela prontamente censurará a minha missão, taxando-a de inconsequente, apesar de nobre.

Não tinha percebido a referência que ele fizera à sua proteção. Claro que não. Ela o detestava pelo papel que tivera na desgraça do pai. Nunca especularia acerca do que seria necessário, quanto mais aceitar fazê-lo. Consideraria a condenação social preferível a aceitar a proteção dele, sem dúvida.

– Inconsciente, sim. Igualmente imprudente, perigoso e, como acabou se tornando, desastroso. Também...

– Não é necessário ficar recitando o dicionário todo. Já me censurei o bastante e não preciso de suas repreensões.

– Também corajoso. É admirável que tenha querido lutar pelo nome dele, por mais errada que a sua fé possa estar.

Ela o olhou com ar inquiridor, franzindo a testa com desconfiança. Pensou sem dúvida que ele a lisonjeava novamente em perseguição dos seus intuitos.

E provavelmente era isso. Ela ainda não decidira.

– Tenho pensado no Dominó – confidenciou ela. A menção do pai possibilitara um tópico que tornava a presença dele tolerável, embora aquele fosse o último que ele escolheria. – Estudo na minha mente aquilo que recordo da aparência dele. Tinha cabelo ruivo, tenho quase certeza. Pergunto-me também se não seria estrangeiro.

O caminho os levou a contornar uma estrutura de pedra simples com grandes janelas em todas as paredes. Devia ser o conservatório de plantas, o verdadeiro, que Mrs. Joyes mencionara, imaginou ele. Entraram numa pequena zona bravia que florescia ao seu lado, ao fundo do jardim.

– O que a faz pensar que ele possa ser estrangeiro?

– O chapéu dele era esquisito. Mais maleável e baixo do que se vê aqui. E talvez o casaco também fosse. O corte. O peso. – Encolheu os ombros. – Não sei explicar, mas ele não parecia inglês.

– Pode estar certa.

– Seria mais fácil encontrá-lo se estivesse. Existem muito menos estrangeiros do que ingleses na Inglaterra.

– Infelizmente, os homens não andam com penas coloridas nos chapéus por aí proclamando o que são.

– No entanto, os estrangeiros se reúnem em determinados lugares de Londres. Certas hospedarias e tavernas. A Lizzie, outra pessoa da casa, diz que também tem alguns hotéis que são preferidos pelos estrangeiros. Se eu fosse visitar os lugares em que houvesse a possibilidade de um homem desses estar, poderia...

Ele colocou-se à frente dela com um passo, detendo-se, e fazendo-a deter-se também.

– Não deve fazer isso. Não seria seguro.

A expressão indiferente dela deixava bem claro o que pensava daquela ordem.

– Estarei perfeitamente segura. Vou levar alguém comigo desta vez. E, claro, agora tenho a pistola de volta.

Ele não conseguiu perceber se ela estava provocando-o ou se pretendia na verdade repetir aquela imprudência.

– Darei instruções a Mrs. Joyes para fechá-la à chave. A posse de uma arma só a coloca em maior perigo. A próxima vez que apontar uma pistola a um homem, ele pode não reagir de modo muito cavalheiresco.

– Bem, são palavras sábias, com certeza, já que sabe tão bem do que fala.

Sentiu-se pego pelos olhos irônicos. Como também pela leve curvatura da sua boca. E da sua forma descontraída de ser, que o fez reviver os momentos de intimidade que viveram naquela estalagem.

– Refere-se àquele beijo – disse ele, lembrando dele mais distintamente do que seria recomendável. Sentiu excitação, numa espiral lenta de tensão. – Imagino que deva me desculpar agora, embora você tenha tido um comportamento que só podia ser mal interpretado.

– Isso é que não tive! Não fiz nada para que fosse um canalha comigo.

– Tampouco fez alguma coisa para evitar. E sua mera presença naquele lugar desculpava as minhas interpretações precipitadas. No entanto... – disse com uma pequena reverência. – Miss Kelmsleigh, as minhas sinceras desculpas pela minha insolência dessa noite. Uma senhora não deveria ver-se sujeita a um comportamento tão indesculpável. Por favor, me perdoe.

Ela levou as mãos aos lábios.

– Você me espanta! Ultrapassa todos os limites do razoável ao vir aqui me insultar ainda mais, zombando de mim dessa forma.

– Vim devolver uma pistola que você me apontou diretamente, completamente carregada e de gatilho perfeitamente armado – recordou-lhe ele.

Aquilo aplacou o crescimento da ira. Suas faces suaves e pálidas avivaram-se de cor, como aconteceria se ela se tivesse passeado com o tempo frio. Ou se recebesse um beijo que não se esforçasse para rejeitar.

– Foi errado da minha parte. É verdade que eu também tenho desculpas a pedir. Admito que devo partilhar da culpa por quase tudo o que aconteceu durante o nosso peculiar encontro.

Fez o seu melhor sorriso.

– Insisto que coloque toda a culpa em mim. Lembre dos acontecimentos da forma que quiser, e eu não o corrigirei. Não me peça, porém, para que eu minta a mim mesmo, ainda que o sentimento de correção faça com que minta para si mesma.

Um novo lampejo de raiva. Aparentemente, ela era temperamental.

– Eu não minto, meu senhor. Nem sequer a mim mesma.

– Acho que está tentando se convencer de uma mentira. Se convencer de que não gostou do beijo e que eu a importunei muito mais do que o fiz. Eu, por outro lado, admito livremente que não me arrependo, exceto pelo fato de a minha distração ter me dado um tiro.

Ela estudou-o com um olhar que refletia perplexidade e espanto e um vestígio de medo. A última foi devido ao melhor dos motivos, apesar de ela provavelmente ainda não ter percebido.

– A minha prima disse que ainda há pouco tempo você era famoso pelos seus jogos com as mulheres, Lord Sebastian. Por mais que ache um verdadeiro absurdo, penso-o tentando me seduzir neste preciso momento.

Ele olhou para o horizonte, numa tentativa inútil de contrariar o calor impositivo que sentia crescer dentro dele. Analisou o fundo do jardim. Só se via a esquina da casa. O conservatório de plantas tirava toda a visibilidade da estufa. A confirmação de que estavam longe dos olhares de todos os ocupantes da casa não ajudava em nada a situação.

– Talvez esteja, Miss Kelmsleigh. Os velhos hábitos são difíceis de perder.

Ela riu.

– Espero que no passado não tenha praticado o hábito de impressionar uma mulher com tão pouca chance. Ainda que eu tenha ficado um pouco... aturdida no Duas Espadas, não quer dizer que aconteça agora, por isso está usando esse seu sorriso para nada. Por favor, lembre que eu não sabia quem você era quando veio me incomodar.

Ele voltou a olhar para ela com atenção. Para os anéis do cabelo que a brisa levantava e os olhos verdes, cheios das memórias daquela noite. A luz fria daquele pequeno bosque dava à sua pele uma aparência de neve.

– E agora sabe quem eu sou, Miss Kelmsleigh. E eu sei quem você é. Estranho, não acha, a pouca diferença que faz?

Não fazia quase diferença nenhuma, pelo que podia entender da reação dela. Nem de perto nem de longe tanto quanto deveria. Ela tentou manter uma pose de sofisticada indiferença, mas faltava a prática da dissimulação em tais situações.

– Faz toda a diferença, por razões que serão evidentes. – As palavras falhavam e carregavam um tremor.

– Faz? Não estou percebendo.

– Sua lisonja e galanteio seriam mais bem investidos numa rocha. Nunca me deixaria comover por você agora.

– Verdade? – Aproximou-se mais, apesar de saber bem que não devia. – Nunca? Nem um pouco?

Os olhos dela se arregalaram de choque, inocentes e encantadores. Deu meia-volta, abruptamente, para fugir. Ele não podia permitir que aquilo acontecesse.

Agarrou seu braço e, fazendo-a virar, puxou-a para perto.

A intenção era um beijo breve, para mostrar que tinha razão. Nada mais. Pelo menos foi isso que disse a si mesmo.

Ela não resistiu nem se debateu. Simplesmente ficou rígida durante o tempo da surpresa e depois abandonou-se ao beijo. O corpo reagiu como se o calor dos braços dele espantasse um frio profundo.

Lábios suaves. Hesitantes e curiosos e inábeis. Não precisava que ela lhe devolvesse o beijo. Tudo o que precisava saber era dito pela sua respiração, pelo bater do coração e pela sua dócil aceitação.

O beijo não foi breve. Um transformou-se em dois, depois três.

A compulsão do desejo se impôs e só a inocência dela o travava.

Com outro gênero de mulher, o mais comum, não teria se incomodado com seduções, mas lhe agradava surpreendê-la com carinhos e pequenos prazeres, e perceber o atônito deleite dela quando suas carícias contidas se espalhavam pelas costas e pela cintura.

Mais quente agora. Chamas. Imagens das possibilidades. Argumentos para prosseguir. Uma guerra entre corpo e mente como não havia lutado em anos passados, só que não havia real disputa em tais situações.

O abraço envolveu-a completamente até os seios e ventre estarem colados a ele e os tremores ecoarem no corpo. Ele pousou a boca na veia que latejava no pescoço e escutou os arquejos entrecortados de prazer. Aqueles sons o lançavam numa crescente implacável e determinada na busca da satisfação.

Ele segurou sua cabeça para devassar a boca, esquecendo-se da sua inocência. Nela, uma sensação de choque a atravessou antes de se submeter à intimidade, mas não parou. Já louco, ele, imaginando-a nua em cima dele, montada nele, soltando os gritos que agora tentava engolir, acariciou com maior ousadia até sentir sua mão passar pela suavidade do peito dela.

Foi aqui que um grito escapou, o som sublime do prazer de uma mulher. E mais um, e outro, enquanto ele brincava com o seu mamilo duro sobre o tecido fino das vestes.

Ela o acompanhava no delírio agora, apoiando-se nele para manter o equilíbrio, arqueando as costas para encorajá-lo. Pensamentos dispersos tentavam ganhar forma. Ele precisava levá-la dali e procurar um lugar, em qualquer direção, para poderem se possuir. Precisava...

Uma dor dilacerante, incendiária, o cegou. Em seguida, ficou furioso e deixou sair um palavrão pela boca.

Sebastian recuperou a presença de espírito e a visão pela metade. Parecia que o braço esquerdo estava queimando. Miss Kelmsleigh estava a três passos de distância, as mãos tapando a boca numa imagem de horrorizada comoção.

– Peço desculpa! Não tive intenção de machucar seu braço – disse ela desesperadamente num sussurro. – Quando ouvi a porta, empurrei para me libertar e... – Olhou para o jardim com aflição. Risos e falas femininas chegavam até eles na brisa.

Veio juntar-se outra dor àquela que sentia no braço. Muito mais inferior.

– Não importa. Não é nada.

– Tem certeza? Está com um ar muito pálido.

Sem dúvida. O corpo o castigava impiedosamente. Preocupada, ficou observando-o enquanto se recompunha. Ele precisou de um longo minuto.

Ela se acalmou ao ver a melhora.

– Teria sido horrível sermos vistos pela Daphne e pela Celia naquele... no estado em que estávamos. Estou certa de que compreende. Elas saem da casa de repente. Normalmente não vêm até aqui fora a essa hora, ficam trabalhando na estufa.

Ele imaginou uma mulher muito pálida permitindo-se um passeio à luz do sol. Teria de se lembrar de exprimir sua gratidão a Mrs. Joyes, qualquer dia.

– Não devíamos mesmo... Foi muito mau da sua parte... – O abatimento de Miss Kelmsleigh dera lugar a uma repreensão. Ele não queria mesmo ouvir nada daquilo naquele momento.

– Claro que devíamos – rugiu. – Queríamos, por isso devíamos, e fizemos. E pare de fingir que a forço a me beijar.

Se a dor que se dissipava lentamente não estivesse deixando-o inquieto, teria sido menos desbocado. Daquela maneira, só incitava Miss Kelmsleigh a ver tudo à pior luz possível.

Começou a subir o caminho que conduzia à casa.

– Vejo que é tão cruel como pensei. O seu intuito é me humilhar, com que propósito, não sei.

Ele foi no seu encalço e mal resistiu a agarrá-la novamente, para provar que estava certo.

– Sucumbi a um impulso, e à sedução de uma memória muito prazerosa. E o intuito, caso não tenha reparado, é prazer recíproco. No entanto, tem razão. Eu não devia, portanto devo desculpar-me novamente.

– Parece que está é se dando bem! – Assomaram ambos ao fundo do jardim, perto da esquina do conservatório de plantas. Duas toucas na cabeça de duas mulheres permaneciam viradas para lá, como se ignorassem que ele e Miss Kelmsleigh estavam sequer no condado, muito menos ali por perto.

Miss Kelmsleigh apontou para o fundo da parede do jardim.

– Não quero nenhuma desculpa, Lord Sebastian. Quero apenas que vá embora. Há ali uma entrada para o jardim. Não precisa voltar a cruzar a casa.

– Claro. Um bom dia para você, e obrigado.

– Obrigado?

– Pelo passeio no jardim. Pela sua hospitalidade.

Ele fez uma mesura. Ela o fulminou com o olhar. Ele sorriu. Ela corou. Ele olhou-a nos olhos.

Ela deu meia-volta e saiu correndo, em direção à estufa.

Capítulo 6

— Hoje tenho que sair cedo – anunciou Sebastian. – Tenho um encontro marcado com o Castleford, no centro da cidade.

– O dever vem sempre em primeiro lugar, claro – replicou Morgan. – Fico satisfeito por ver que consegue negociar com o Castleford. Devo admitir que nunca fui capaz de esconder a minha antipatia pelo homem e pelo seu comportamento infame. É por isso que se revelou eficaz no governo tão rápido. Você tem a capacidade de lidar com canalhas sem que eles percebam seu desdém.

– Quem sabe não acreditam que eu também sou um deles, e não os desdenho? Talvez pensem que somos companheiros de viagem.

– Até parece! Um passado mais rebelde como o seu era a norma entre os jovens. Nunca chegou a fazer nada verdadeiramente desonroso. Ao contrário.

Sebastian não ia discutir sobre o próprio caráter, muito menos para convencer Morgan de que tinha mais máculas do que as que ele conhecia. A verdade era que o duque de Castleford via de fato um companheiro de viagem quando falava com Sebastian, pois no passado haviam seguido lado a lado pelos caminhos mais aventurosos.

Agora, a sua associação, com toda sua aparência de afabilidade e utilidade prática, era a de dois lutadores em confronto, movimentando-se à procura de fraquezas um no outro. Castleford achava inconveniente que Sebastian tivesse ocupado o lugar de Morgan na vida pública. Quando Morgan enfrentou uma luta política, ele bateu em retirada.

– Seja como for, o Kennington e o Symes-Wilvert vão passar aqui, por isso sua falta não será sentida – comentou Morgan. – A minha manhã será ocupada.

– Estou indo embora agora, então.

O criado pessoal de Sebastian aguardava à saída do apartamento de Morgan, segurando o chapéu e as luvas. Preparado para o dia, Sebastian saiu para a rua.

Percival Kennington e Bernard Symes-Wilvert entraram na casa no momento em que Sebastian saía. Ambos segundos filhos de barões, eram amigos de Morgan desde os primeiros dias da escola. Visitavam-no pelo menos uma vez por semana, sempre juntos assim, e sempre de manhã, porque Morgan à tarde sentia cansaço. Os dois loiros, com um ar rosado e saudável e corpulência de guerreiros, podiam ser irmãos apesar do tamanho desigual. Kennington era a versão grande e Symes-Wilvert, a versão pequena.

Sebastian nunca achara nem um nem outro interessante, mas começou a gostar deles no último ano pela dedicação que mostravam a seu velho amigo.

– Está de saída, Summerhays? – perguntou Kennington. – Tínhamos esperança de conseguir persuadi-lo a ficar para um jogo de cartas.

– Lamento ter de recusar, hoje. – O alívio temperado pela culpa impôs sua marca desconfortável. Aquelas sessões de uíste habitualmente acabavam sendo um tédio. Kennington e Symes-Wilvert ressuscitavam fofocas antigas, ou questionavam Sebastian sobre assuntos do governo e ele esquivava-se das perguntas que não eram da conta deles. Morgan se deleitava com o raro prazer de ter amigos por perto.

– Nós vamos subir, então – anunciou Kennington. – Talvez ainda estejamos aqui quando voltar.

– Tratarei de verificar isso. Sim, por favor, subam. Ele está à espera.

As visitas de Morgan dirigiram-se para a escada. Sebastian, para o cavalo. O encontro com Castleford era apenas dali a uma hora, e tinha outro lugar para ir primeiro.

– Se ficarmos aqui muito mais tempo, os hóspedes do hotel vão todos interpretar mal – advertiu Celia.

– O que quer dizer com isso? – perguntou Audrianna.

Celia revirou os olhos.

– Duas mulheres jovens, se exibindo a qualquer viajante que olhe pela janela? Pensa um pouco.

Audrianna só precisou de um momento para compreender.

– É um preconceito revoltante da parte deles.

Por outro lado, estavam em frente ao Miller's Hotel, do outro lado de Jermyn Street, há dez minutos apenas e ela já se sentia exposta.

– Qual é o objetivo de vir aqui, afinal? – indagou Celia. – Se eu imaginasse que pretendia ficar de vigília em frente a um hotel, nunca teria sequer vindo contigo para a cidade.

– Tenho esperança de ver o intruso da estalagem. – Audrianna relatara uma versão muito breve dos acontecimentos no Duas Espadas às mulheres da casa. Não havia outra maneira de explicar a visita de Lord Sebastian, ou de ser honesta com Daphne acerca da pistola. – O Dominó era estrangeiro, eu acho. Me disseram que eles muitas vezes ficam neste hotel. Esperava... – O que ela esperava? Que se ficasse tempo suficiente olhanod para a fachada do Miller's Hotel, o Dominó aparecesse?

Qualquer coisa do gênero, admitiu para si mesma. Esperava um milagre.

– Vamos continuar andando – insistiu Celia.

Nesse momento, saiu um homem do hotel. Sua aparência chamou a atenção de Audrianna. O chapéu dele lembrava o de Dominó, com a copa baixa e aba mole. Observava-o atentamente, enquanto ele caminhava do outro lado da rua.

Não tinha cabelo ruivo, mas ela podia ter se enganado, já que só havia a luz da lareira. Mas ele também parecia alto de mais. A própria forma de andar...

– Veja só – murmurou Celia entredentes. – Isso é que é uma coincidência interessante.

Audrianna seguiu o olhar de Celia. Lord Sebastian descia a rua a cavalo.

– Vamos. – Deu meia-volta e arrastou Celia na direção contrária.

– É muito rude não cumprimentá-lo – criticou Celia. – Tenho certeza de que a viu.

– Não quero falar com ele. Vamos embora, anda!

– Está ficando muito corada, Audrianna – comentou Celia, abafando um risinho. – O que aconteceu quando ele a visitou? Tem mais alguma história do que aquela que nos contou?

– Não aconteceu nada – respondeu Audrianna. – Ele foi incorreto e eu...

– Miss Kelmsleigh? Mas claro, é mesmo. Achei que tinha reconhecido a capa. – A voz, muito próxima, pregou Audrianna no chão.

Virou-se e viu uma bota de pele de qualidade superior encostada a um cavalo muito grande. Ergueu os olhos para o rosto voltado para ela. Lord Sebastian tirara o chapéu para cumprimentá-las. Estava ali como um conquistador examinando os despojos de guerra.

– Lord Sebastian, que encontro inesperado. – Audrianna não pretendia nunca mais voltar a vê-lo. Sentiu o rosto ficar quente. Memórias das carícias que haviam trocado no jardim invadiram sua mente. Apresentou Celia.

– Vieram passear pela cidade só pelo exercício ou estão a negócios? – perguntou ele.

– Um pouco dos dois.

Ele olhou ao redor, detendo-se no hotel.

– Interessante que o passeio de vocês tenha dado nesta rua. Pretendiam, por acaso, ir àquele hotel perguntar pelo nosso amigo?

– Por que eu faria isso?

– É frequentado por comerciantes estrangeiros. Você tinha me falado sobre um plano de visitar este tipo de lugar para localizá-lo. Têm certeza de que não estão aqui por isso?

– Nem um pouco.

Sebastian apeou-se do cavalo.

– Bem, eu estou.

– Você roubou minha ideia!

– É uma ideia que é melhor executada por um homem. Fico satisfeito por ter aprendido sua lição e não ir fazer nenhuma tolice. Se tivesse vindo aqui hoje para proceder a alguma investigação, poderia ter de castigá-la por me desobedecer. – Fez uma pequena reverência e começou a conduzir o cavalo de volta ao hotel.

Celia observava-o enquanto ele se afastava.

– Está se dirigindo a você de forma muito íntima. Daphne sabe?

Audrianna seguiu no encalço de Sebastian, ignorando as perguntas de Celia.

– O que está fazendo? – indagou Celia, segurando seu braço.

– Vou ver o que é que ele vai fazer.

Ao atar as rédeas a um poste, Lord Sebastian reparou nela. Sorriu aquele sorriso maldito dele. Audrianna fingiu não sentir efeito nenhum. A expressão de Celia era de absoluto espanto.

– Se vai ficar aí plantado vendo quem entra e sai, eu devia ficar também – começou Audrianna. – Afinal, fui eu que consegui vê-lo bem.

– Só porque eu estava distraído. – O calor dos seus olhos exigia que ela recordasse o como e o porquê de isso ter acontecido. – Não pretendo ficar aqui plantado. Seria ineficaz. Entrarei e falarei com o dono e os criados, para saber se está tem alguém hospedado aqui que corresponda à sua descrição.

– Eu mesma podia fazer isso.

– Você nunca teria recebido uma resposta. Eu sim.

Encaminhou-se para o hotel. Audrianna foi atrás, arrastando Celia.

Lord Sebastian parou à porta.

– Eu lhe direi qualquer coisa.

– Eu mesma ouvirei, obrigada.

– Dou minha palavra de que não lhe esconderei nada.

– As suas convicções e as minhas não são as mesmas. Os nossos objetivos divergem em todos os sentidos.

– Isso não é verdadeiro. Eu quero a verdade.

– Não, você quer mostrar que tem razão. Acho que só ouvirá o que quer ouvir, por isso devo confiar só em mim para descobrir a verdade.

Ele abriu a porta para ela e Celia entrarem, a contragosto.

A missão podia não ser executada melhor por um homem qualquer, mas era evidente que aquele homem em particular conseguia resultados. Seu cartão produziu um corre-corre entre os criados do hotel, que queriam atenção daquele membro da alta sociedade.

– Você diz que ele é ruivo... – repetiu o proprietário, pensativo, ao ouvir a descrição vaga da presa deles. – Mr. van Aelst não tem cabelo ruivo, embora use um chapéu muito parecido com o que descreve. Uma coisa disforme, devo dizer. Acabou de sair, senão arranjava uma desculpa para puxar assunto com ele, para você poder olhar bem para ele.

– Ele não é o homem que procuramos, tenho certeza – afirmou Audrianna. – Ainda assim, de que país vem Mr. van Aelst?

– Dos Países Baixos. Armsterdam.

– Tem mais algum hóspede de Armsterdam? – inquiriu Lord Sebastian.

– Não, não neste momento.

– Teve algum recentemente? Durante a última semana?

O gerente balançou a cabeça.

Não havia mais nada a perguntar. De volta à rua, Audrianna preparou-se para se despedir.

– A informação foi escassa, mas não deixou de ser alguma coisa. Dominó pode ser dos Países Baixos.

– Ou não – retrucou Lord Sebastian. – Posso ficar descansado de que não passará a tarde questionando todos os criados de todos os hotéis e estalagens sobre este assunto? Não será bem recebida, nem bem-sucedida, se o fizer.

– Não pode ficar descansado com nada porque eu não faço promessas. Não espero que exista reconhecimento da sua parte de que eu, tendo visto Mr. van Aelst, pude riscá-lo da lista, enquanto o senhor nunca poderia fazê-lo. Bom dia, Lord Sebastian.

Depois de deixarem Lord Sebastian, Audrianna e Celia terminaram o que tinham para fazer na cidade. Visitaram duas floristas de Mayfair para lembrar aos proprietários que havia dívidas atrasadas no Flores Preciosas. Normalmente, Daphne cumpria ela mesma esse dever, mas ficara em Cumberworth para uma reunião privada.

Em seguida desceram Albemarle Street, em direção à loja de Mr. Trotter. Audrianna terminara uma canção nova. Tinha esperança de que Mr. Trotter concordasse em publicá-la.

– Ele a beijou? – perguntou Celia. – Lord Sebastian. Beijou-a?

– Que pergunta extraordinária, Celia.

– Beijou?

– Lembre-se da regra de Daphne. Nós não nos intrometemos na...

– Beijou. Eu sabia. Sempre adivinho.

– Duvido de que adivinhe sempre.

– Se fosse mais experiente, talvez não adivinhasse, mas é inocente nesses assuntos, por isso consigo.

– Ah, é verdade, você é tão experiente! – provocou Audrianna.

– Mais do que você.

De fato, naquele momento algo em Celia a fazia parecer experiente. Um véu de maturidade cobriu seu rosto, suscitado por... quê? Uma memória? Uma perda?

– Ele a quer – confirmou Celia. – Está nos olhos dele quando olha para você. Certamente consegue ver isso.

– Não tenho certeza daquilo que vejo. – Nada de bom, contudo. O suficiente para assustá-la. E excitá-la. E, considerando a pessoa que ele era para sua família, deixá-la triste. – Seja como for, o que ele quer não é significativo.

Começava a dar para ver o letreiro de Mr. Trotter, pendurado bem alto, ao fundo da rua, mostrando duas flautas em cruz por cima de uma folha com notas musicais inscritas.

– Lord Sebastian era um libertino, não faz muito tempo – disse Celia. – Não era o pior. Não era completamente implacável. Mas era um libertino. Dizem que se regenerou, mas homens assim nunca se regeneram completamente, por isso deve ter cuidado.

Audrianna virou-se para Celia quando pararam em frente à porta de Mr. Trotter.

– É muito cínico dizer que uma pessoa não pode se regenerar. Talvez ele tenha conseguido. – As provas indicavam que não, mas ela queria defender uma posição moral mais abrangente, por isso ignorou esse fato. – E como é que sabe tanto sobre ele ou sua reputação? Anda lendo aqueles pasquins todos que a Lizzie compra? Achei que tinha melhores...

– Audrianna. – Celia se desviou da conversa, olhando fixamente para a loja de Mr. Trotter. – Audrianna, olha.

Audrianna virou-se. Mr. Trotter tinha uma grande variedade de pequenos instrumentos musicais em exposição na vitrine, a par do grande quadro coberto de veludo onde fixava suas partituras mais recentes. O quadro tinha a escolha habitual de hinos e velhos favoritos, com as notas impecavelmente impressas por placas gravadas. A maioria tinha pequenas vinhetas no topo, com imagens de aves canoras ou flores ou símbolos religiosos.

Não foram aquelas que fizeram Celia abrir a boca, porém.

Uma cópia da música da canção de Audrianna, “O meu amor inconstante”, estava em destaque, o meio do quadro. Em vez da moldura de rosas que antes a encabeçara, via-se agora uma gravura grande com duas pessoas.

Um homem bastante parecido com Summerhays desfalecia agarrado ao braço que sangrava. E a mulher que segurava a pistola que o atingira se assemelhava espantosamente à própria Audrianna.

Sebastian se remexeu na cadeira do enorme quarto do duque de Castleford, onde estava sentado. No quarto ao lado, uma mulher deu uma risadinha.

Era típico de Tristan convocar uma reunião e ficar entretido com outra coisa. Sebastian tentou ignorar as razões da demora. Para se distrair, ficou olhando pela janela, via andaimes subindo pelos fundos de Apsley House, no final de Piccadilly Street. Diziam que Wellington pretendia expandir a casa mais um bom pouco.

A porta se abriu finalmente e Castleford apareceu à entrada, meio vestido, de camisa e calças. O cabelo castanho caía em desalinho sobre a testa e o rosto. A diversão de que gozara na porta ao lado devia tê-lo distraído durante os preparativos para o dia.

– Summerhays, que bom que veio. Peço desculpa pelo atraso mas...

– Castleford – chamou uma voz de mulher.

Castleford olhou para trás, para o quarto. Da sua cadeira, Sebastian também conseguia olhar o interior. Uma mulher nua, morena, estava descontraidamente deitada na cama, dobrando o dedo num chamamento sedutor. Por trás dela, deitada de braços e pernas afastados, estava outra mulher nua, loira, baixa.

– Eu disse que não tenho mais tempo para jogos – repreendeu. – Vistam-se e saiam daqui.

A sedutora fez beicinho. Uma expressão de malícia apareceu nos olhos. Com cuidado deliberado, espreguiçou-se exibindo completamente suas glórias. Depois engatinhou e se virou. As costas afundaram e o rabo se levantou, numa descarada oferta erótica.

Castleford ficou completamente parado. A loira reparou que tinha mais alguém no quarto. Virou-se rapidamente até imitar a posição da amiga.

Castleford olhou para Sebastian.

– Não se importa de aguardar mais um pouco, não é?

– Absolutamente.

Castleford apontou para os rabos.

– Ali a Katyzinha quer fazer uma festa. Acompanhe-me. Lado a lado, como nos velhos tempos.

Sebastian não era imune a seduções femininas e traseiros desejosos. Naquele momento tinha a boca seca e o corpo contraído.

– Declino. Mas vai. Eu espero.

Castleford voltou ao quarto. Deu uma palmadinha no rabo de Katy.

– Ele diz que não. O que posso fazer? Converteu-se em santo e nos deixou.

Katy olhou para trás fazendo beicinho. Ele se inclinou-se e deu--lhe um beijo.

– Não é justo, não é? Vamos fazer o seguinte. Enquanto dou prazer à Janie, fico vendo-a fazer o mesmo em você própria.

Sebastian levantou-se para fechar a porta. Antes de ela bater, Katy posicionara-se perto da cabeça de Janie, de pernas bem abertas e os quadris levantados, para colocar sua suma glória ao alcance fácil da boca da amiga. Castleford posicionou-se por trás do rabo firme e redondo de Janie e baixou as calças.

— Não me parece. – A resposta de Castleford seguiu-se a uma longa pausa. A conversa decorrera como Sebastian planejara, mas agora o decepcionara, com aquela afirmação.

Talvez seu estado de descontração e saciedade tivesse causado a incompreensão de Castleford. Parecia meio adormecido e em estado beatífico.

O humor de Sebastian não estava grande coisa naquele momento. Ouvira mais guinchos e gemidos femininos do que homem algum deveria suportar quando não era ele mesmo que os provocava.

– Se não cooperar com este projeto de lei no Senado, não poderei ajudá-lo com os próprios interesses quando eles chegarem à Câmara dos Comuns – lembrou Sebastian.

Castleford estava preguiçosamente recostado na cadeira, vestindo ainda apenas camisa e calça. Fez um encolher de ombros lento.

– Não estou convencido de que seja capaz de me ajudar, de qualquer forma, por isso, por que gastar capital político para adquirir sua ajuda?

O homem estava pedindo que lhe dissesse as coisas preto no branco.

– Sabe a influência que tenho na Câmara dos Comuns. Esteve do lado oposto dessa influência vezes o suficiente para saber.

– Verdade. Verdade. Você é uma voz forte, com o dom da persuasão. Quem esperaria que tivesse os dotes de Maquiavel? O mundo esqueceu rapidamente seu passado, também. Mas a Câmara dos Comuns... bem, é composta por homens tacanhos que são inconstantes em suas lealdades. Nunca se sabe realmente o que faz com que sejam persuadidos a ir numa direção ou na outra.

– E se dispõe a arriscar que, ainda assim, eu leve a melhor?

– Questiono sua capacidade de cumprir com a sua parte do acordo. Pode ser já uma moda ultrapassada, tanto quanto sei. Por pouco que seja, pretendo considerar essa troca que me propõe, para decidir que caminho mais me beneficia.

Não adiantava nada continuar discutindo. Aborrecido com a perda de tempo, Sebastian foi para casa.

Assim que o mordomo se aproximou, ele entrou.

– Senhor, foi solicitado que atendesse a seu irmão assim que regressasse. Ele precisa do senhor.

– Está doente? Já chamaram o médico? – O pavor de receber uma má notícia saiu do fundo de seu inconsciente.

– Não sei. Sua mãe está com ele. Foi ela que mandou chamá-lo.

– Devia ter mandado alguém me procurar – reagiu Sebastian, pondo-se a caminho.

Subiu os degraus de dois em dois. Abriu de chofre a porta do apartamento de Morgan, examinando a pequena biblioteca e a saleta.

Ao verificar que estavam vazias, dirigiu-se para o quarto, receoso do que poderia encontrar.

A cena com que deparou no interior do aposento fez com que se detesse à entrada. Não havia médico. Morgan não estava doente. O irmão estava sentado numa cadeira estofada, debaixo da manta que cobria suas pernas inertes, com a aparência de sempre.

Numa cadeira colocada à beira, elegante apesar da postura de ferro, estava a mãe deles. Majestosa como sempre, num vestido branco que fazia o cabelo escuro se sobressair, tinha no rosto pálido o estoicismo sofrido que demonstrava como de costume na presença de Morgan.

Esther, marquesa de Wittonbury, voltou-se para a porta. Uma sobrancelha perfeita se ergueu criticamente por cima de um olho castanho.

– Ah! Aqui está ele.

O tom de voz dizia muito mais do que as palavras. *Aqui está ele, a grande desilusão. O caprichoso, o imprestável. O que é tão parecido com o pai nos apetites e pecados.*

O que devia estar morto ou aleijado, se fosse esse o destino de algum filho.

Sebastian reconheceu a presença dela mas se dirigiu a Morgan.

– Me avisaram que havia pedido a minha presença. Fico aliviado de ver que parece bem.

– Seu irmão não precisa apenas de você quando está para morrer, Sebastian. Como marquês, ainda tem autoridade nesta família, e no Estado.

– Com certeza. O que quer, Morgan?

Morgan apontou para um papel que tinha no colo.

– Nossa mãe trouxe uma coisa. Espero que consiga explicá-la. Ela diz que há outras, e não apenas esta. Que se vendem bem nas lojas.

Sebastian aguardou. A boca delicada da mãe comprimiu-se. Morgan virou o papel.

No outro lado via-se uma imagem, uma gravura tosca, feita à pressa e desajeitadamente colorida.

A imagem mostrava Miss Kelmsleigh, com uma aparência jovem, vulnerável e aflita, submetendo-se à sedução agressiva de um Sebastian Summerhays de rosto maléfico. Um papel identificado como "Inventário de material" ardia na lareira que se via atrás deles.

Capítulo 7

"Dizem que Lady G está em reclusão na sua propriedade do Surrey essa semana, acompanhada apenas pelos criados mais próximos e um convidado, um poeta de considerável reputação. Talvez esteja a caminho mais uma poesia épica."

Lizzie lia a fofoca num tom monótono, aborrecido. De queixo pousado na mão, aproximava o papel do candeeiro. Audrianna deixou-se absorver pela elegância do perfil que resultara. O cabelo escuro, puxado para o alto da cabeça, mal se sustinha, e o candeeiro realçava os olhos azuis e feições muito delicadas.

Lizzie suspirou e pegou mais uma página. Não gostava quando Celia pedia aquele entretenimento. Podia se pensar que Lizzie se sentia constrangida com o próprio fascínio pelas colunas sociais.

Só sua voz suave quebrava o silêncio da biblioteca. Daphne lia à lareira e Celia cosia um vestido. Audrianna olhou novamente a folha de papel em branco pousada na escrivaninha à qual estava sentada. Procurava em vão encontrar palavras para avisar a mãe sobre a gravura que ornava a partitura.

– *Dizem que EC gastou mais de duzentas libras com o par que comprou de Lord M* – leu Lizzie. – *Embora em geral se considere que são ótimo gado, há rumores de que na verdade Lord M os te-*

nha oferecido como parte da liquidação de uma dívida de cavalheiros substancial.

Não havia mesmo uma maneira boa de escrever aquela carta. Audrianna perguntava-se como revelar o menos possível. Preferia que fosse muito menos do que confidenciara às mulheres que estavam na biblioteca, e mesmo elas não sabiam daquela longa noite a sós com Lord Sebastian num quarto do Duas Espadas.

Quem pensaria que o bom Mr. Trotter seria ganancioso a ponto de incitar a compra das partituras dela com imagens escandalosas? Infelizmente, como resultado, as vendas teriam aumentado em dez vezes, e Mr. Trotter se fizera de surdo às suas súplicas de voltar com as imagens de flores.

– *Dois rapazes do Middlesex, de perto da povoação de Trilby, encontraram os restos...*

Embora Audrianna não estivesse realmente ouvindo, o fato de Lizzie parar assim subitamente lhe chamou a atenção, como uma música que tivesse terminado antes das notas finais.

– Estou cansada de ler alto – amuou Lizzie, pousando o papel de lado. – As palavras ficam embaçadas.

– Podia pelo menos terminar esse restinho e não nos deixar sem saber – queixou-se Celia. – Se a Audrianna e eu nos demos ao trabalho de trazer os jornais de Londres, recolhendo todos para você, podia pelo menos ler as melhores partes para nós.

– Por que não nos distrai um pouquinho, Celia? – propôs Daphne. – Podia cantar. A Audrianna tem uma canção nova e podia ensiná-la a nós.

Celia pousou a costura. Levantou-se e se aproximou de Lizzie, tirando-lhe o papel.

– Primeiro quero saber o que os rapazes encontraram. – Procurou a notícia.

– *Dois rapazes do Middlesex, perto da povoação de Trilby, encontraram os restos deteriorados de uma bolsa presa nos ramos de uma árvore caída nas margens do Tâmisa.* – Celia deu um gritinho. – Uma bolsa? Não se pode dizer que seja muito excitante.

Pensei que fosse um corpo. – Olhou novamente. O texto prendeu sua atenção.

– O que mais diz? – perguntou Daphne.

Celia se sobressaltou.

– Foram identificados como sendo propriedade da noiva desaparecida de Lord Hawkeswell, segundo o magistrado local... Oh, Céus! Parece que afinal há um corpo envolvido. Que triste.

Daphne voltou-se para o livro. Celia foi até Audrianna e olhou para a carta que ela escrevia.

– Tem uma letra tão bonita, Audrianna. Admiro sua escrita. É evidente que se trata da caligrafia de uma senhora.

Enquanto admirava as palavras invisíveis na folha em branco, Celia pousou o pasquim na escrivaninha e apontou para lá.

– Não é um bom augúrio, não é, esta bolsa e o destino da moça desaparecida? Entendo por que a Lizzie não quis continuar lendo depois de ter visto esta história trágica.

Seu dedo não apontava para a história da bolsa. Tocava a que estava abaixo.

> *Histórias recentes vindas de Brighton têm feito muitos se interrogarem se um cavalheiro ilustre, com reputação de garanhão selvagem mas recentemente tido como domado, voltou secretamente às suas travessuras nos pastos.*

A identidade da mulher faz muitos suporem o pior tipo de sedução, baseado na repressão e no prejuízo do dever.

Audrianna ficou lendo as palavras. Por mais vagas que fossem, tinha certeza de que se referiam a Lord Sebastian e ela mesma. Mas era uma mentira estúpida. Não houvera repressão e decididamente nenhuma travessura, apenas um mal-entendido ridículo.

Audrianna encarou Lizzie, que no mesmo momento olhou para ela com ar interrogativo. Depois ergueu os olhos para Celia, incapaz de esconder o espanto. O rosto jovem de Celia tinha novamente um véu de maturidade. *Isso não é nada de bom*, dizia a expressão dela.

– Já que sou a única que desconhece a razão de todos os olhares comprometidos e das poses estudadas, quem sabe uma de vocês possa partilhar o segredo comigo – disse Daphne.

Audrianna olhou por cima do ombro. O livro de Daphne estava fechado. Estivera observando-as.

– É melhor mostrar a ela – incentivou Celia. – Afinal, vai saber alguma hora mesma, pelo jeito que as coisas estão.

Não só Daphne descobriria. Todo mundo descobriria.

Audrianna levantou-se e foi à estante. Tirou o tomo no qual escondera a partitura que trouxera da loja de Mr. Trotter. Colocou-a na mão de Daphne.

Daphne desdobrou o papel e o estudou.

– E o pasquim? – pediu, sem desviar os olhos da imagem.

Celia levou o pasquim. Lizzie juntou-se a elas, à lareira, e também examinou os papéis.

– Receio que esteja completamente comprometida. – O rosto doce de Lizzie comunicava a compaixão de uma boa amiga, mesmo sendo tão abrupta na sua afirmação. Abanava tristemente a cabeça morena. – O escândalo será insuperável.

– Que me importa? – reagiu Audrianna. – Já estou comprometida, pela desgraça do nome do meu pai e pela maneira como Roger me rejeitou.

– Isto é muito pior – replicou Lizzie. – Não há comparação. Afetará sua irmã e sua mãe e suas amigas. As mulheres vão evitá-la intencionalmente para protegerem suas próprias reputações.

– Receio que ela tenha razão – anuiu Celia. – Você sabe que sim, Audrianna.

E aquelas suas amigas, a evitariam? Ela conseguiria superar aquilo se tivesse o santuário daquela casa e família, mas se elas a expulsassem...

– Isso é muito pior, é verdade – anuiu Daphne. – Contudo, é também muito melhor.

– Não concordo com as previsões calamitosas da Lizzie – contrapôs Audrianna, ainda que na verdade concordasse. Mantinha um semblante de bravura, mas uma preocupação angustiante apertava seu estômago. – No entanto, também não vejo como pode ser um cenário muito melhor do que outros, Daphne.

– Lord Sebastian pode não se importar de ser ridicularizado e desprezado em público desta forma – começou Daphne, acenando com a partitura. – No entanto, a mãe e o irmão se importarão consideravelmente. E, ao contrário do que aconteceu com seu pai ou com o Roger, haverá compensações pelo seu sofrimento desta vez. Com a permissão da sua mãe, eu cuidarei que assim seja.

– Preferia que não.

Daphne estudou-a. Depois levantou-se como se a conversa tivesse terminado e voltou a colocar o livro no seu lugar da estante de mogno.

– Vai estar muito frio esta noite – declarou Daphne. – Lizzie, por favor, acende os potes de aquecimento da estufa. Celia, ficarei grata se ajudá-la.

As duas saíram. Audrianna estava de olhos fixos no fogo, imaginando como seria aguardar que o escândalo se dissipasse. Poderia ser um escândalo muito grande, como Lizzie presumia.

Pensando bem, talvez não. Poderia ficar confinado em Londres apenas. Ela poderia conseguir manter sua obscuridade ali no campo. Quantas pessoas que passaram pela loja de Mr. Trotter teriam também ouvido os rumores, afinal? Pensando nisso, uma mulher que dispara num homem não era uma imagem absurda de se colocar no frontispício de uma canção intitulada "O meu amor inconstante". – Pode não haver grande alarido e...

– Audrianna, lamento, mas terei de quebrar a minha própria regra. – A voz de Daphne, mesmo atrás da sua cabeça, fez Audrianna se sobressaltar.

Daphne contornou a cadeira de Audrianna e sentou-se novamente na sua. Inclinou-se para a frente e estendeu a mão para pegar na de Audrianna.

– Como minha familiar, e jovem ainda inexperiente na sua independência, aqui não é uma mera convidada. Sua mãe concordou que ficasse aqui porque partiu do pressuposto de que estaria em segurança.

– E tenho estado.

– Sim. Esta imagem, porém... Devo pedir que me diga novamente o que aconteceu no Duas Espadas, Audrianna. E, desta vez, imploro para não deixe metade da história de fora.

Sebastian perscrutou o monte de papéis espalhado sobre a escrivaninha. Além da gravura que tinham dado a Morgan, cinco outras tinham sido trazidas da cidade pelos criados, por ordem de Sebastian. Outra ainda adornava o frontão de uma partitura publicada por Mr. Thomas Trotter de Albermarle Street.

A música e canção tinham sido escritas por nada mais nada menos do que a própria Miss Kelmsleigh: "O meu amor inconstante". Sebastian cantarolava a melodia mentalmente à medida que lia a letra. Parecia uma canção sentida, repleta da dor recente de um coração partido. Parecia que Miss Kelmsleigh havia sofrido uma desilusão amorosa, e soltara sua dor naquela cançãozinha triste.

Voltou-se para os diversos relatos publicados nos pasquins da semana anterior. Não fora identificado em nenhum deles, mas qualquer pessoa que soubesse do rumor sobre os acontecimentos no Duas Espadas (e ele supunha que àquela altura seria toda a alta sociedade) não teria qualquer problema em seguir a direção que a especulação estava tomando. Parecia que o escândalo ia pegar, e pegar bem.

Ter sido acusado de seduzir Miss Kelmsleigh, quando não o fizera, não o surpreendeu. Ele praticamente convidara a essa interpretação quando deixara implícito a Sir Edwin que eles tinham se encontrado porque eram amantes. O mundo sabia que ele não fora nenhum santo, por isso dificilmente poderia esperar que alguém visse as provas de outra forma.

Aquelas gravuras e notícias, contudo, não implicavam uma ligação amorosa. A acusação era de que ele usara o seu papel na investigação sobre o pai dela para coagi-la a ir para a cama com ele.

Qualquer pessoa presumiria facilmente que ele descobrira mais do que alguma vez revelara sobre a pólvora ruim, mas que escondera as provas em troca dos favores de Miss Kelmsleigh.

O que o transformara num canalha da pior espécie. Ele era retratado não só como um homem capaz de se aproveitar cinicamente de uma inocente, mas também de alguém capaz de comprometer o seu dever para com a sua posição e a verdade em troca de prazer ilícito.

Reparou que Miss Kelmsleigh, cuja obstinação provocara aquilo tudo, era tratada de forma favorável em todas as imagens e notícias insinuantes. As gravuras mostravam-na doce, inocente, assustada, confusa, abatida, resistente e vitimizada, mesmo as que a desenhavam com uma pistola na mão.

A difamação foi distração suficiente para não estar pronto quando as dez horas chegaram. Mesmo assim, dirigiu-se aos aposentos de Morgan, sem vestir o casaco ou a gravata.

Morgan escondeu qualquer reprovação, já que teria alguma, presumiu Sebastian. Mesmo doente, Morgan se vestia para enfrentar o dia.

– Como vai o seu braço? – perguntou Morgan.

– Ainda está preso e dolorido, mas a recuperação é certa.

Não houve grande conversa durante o café da manhã. Não tinham falado muito desde o encontro de dois dias atrás, em que Morgan mostrara a gravura.

– Está piorando – disse Sebastian por fim. – O escândalo. Toma um rumo infeliz.

– Eu sei. Nossa mãe trouxe várias gravuras diferentes ontem.

– Que atencioso da parte dela.

– A posição que ocupa na sociedade tem muita importância para ela. É tudo o que lhe resta.

– As minhas preocupações são mais vastas do que descobrirmos nossa mãe exposta a algumas insinuações durante as suas visitas sociais. Houve uma mudança na maneira como sou visto. É sutil, mas impossível de ignorar. A minha influência foi comprometida, em comparação com a reputação de Miss Kelmsleigh.

A reação não foi inteiramente sutil. Castleford se retirara imediatamente de negociações sérias. Entre outros membros do parlamento que vira, alguns olhos revelavam um brilho de júbilo quando o fitavam. Mais revelador era o fato de não ter sido convidado para uma reunião importante naquele dia, na qual normalmente esperaria estar presente.

Morgan ponderou a informação.

– Sua chegada pode ter sido abrupta demais para umas pessoas, e a sua ascensão rápida demais para outros. Sempre haverá aqueles que se ressentem de um homem de mérito e importância social que os ultrapassa.

O mérito pode ter ajudado na subida, mas o nascimento e o sangue tinham contado mais. Todo mundo sabia que, apesar de ser ativo na Câmara dos Comuns, Sebastian era o substituto do seu irmão no parlamento, e o próprio lugar que ocupava estava sob a alçada de Wittonbury. Morgan não só era marquês como também fora um dos cordeiros da nobreza sacrificados ao deus da guerra, o que também dava mais peso à influência de Sebastian.

No entanto, Sebastian suspeitava que este ataque indireto ao seu caráter tinha outras razões além da inveja. Um homem não podia ser eficaz na política sem fazer inimigos. Havia vencedores, o que queria dizer que havia perdedores.

Uma vez que Sebastian costumava estar entre os primeiros, havia indubitavelmente homens que procuravam conseguir a maior vingança possível através do escândalo. A única questão era se ele acabaria se tornando completamente inútil. Como Castleford dissera, se tornaria instantaneamente uma moda ultrapassada?

– Nossa mãe está atormentada com as consequências em nível pessoal – retomou Morgan. – Como se referiu, a verdade é que isto lhe provocará alguns momentos de constrangimento e pouco mais. Não há dúvida de que você consegue tomar conta de si mesmo; por isso, mesmo que aconteça o pior, não receio que se volte para a bebida. A única pessoa que sairá verdadeiramente prejudicada com isso será Miss Kelmsleigh.

Morgan olhou brevemente para a rua através da janela. Depois, apoiou os braços na cadeira e acomodou-se melhor. Por fim, pegou a cafeteira e se dedicou à refeição, deixando a referência a Miss Kelmsleigh pairando no ar.

Morgan sempre se revelara um pouco apagado, mas, por outro lado, nunca deixara de ser honesto. Direto, franco e honrado da maneira simples que se ensina aos rapazes, as nuances da vida não raro o desconcertavam. O que o tornava pouco habilitado para o tipo de manipulação dissimulada da conversa que agora tentava.

Não era claro como viera a nascer na família aquele homem bom e decente de poucos vícios. Não saiu do pai, isso era certo. Sebastian sim, para tormento da mãe. Mas Morgan também tinha pouco em comum com ela, não possuindo nenhuma da sua implacável indiferença à dor dos outros.

– Não fiz nada daquilo – afirmou Sebastian. – Não tive os favores de Miss Kelmsleigh em nenhuma circunstância, muito menos naquelas insinuadas por essas más-línguas.

– Não pensei que tivesses feito isso.

– Ah, isso é que não pensou!

Morgan expressou desilusão com o tom áspero de Sebastian.

– Independentemente do que tiver acontecido, ela é vítima duas vezes, não é? Da negligência do pai e agora desses rumores.

– Todos os criminosos têm famílias que se tornam vítimas dos seus atos.

– Foi isso o que disse a nossa mãe. Eu não lhe respondi, porque ela, seja como for, nunca ouve. Digo-lhe, porém, que não gosto do fato de esse criminoso, se realmente era, ter uma família que agora tem de sofrer mais porque seus inimigos resolveram se divertir com esse... mal-entendido.

Morgan olhou com determinação para Sebastian, que susteve o olhar. O resto da conversa aconteceu sem palavras. Depois voltaram ao café e ao correio.

– Vou revelar a verdadeira história por trás do que ficou sabendo no Duas Espadas – declarou Sebastian, quando se levantou para sair. – Para o bem de todos, poderá ser melhor.

– A verdade é sempre melhor.

O inferno que era.

Um escândalo provocava uma agitação muito estranha, pensou Audrianna na tarde seguinte. A casa se tornara fúnebre, mas, ao mesmo tempo, repleta de determinação.

Lizzie e Celia haviam ficado noite adentro debatendo a forma de resgatar Audrianna. Abordaram o problema de perspectivas muito diferentes. Lizzie acreditava que, na melhor das hipóteses, seriam necessárias algumas décadas de uma vida impecável e trabalho de caridade significativo para redimir uma falha que envolvia a perda da virtude. Celia opinava que um comportamento confiante, um estilo admirável e um amante importante conseguiam recolocar mais depressa a mulher na sociedade, e numa posição mais elevada.

Nenhuma das duas perguntou qual era a preferência de Audrianna, que se limitou a ficar sentada na cama enquanto elas dissecavam o desastre em que a sua vida se tornara.

Na manhã seguinte deslocaram-se as duas a Cumberworth para pôr no correio uma carta que Audrianna escrevera finalmente à mãe. Meia hora depois de terem saído, tornou-se claro que a carta não era necessária. Uma carruagem alugada subiu o caminho e parou em frente à casa de Daphne. Esgueirando-se numa janela, Audrianna reconheceu as ocupantes.

Daphne materializou-se ao seu lado e ficaram juntas vendo a mãe e a irmã se dirigirem para a porta.

– Está perturbada, claro – disse Daphne. Referia-se à expressão do rosto da mãe de Audrianna.

Audrianna nunca vira a mãe com um ar tão abatido.

Nem sequer após a morte do pai, nem sequer durante a perseguição constante de Lord Sebastian e de outros, a mãe quebrara completamente. Agora caminhava como se fosse um tormento estar viva. Ainda se vestia toda de preto, apesar de as amigas que restavam argumentarem que o período de luto profundo devia ser encurtado quando é o marido que dera fim à própria vida.

– Sua irmã Sarah parece revoltada – disse Daphne. – Por você, imagino.

– Não é por mim. Ela sabe o que isso vai lhe custar. – Existira uma possibilidade, ainda que pequena, de que Sarah escapasse do pior da desgraça do pai. Com uma pensão modesta e alguns anos decorridos, podia casar decentemente, ainda que não tão bem quanto desejasse. Fora uma das razões pelas quais Audrianna saíra para viver com Daphne – para permitir à mãe gastar o pouco que tinha na única filha para a qual ainda era possível obter um futuro respeitável.

Audrianna seguiu Daphne até a porta. Quando se abriu, tanto a mãe quanto Sarah tinham substituído os seus reais sentimentos por máscaras de compaixão.

– Querida tia Meg – cumprimentou Daphne, inclinando-se para um beijo. – Que oportuno ter vindo. Temos muito sobre que conversar.

– Chegou aos meus ouvidos a história mais absurda, Lord Sebastian. – Mr. John Pond, astrônomo real, espiava pelo novo telescópio meridiano de três metros enquanto falava. Inclinou o mecanismo uma fração de centímetro e voltou a espiar. Acima deles, um painel do Edifício do Meridiano de Greenwich abria-se para as estrelas.

– Era sobre aquela ocorrência no Duas Espadas, à saída de Brighton. Agora o que se ouve é uma narrativa elaborada, comprida e fantasiosa. Algo acerca de um intruso misterioso e um encontro por coincidência. Os seus amigos deviam conceber uma explicação mais plausível, se pretendem absolvê-lo.

Sebastian conhecia Pond há mais de dez anos. Foram apresentados quando Sebastian ainda estava na universidade e desde então o famoso astrônomo lhe ensinara algumas coisas acerca da sua ciência, que não se aprendia em livros nem conferências. Havia se desenvolvido uma amizade que agora dava a Sebastian acesso fácil ao observatório e também dava a Pond a possibilidade de falar assim abertamente.

– Não tenho amigos de imaginação fértil a ponto de criar uma história dessas. Ou estúpidos a ponto de esperarem que uma verdade tão absurda fosse mais rapidamente credível do que uma mentira mais condenatória. A história que ouviu saiu da minha própria boca.

Pond virou a cabeça o suficiente apenas para olhar de soslaio para Sebastian com o olho livre.

– Está dizendo que aquilo foi o que realmente se passou com aquela moça?

– Sim. Tem a minha palavra de cavalheiro.

Pond voltou ao seu estudo dos Céus.

– Ninguém acreditará.

Não, provavelmente não. Todavia, tampouco alguém diria que era mentira. Poderia implicar um duelo. Mas faziam-se conversas inteiras com risos irônicos e sobrancelhas erguidas que diziam o que a boca não podia.

Era uma situação ingrata. A verdade, que se espalhara mais depressa do que o escândalo, parecia apenas suscitar especulação, devido às suas circunstâncias peculiares, e ao fato de tocar na morte do pai de Miss Kelmsleigh.

Melhor seria se não tivesse aberto a boca sobre o assunto.

– Os Céus estão invulgarmente limpos – informou Pond. – Escolheu uma boa noite para vir aqui. Fazia muito que não aparecia.

Há bastante tempo, como em tantas outras coisas. Bastante tempo sem uma mulher, a não ser que cumprisse com a discrição mais sufocante. Bastante tempo sem uma boa cavalgada no campo sem destino. Bastante tempo se não se permitisse dedicar a nenhum dos seus interesses que requeriam tempo, como aqueles estudos astronômicos que outrora reivindicara não terem quaisquer objetivos a não ser a busca do prazer.

Ao ocupar o lugar do irmão, devia ter executado aquelas funções como ele fizera, e não permitir que o dever e o governo absorvessem sua vida. O próprio Morgan nunca fizera isso. Mas Morgan era o marquês, e não tinha de provar nada.

Pond se afastou do telescópio e escreveu algumas notas num papel que tinha perto da cadeira.

– Terminei. É todo seu. Deixo para você a lista das estrelas que estou observando e pode fazer suas observações. Pode me ajudar a fazer Brinkley engolir a teoria dele.

Sebastian ajustou a cadeira, que fora concebida para permitir um ângulo semirreclinado, alinhado com a trajetória do telescópio. Acomodou-se, se encostou e posicionou na ponta do escuro e comprido tubo de metal firmemente suportado por dois pilares maciços, um de cada lado.

– Tenha o cuidado de avisar o vigia quando sair, para que tranque o edifício – advertiu Pond.

Sebastian ajustou a ocular. Observou o céu escuro, entregando-se à reverência da eternidade que o cosmos implicava. Absolutamente nada neste mundo pequeno e transitório parecia muito importante quando contemplava as estrelas. Menos ainda a decisão que o fizera ir até a Greenwich naquela noite, procurando uma distração.

Capítulo 8

— Ele veio – anunciou Celia, entrando correndo na estufa. – Eu estava passando perto da janela da biblioteca quando um movimento lá fora, no fundo do caminho, me chamou a atenção. Está a cavalo. Está com um ar magnífico.

– Claro que veio – comentou Daphne, começando a desatar o avental. – Se tivesse esperado muito mais, teríamos de ter ido nós mesmas até ele. Ele não iria querer isso.

Audrianna desejou que ele não tivesse aparecido. Ia ser horrível.

– Eu não pactuarei com isso – declarou a Daphne. – Não é justo esperar que ele pague, muito literalmente, por algo que não foi culpa dele.

– Intencional ou não, inevitável ou não, você ficou comprometida. Pior, o mundo inteiro se convenceu de que aconteceram mais coisas do que corresponde à verdade. Ele sabe que não pode simplesmente cruzar os braços.

– Não aceitarei nenhum pagamento por conta desse escândalo. Fazer isso faria de mim... – Cúmplice. Verdadeiramente suja. Talvez até calculista, aos olhos dele.

– Então sua mãe aceitará por você. Acho até mesmo que ele, de qualquer maneira, pretende agir dessa forma, para manter as aparências. Não terá nenhuma escolha.

Daphne indicou que entrasse na sala da frente. Celia foi à porta abri-la para Lord Sebastian.

Ele entrou na sala de visitas sozinho, com um ar sóbrio, determinado e bastante duro. Não havia ilusões; não se tratava de uma simples visita social. Mesmo assim, a descrição de Celia tinha sido adequada. Ele tinha de fato um ar magnífico. Alto, moreno e altivo, cumprimentou Daphne e em seguida Audrianna.

Daphne convidou-o a se sentar. Ele preferiu continuar de pé. Daphne fixou seu corpo etéreo perto da janela, deixando claro que pretendia ficar, como mentora e negociadora. Audrianna sentou-se tão longe de Lord Sebastian e da humilhação iminente quanto possível.

– Veio sem dúvida por causa dos rumores que se espalham – começou Daphne depois de uma pausa desconfortável.

– Em parte, sim.

Audrianna podia imaginar bem a outra parte. Fúria, com grande probabilidade, por ver o seu nome posto em causa de modo tão prejudicial, e logo com a filha de Kelmsleigh.

– A minha tia, Mrs. Kelmsleigh, está apreensiva pela família toda, como é de esperar – prosseguiu Daphne. – Não bastavam as acusações falsas sobre o marido... Bem, receia que estejam todas completa e irremediavelmente arruinadas. Ela acredita que o futuro da filha mais nova ficará tão comprometido como o de Audrianna. A tia Meg considera que o que as espera é a indigência.

Lord Sebastian sorriu, mas não era um dos seus sorrisos vencedores. Tenso e duro, a sua expressão indicava que sabia aonde ela queria chegar e não pretendia ser conduzido a esse ponto por ninguém, incluindo ela.

– Assumo responsabilidade pelo escândalo, Mrs. Joyes. Não faço isso por causa do que quer que tenha ocorrido antes da noite em que conheci Miss Kelmsleigh, por mais que a senhora ou a mãe dela queiram ligar as duas coisas.

– Então vamos nos focar na conversa sobre a noite em que conheceu a minha prima e as consequências que advieram.

– A conversa que me trouxe aqui seria com Miss Kelmsleigh, ainda que eu tenha certeza de que a senhora é uma companhia excelente em qualquer interlocução.

– A minha prima é tão inocente que nem sequer pensaria em ter a conversa necessária. Idealmente, esse dever seria cumprido por um familiar do sexo masculino, mas como não há nenhum, vejo-me obrigada a...

– Eu estou aqui – interrompeu Audrianna. – Ouvindo cada palavra. Por favor, pare de se referir a mim como se nem sequer estivesse na sala.

Daphne olhou para ela, como se de fato tivesse se esquecido de que Audrianna lá estava.

– Mrs. Joyes, acho que Miss Kelmsleigh se conduzirá da melhor forma – contrapôs Lord Sebastian. – Se pôde viajar sozinha até Brighton, confrontar um homem desconhecido e empunhar uma pistola, uma breve conversa comigo será em comparação bobagem.

– Concordo que a conversa deva ser entre mim e Lord Sebastian – reafirmou Audrianna.

A sua rebelião surpreendeu Daphne.

– Considerando o assunto, é indelicado demais.

– Perdi uma consideração indevida pela minha própria delicadeza há alguns meses, querida prima. As mulheres independentes, aprendi, devem se desembaraçar dessas indulgências.

Lord Sebastian não se dirigiu mais à Daphne para indicar que ficariam por ali.

– O dia está bonito, Miss Kelmsleigh. O que acha de darmos outra volta pelo jardim?

Audrianna havia planejado não voltar a ficar sozinha em jardim nenhum com aquele homem.

– Preferiria sinceramente dar uma volta na rua, se estiver tudo bem.

– Como desejar.

Audrianna foi buscar a peliça cinzenta e o xale lilás, pendurados perto da biblioteca, e foi até ele em direção à porta, onde a aguardava. Daphne ficou na sala de estar, com os pensamentos escondidos por trás de uma máscara de serenidade.

A umidade matinal secara a grama que ladeava o caminho havia muito. O sol quente prometia um tempo melhor, mas a brisa áspera era suficientemente fria para Audrianna dar graças pelo seu xale.

Lord Sebastian caminhava ao lado dela, as botas esmagando os galhos que se amontoavam no chão. Seu semblante sério sugeria que a missão do dia não lhe agradava e que o incomodava que a cortesia o obrigasse a apresentar desculpas, preocupação e a aceitação da culpa.

Audrianna olhou para trás, para a casa cada vez menor a distância. Presumia que veria Daphne à janela, vigilante. No entanto, não via nenhuma cabeça loira lá.

– Os acontecimentos tomaram um rumo infeliz – disse finalmente Lord Sebastian. – O escândalo aumenta. Fiz com que se soubesse a verdade sobre o meu ferimento, mas assim como aconteceu com Sir Edwin e o estalajadeiro, a verdade parece fictícia quando comparada à explicações mais corriqueiras.

– Vi algumas alusões nos jornais, por isso estou a par de tudo. Foi oportuno da sua parte ter vindo me avisar, contudo.

– Lamento, mas está na boca do mundo.

– Não é mesmo nada justo. Porém, a vida muitas vezes não é. Sobreviverei como já sobrevivi a outras desventuras da minha vida e estou certa de que você também.

– É compreensiva demais.

– Se se tratasse de um tipo normal de comprometimento, duvido que fosse. No entanto, a nossa situação tem circunstâncias muito peculiares, e acho que as regras normais não se aplicam.

– O mundo não se importa com o que eu ou você pensamos, Miss Kelmsleigh.

– Acredito que de uma forma ou de outra já não me interessa o que o mundo pensa, por isso tanto faz.

– É muito valente da sua parte. E muito insensato.

A satisfação moral que ela sentia por ter feito a coisa certa passou num ápice. Foi substituída por irritação. Acabava de livrar o homem de apuros e agora ele a insultava.

– Devia ficar satisfeito com a minha falta de sensatez, senhor, e não me repreender. Daphne e a minha mãe conceberam um plano para exigir uma reparação da sua parte. Se não viéssemos dar esta volta e eu não insistisse que falássemos a sós, e a esta altura estaria consideravelmente mais pobre.

– Mrs. Joyes teria negociado em vão. Eu não farei pagamento nenhum.

– Claro que não fará. Não é culpado. Por que *você* deveria pagar?

A ênfase o fez mostrar um sorriso sarcástico.

– Ah, mas eu pagarei, Miss Kelmsleigh. De uma maneira ou de outra, haverá acerto de contas. Contudo, apresentar a você e a sua família uma soma em dinheiro é a alternativa menos promissora.

– Então estamos conversados. Suportaremos o périplo com valentia e pagaremos o que houver a pagar ao tribunal da infâmia, e ficaremos por aí. Venha, vamos voltar à casa da minha prima, deixar isso claro e acabarmos de vez com tudo isso.

Deu meia-volta em direção à casa. Uma mão firme no seu braço deteve-a após o primeiro passo.

– Está sendo equivocada, Miss Kelmsleigh.

Audrianna olhou com desdém para aquela mão enluvada que controlava seu movimento de maneira tão fácil e descortês. De repente, lembrou-se da outra vez em que ele fizera aquilo no jardim e aonde aquilo havia levado. Arriscou um olhar para o rosto dele e pareceu ver a própria memória no calor que viu nos seus olhos por um segundo.

Ele a soltou, mas sua postura, agora bloqueando a passagem, deixava claro que não voltariam à casa de Daphne imediatamente.

– Há cinco anos, até há dois, teria feito as coisas à sua maneira – começou ele. – Ou mesmo à maneira da sua prima. Hoje em dia não posso me dar a esse luxo. O meu caráter foi insultado e a minha honra francamente posta em dúvida. – Tirou um papel do bolso. – É a isto que me refiro.

Ela pegou na folha e a abriu. Mostrava uma gravura tosca e grosseira. Via-se uma mulher vagamente parecida com ela sentada numa cama, quase sem roupa e com um seio já à mostra, resistindo ao abraço abusivo de um homem que se assemelhava muito a Lord Sebastian. Através de uma janela via-se o letreiro do Duas Espadas. Por baixo, quase invisível à luz do luar, estavam uns barris de pólvora meio enterrados.

Ela não tirava os olhos do seio nu.

– É chocante. Eu sabia que Mr. Trotter tinha posto uma imagem na minha partitura, mas não era nada parecido com isso.

– Mr. Trotter é o de menos. As tipografias competem entre elas e compra-se pior do que isso por meros xelins.

Ela devolveu-lhe a gravura.

– Talvez deva pedir uma reparação, afinal de contas, se estou sendo exposta de maneira tão escandalosa.

– Não resolveria nada. Apenas confirmaria os piores rumores e seria uma admissão de culpa da minha parte.

– Então não há a menor esperança. Obrigada por ter sido honesto comigo. Acho que a única opção que me resta é ir viver em outro lugar qualquer. – Deu uma risadinha para esconder sua tristeza. – No Brasil, talvez.

Esquivou-se e avançou para casa a passo resoluto. Não queria conversar mais com ele. A gravura a fazia corar cada vez que pensava nela. Não fazia a menor ideia do que "pior do que isso" queria dizer. Temia que o seu retrato estivesse fazendo as coisas mais obscenas em inúmeras imagens naquele momento.

Ouviu galhos serem esmagados com firmeza atrás dela.

– Miss Kelmsleigh, não era minha intenção vir aqui hoje, comunicar más notícias e deixá-la aflita.

– Como poderia não ficar aflita? – retrucou ela, por cima do ombro.

Outra vez aquela mão enluvada no braço dela.

– Pare. Ouça-me. Deixe-me falar, por favor.

A força dele não lhe deixava outra escolha a não ser parar. Não se virou para ele, porém, ficando de frente para a casa. Achava que não conseguiria mais ver novamente o seu rosto sem ver também o Lord Sebastian da gravura olhando-a com lascívia, perigosamente, acariciando sua nudez de tinta.

– Estamos ambos comprometidos, Miss Kelmsleigh. Pagaremos ambos. A prestação de contas será muito menor, porém, se casarmos.

Durante um momento o mundo ficou quieto. Até as folhas mortas pararam de esvoaçar pelo caminho. O seu cérebro esvaziou-se, incapaz de absorver o que ele acabava de dizer.

Depois pareceu compreender melhor. Virou-se para ficar de frente para ele.

– Está me gozando, como é evidente.

– De jeito nenhum. É a única solução que vejo. É muito melhor do que pagar-lhe como a uma criada que eu engravidasse. Sendo você filha de um cavalheiro, é o que lhe é devido. Não fosse a nossa desafortunada história, seria o que esperaria, assim como sua mãe e sua prima.

– A nossa desafortunada história... Tem o jeito de um político para as palavras, caro senhor. Essa história faria dessa união um caso de comédia. As tipografias passarão anos ocupadíssimas.

– O casamento tornará a nossa associação tão banal que o escândalo se acalmará antes do início da temporada. Dará continuidade à ficção iniciada com Sir Edwin no Duas Espadas. A nossa indiscrição será considerada amorosa, e não cínica e sórdida.

– Tudo muito bonito para você. Será absolvido por ter me seduzido, mas eu continuarei a ser uma mulher que concedeu os seus favores a um homem antes do casamento. Pior, a um homem que perseguiu o pai dela até a sepultura. Não, obrigada. Prefiro ir para o Brasil.

A mão dele cortou o ar com impaciência.

– Por favor, seja razoável. Não vai nada para o Brasil. Acabará por ficar aqui vivendo o resto da sua vida, com medo de mostrar a cara na cidade, mal suportando o desdém da gente daqui. Não conseguirá dar aulas de música por causa da sua má fama e ficará completamente dependente da sua prima. Esta propriedade se converterá numa prisão na qual envelhecerá e morrerá.

Aquelas previsões cruéis e sem rodeios foram como bofetadas na cara. Não teve dificuldade em imaginar a existência limitada e sombria que ele descrevia. Uma maré de temerosa desolação submergiu a sua fundamentada ira.

– Joga para vencer, estou vendo – disse ela.

– Quando tenho de fazer, sim. – Deu um passo à frente, deixando-a com o nariz na altura do seu peito. – Então, um casamento comigo não será tão ruim assim – disse ele, mais suavemente. – Não lhe faltará nada e viverá como lhe aprouver. – A sua luva suave ergueu seu queixo, para que ela olhasse para o seu rosto. – E queremos um ao outro, por estranho que isso lhe pareça. O prazer é muito eficaz em tornar o casamento tolerável para uma mulher.

Ela detestava que ele soubesse que a afetava. Desejou que o rosto dele não a maravilhasse e o coração dela não fizesse aquela dança tola quando o olhava nos olhos.

A cabeça dele mergulhou e os seus lábios tocaram os dela. Ele permaneceu tempo suficiente para se certificar de que as flechas começavam a ser disparadas. Ele a fez recordar deliberadamente as sensações avassaladoras do jardim.

Ela permitiu, meio esperando que ele a deixasse novamente estupidificada. Só que não estava sendo surpreendida num jardim e desta vez não podia esquecer quem era.

Ela viu centelhas de desejo e vitória em seus olhos quando ele terminou o beijo e a fitou. Deu um passo atrás, afastando-se do corpo e da mão dele, e olhou-o de frente. Sentiu-se inundada por uma calma desnatural.

– Provavelmente está certo, Lord Sebastian, e eu não tenho coragem de deixar para trás tudo o que conheço para buscar uma vida nova numa terra distante. Tenho ainda escolha, porém.

– Claro que tem. – Ele não acreditava nisso. Ela conseguia ver que ele se convencera de que a história só poderia ter um desfecho.

– Por favor, não me trate como uma menina, senhor. Eu tenho escolha. Uma escolha mais importante do que aquelas que você apresenta. Posso viver a existência triste que descreve, mas assim consigo me assegurar de que você perca a sua influência no governo e na sociedade. Ou posso viver luxuosamente casando com um homem que usou a posição dele para prejudicar enormemente o meu pai e a minha família. Eu diria que a decisão honrada é clara, não acha?

Ele não mostrou espanto. Nem raiva. Apenas olhava para ela.

Ela afastou-se a passos largos.

– Um bom dia para você, Lord Sebastian.

Capítulo 9

Audrianna decidiu dedicar-se a encontrar Dominó, que ainda poderia ter a chave que permitiria limpar o nome do seu pai. Também existia a hipótese remota de que ele pudesse confirmar ao mundo que os pressupostos que acompanhavam o escândalo eram mentira.

Não se permitiu contar com isso. Quando dera as costas à proposta de Lord Sebastian, aceitara que o pior podia acontecer. Não tinha a ilusão de não estar condenada.

Na noite seguinte à reunião com Lord Sebastian, sentou-se na biblioteca com as outras mulheres e tentou escrever um anúncio para o *Times*. Se Dominó estivesse em Londres, era possível que o visse. Havia sido assim que ele procurara o pai dela, afinal.

Trabalhou nele durante meia hora mas não conseguia encontrar palavras que fossem simultaneamente críticas e simples. Desencorajada, dobrou a folha de papel e colocou-a de lado. A seguir tinha de escrever à mãe. O que ia ser ainda mais difícil.

Seria muito mais fácil escrever uma canção nova. Podia intitulá-la "A minha escandalosa inocência". Ou "Um vaso lascado mas intacto". Ou "Orgulho vencido pelo destino". Ou...

– Então? – inquiriu Celia. A sua pergunta quebrou o silêncio da última hora.

– Ninguém vai explicar o que aconteceu quando Lord Sebastian apareceu de visita, hoje?

– Era um assunto privado, Celia – esclareceu Daphne sem tirar os olhos do livro.

– Até parece! Todas sabemos por que veio. Ofereceu uma reparação? É grande? Pode comprar propriedade com ela ou terá de viver do rendimento? Haverá um depositário ou poderá fazer o que quiser com ela?

– Não ofereceu uma reparação monetária – esclareceu Audrianna. Molhou ostensivamente a caneta, fazendo menção de se debruçar sobre a carta.

– É estranho. Não tem fama de não ser honrado. Eu teria chutado, considerando algumas das gravuras que tenho visto na cidade, que ofereceria pelo menos vinte mil.

Aquilo captou a atenção de Daphne. – Existem outras imagens?

Celia acenou que sim com a cabeça. – Bastante explícitas.

– Como é que vê uma coisa dessas, Celia? Quando vamos à cidade não sai do meu encalço nem por dez minutos – reclamou Daphne.

Celia encolheu os ombros.

– Precisa saber para onde olhar, só isso.

Audrianna sentiu então a atenção curiosa de Daphne recair sobre ela. Voltou a molhar a caneta.

– Na verdade – assinalou Lizzie, discretamente –, para um homem da posição dele e uma mulher com o berço da Audrianna, ele devia era ter proposto casamento em circunstâncias como estas. Oferecer uma reparação teria sido ofensivo.

Audrianna dobrou-se por cima da mesa. – Querida mãe...

– Às vezes é tão criança, Lizzie – censurou Celia. – Depois de todos os "devias" que aprendeu, o mundo afinal tem mais do que o seu quinhão de exceções.

– Tem razão, Celia. No entanto, a Lizzie também tem – declarou Daphne. – Sei que a tia Meg ficou muito dividida. Sabia que devia exigir que fizesse o que estava certo, mas depois do escândalo com o marido dela, sabia que ele nunca poderia fazê-lo.

Audrianna pousou a caneta e voltou-se para Daphne. Dito da forma que Daphne dissera, parecia invertido. Retorcido.

– Está dizendo que a mãe acreditava que, com as mentiras sobre o pai, deixava de se esperar que Lord Sebastian fizesse a coisa certa? É uma boa suposição, tendo em vista que ele ajudou a disseminar as mentiras.

– Acalme-se, querida prima. No mínimo, seria uma receita para a infelicidade.

– Ficaria muito mais bem servida com dinheiro – concordou Celia.

– Se o detesta, provavelmente é verdade – concedeu Lizzie. – Eu queria dizer que o dinheiro não lava essa mancha terrível que agora carrega da mesma forma que o casamento.

– Obrigada, Lizzie – interrompeu Daphne. – No entanto, comentários desses dificilmente ajudam.

A admoestação levou Lizzie a voltar ao seu livro. Daphne pegou igualmente no dela. Celia, todavia, não se deixava vencer.

– Quanto, então?

– Nada – admitiu Audrianna.

– Nada? – repetiu Celia com espanto.

– Recusei qualquer reparação e, para começar, ele não estava inclinado a oferecer nenhuma.

Lizzie franziu a testa. – Que estranho. Ele a seduz e o mundo todo descobre, e ele prepara-se para não fazer absolutamente nada a respeito disso?

– Ele não me seduziu. – Audrianna olhou para as amigas exasperada. – Todas acham isso, não é?

Celia disse que sim com a cabeça, verificando o cadarço do sapato. Lizzie fez o mesmo, deixando-se distrair pelo quadro pendurado na parede. Daphne virou uma página do livro.

– Claro que achamos, querida.

* * *

A indignação de Sebastian não conhecia limites. Só cresceu no caminho de volta a Londres. Memórias do encontro com Miss Kelmsleigh distraíram-no durante dias.

Sem ser normalmente um homem dado a confidências, deu por si no Brook's uma semana mais tarde, desfiando a história para o conde de Hawkeswell, o único homem que pelo menos sabia parte da verdade, já que estivera mesmo presente no Duas Espadas. Hawkeswell era também um dos poucos homens em cuja discrição podia confiar.

– Ela me rejeitou. Fez isso para se vingar.

Hawkeswell manteve metade da atenção nos dados que rolavam na mesa.

– Não pode estar assim tão surpreendido. Ela tem um bom motivo para detestá-lo, e não aceitaria tal solução para o seu comprometimento, independentemente do que dizem as regras. Está se saindo melhor do que você nesse escândalo, e não tem motivo para querer ajudá-lo a se absolver.

Só que ele fora surpreendido. Não pela primeira rejeição, mas pela final. Presumira que o beijo selaria a sua vitória. A resposta dela indicava que seria assim.

Vê-la depois ali de pé, afastada e direita, numa atitude calma mas ainda corada de excitação, definindo as suas escolhas... Não pensara nela como sendo especialmente forte até aquele momento. Tampouco havia compreendido completamente a sua determinação em vingar o pai, apesar de toda a valentia que mostrara no Duas Espadas.

Ela terminara o encontro com aprumo. Deixara-o impressionado e furioso em igual medida.

– Devia ter levado umas joias – sugeriu Hawkeswell.

– Se ela não se deixa comprar pelo casamento, dificilmente se deixaria tentar por joias.

– As coisas tangíveis têm a capacidade de tornar as ideias teóricas sólidas e reais. Ela recusou uma vida de luxo e segurança, mas não compreende verdadeiramente aquilo a que renuncia.

– Então isso explica a facilidade com que faz tantos estragos entre as mulheres. Suborna as hesitantes com rubis e pérolas.

Os dois riram da piada, já que um ou outro sabiam que Hawkeswell precisava pouco da ajuda de joias nas suas conquistas e que, de qualquer forma, tinha pouco dinheiro para comprá-las.

– Falando de grandes estragos, tem visto o Castleford recentemente? – perguntou Hawkeswell.

– Eu o vi há uma semana. – Memórias de nádegas eróticas invadiram a mente de Sebastian. O que levou a vívidas especulações sobre as nádegas de Miss Kelmsleigh.

– É como se já não o conhecesse. Aplaudo o hedonismo saudável, mas o dele tornou-se obscuro. Torna-se dissoluto. É como se lhe desse prazer o ato vil.

– Há um demônio que o atormenta, mas não sei o seu nome.

– Ora, que demônio o atormentaria? Ele não tem os nossos problemas. Deixa-o se colocar na minha pele durante uma semana ou duas que isso sim lhe daria razão para se converter num asno.

Era a primeira alusão em mais de um ano que Hawkeswell fazia à sua noiva desaparecida, e às vagas suspeitas que pairavam sobre ele quanto ao seu desaparecimento. Ninguém acreditava verdadeiramente que ele a tivesse mandado embora, ou pior, mas persistia um ponto de interrogação, pairando mais ameaçador naqueles últimos dias.

– Era dela? – perguntou Sebastian, arriscando-se ao mau gênio que o amigo podia revelar inesperadamente. – A bolsa encontrada na margem do Tâmisa.

Hawkeswell inspirou profundamente e ficou com um olhar absorto. Passou a mão pelo cabelo e voltou a dar atenção às cartas.

– O tutor diz que era. Não é um bom sinal e eu temo o pior. Pobre moça.

Pobre Hawkeswell também. A moça era acompanhada de um lucrativo dote do qual ele precisava desesperadamente. O desaparecimento dela, no dia do casamento, deixara-o num limbo – sem poder casar outra vez, mas sem conseguir arrancar a quantia do procurador dela, que insistia que não fosse paga sem um parecer do tribunal, caso ela estivesse morta.

Hawkeswell abriu um sorriso sarcástico.

– É dos diabos, não é? Eu é que devia beber até a morte, não o Castleford.

– Talvez tenha as suas razões também, mas aceitei que ele não quer nem conselho nem compaixão da minha parte. Nem todas as amizades duram para sempre.

– Palavras verdadeiras, mas tristes. – Hawkeswell ergueu o copo. – A Tristan St. Ives, duque de Castleford, que consiga aniquilar o seu demônio.

Sebastian bebeu, erguendo em seguida o seu.

– Ao hedonismo saudável e à sua atual senhora, seja ela quem for.

– A Miss Kelmsleigh, e à esperança de que possa ser comprada.

– E se não for, a todas as outras que possam ser.

Como acontecia sempre que brincavam com aquele ritual, Hawkeswell ergueu o copo mais uma vez. A quem ou a que brindava era sempre um pensamento reservado, antes de despejar no copo o resto da bebida.

Lady Wittonbury raramente procurava o segundo filho. A sua súbita aparição na biblioteca enquanto Sebastian redigia cartas o surpreendeu, portanto.

A senhora montou a sua imperiosa figura num canapé, de frente para ele. Irradiava a autoridade e confiança habituais.

Sebastian cumprimentou-a, perguntou-lhe como ia a saúde e voltou à carta com uma ênfase de movimento que, confiou, a faria retirar-se. Não seria assim.

– Quero que saiba que estou grata pela atenção que dá ao teu irmão – começou ela.

– Faço isso com satisfação.

– Claro, é apenas aquilo que lhe é devido.

– Com certeza.

– Todo mundo sabe que ele não devia ter comprado aquela patente. Sendo ele o marquês, não lhe cabia fazê-lo, mas a você, se alguém tivesse de ser.

Sebastian pousou a caneta. Lá fora, o chuvisco contínuo convertia o jardim numa paleta de verdes-esmeralda e cinzas frios.

– Precisou de bom tempo para colocar essa acusação em palavras – disse. – Talvez se sinta melhor, agora que o fez.

Ela não era mulher de se deixar intimidar facilmente, muito menos por um filho.

– Se uma família tivesse de enviar um filho para a guerra, não devia ser o primogênito e senhor.

– Por vezes isso acontece. Dalhousie. Uxbridge. Existem outros exemplos que ambos conhecemos. Ele não era o único par de uniforme.

– Os outros provêm de famílias com tradições militares excessivas. Nega qualquer culpa na tragédia que isso causou?

Se ela queria atribuir à culpa os seus complicados sentimentos em relação ao irmão, que assim fosse. Não fazia grande sentido discutir com ela.

– Mas o que está feito, está feito – concluiu ela.

Ele suspeitava que com aquela tardia aceitação do destino ela não oferecia a absolvição de uma mãe. O mais provável era que mudasse de uma frente de batalha para outra, na sua campanha privada.

– Já me disseram que executa as suas funções bem. Que através de você o poder de Wittonbury sobrevive.

– Faço o meu melhor.

– Esta questão com aquela mulher vai interferir na sua capacidade de fazer o seu melhor no futuro. O diz-que-disse é bastante destrutivo. Desmente a impressão de que tinha se transformado.

Sebastian não se defendeu. Isso também não faria qualquer diferença.

– Há algum tempo que penso que devia se casar.

– A sua preocupação com a minha felicidade é comovente. Contudo, não consigo decidir se me agrada esta mudança de tópico na nossa conversa. Vejamos: culpa, escândalo ou casamento? Culpa, escândalo ou casamento. Confesso que nenhum me parece apetecível. Sempre teve talento para tornar as nossas conversas desagradáveis.

Os olhos dela se estreitaram.

– Não mudei nem um pouco de assunto, como bem sabe. Em breve ocupará o lugar do seu irmão. Atendendo à sua saúde, deve se casar, porque rapidamente será marquês. O escândalo só virá a comprometer a sua eficácia, aí como agora. Portanto, o casamento irá prepará-lo para a inevitabilidade do título, assegurará a sucessão e também distrairá o mundo dessa sua última escapadela amorosa.

Ela costumava falar assim com o pai dele. Não tinha sido uma união feliz.

– Na verdade, tenho pensado em casamento – avançou ele, depois de ter permitido que ela o olhasse furiosamente durante um bom minuto.

Ela ficou muda de espanto. Franziu o cenho, suspeitando da vitória fácil. Mas a possibilidade de se intrometer na vida dele levou a melhor.

– Fico encantada em ouvir isso. Cuidarei para que seja apresentado às melhores jovens. Nós nos decidiremos por uma ainda nesse semestre.

– Já tenho alguém em mente.

Novamente a suspeita.

– Apropriada, espero.

– Dadas as circunstâncias, é muito apropriada – esclareceu ele. – Agora, por favor, me dê licença. Chegarei tarde ao café da manhã com Morgan.

Saiu antes que ela o inundasse de perguntas.

Sebastian entrou no apartamento principal e juntou-se a Morgan, à janela. Bebeu um bocado de café e abriu o *Times*.

Como era de hábito, espiou as notícias e anúncios da primeira página. O seu olhar percorreu a longa coluna, depois parou e voltou a subir até um deles.

– Está acontecendo alguma coisa? – indagou Morgan.

Sebastian olhou para o relógio de bolso.

– Não está acontecendo nada. Hoje terei de deixá-lo cedo, porém. Tenho um encontro às onze e quinze.

Audrianna fingiu examinar os livros da loja. O rosto permanecia virado para as lombadas mas lançava olhares furtivos ao balcão circular central.

Podia ter compreendido mal o aviso, claro. Era bastante crítico. O suficiente para ela duvidar que mais alguém compreendesse que se relacionava com a queda dela.

Ao futuro parceiro interessado em espadas, arte negra e más-línguas, encontre-se comigo por baixo da cúpula, na morada das musas, às onze e meia de quinta-feira.

“Arte negra” referia-se ao fabrico de pólvora. A cúpula referia-se àquela que existia no alto da livraria grande de Finsbury Square, comumente chamada de Templo das Musas. Ela estava praticamente certa de que se tratava de outra mensagem do Dominó.

Acreditava também que fora escrita especificamente para ela. Se Dominó sabia do escândalo, naquela altura já teria conhecimento de que o pai dela estava morto e que a mulher que o aguardara no Duas Espadas era ela. Que estava agora sujeita às más-línguas.

Audrianna mal conseguia conter a excitação. Desejou que entrasse pela porta um homem de cabelo ruivo. Ponderou como conversariam depois de se encontrarem. Se ambos contemplassem os livros do balcão, perto um do outro, e se falassem baixinho, podiam conversar sem que nenhum cliente reparasse.

Olhou para o relógio de peito que segurava na mão enluvada. Ele já deveria estar lá. Não via, porém, ninguém de cabelo ruivo sob a cúpula central. Apenas duas mulheres se encontravam lá, assim como dois homens que não tinham nada de parecido com o Dominó.

Talvez ele observasse, assim como ela, de um canto que não estivesse à vista. Talvez achasse que a sua mensagem não tivesse sido vista.

Caminhou até o balcão grande, que tinha uma caixa de vidro na ponta. Ela espiou através do seu reflexo ondulante para as bonitas encadernações que estavam no interior.

– Bem que parecia que seria você.

Ouviu a voz grave, desagradada, mesmo em cima da sua orelha. Focou-se novamente no seu reflexo. Outro rosto reunira-se ao seu. Lord Sebastian estava agora mesmo ao lado dela.

– Vá embora! – suspirou ela furiosamente. – Vai estragar tudo outra vez.

– Não vou a lugar nenhum. Também quero conhecer o nosso amigo. Além disso, não posso deixá-la desprotegida.

– Este estabelecimento é movimentado e seguro. Além disso, tenho a pistola.

– Maldição, Miss Kelmsleigh. Os seus esforços para se proteger acabarão por matar alguém. Posso apenas rezar para que não seja eu.

– Se se meter na sua própria vida, pode ter certeza de que não será. Agora, vá embora. Ele nunca aparecerá se o vir aqui.

– O que a faz pensar que ele viu sequer a sua mensagem? Ele pode até estar em Armsterdam.

– É muito inteligente da sua parte pensar assim. Só que eu não escrevi a mensagem. Foi ele.

O olhar dele desviou-se logo, examinando intensamente a loja, estudando todos os clientes que estavam no interior.

– Ele não está aqui.

– Como sabe? Não sabe como ele é.

Ele limitou-se a abanar pensativamente a cabeça, continuando a observar atentamente a loja. Puxou o relógio de bolso.

– Já passou mais de quinze minutos da hora marcada.

– Você estragou tudo mesmo. Ele provavelmente olhou pela janela, o viu, e foi embora. – Desanimada e sem paciência, Audrianna ansiava por se livrar daquele homem intrometido. – Licença, por favor. Devo retornar à casa de Daphne. Ela vai se perguntar o que foi feito de mim.

Audrianna encaminhou-se para a porta. Na rua, um par de botas brilhantes acompanhou seus passos.

– Não se intrometa comigo agora – reclamou ela. – Sinto-me meio inclinada a atirar a sério em você. Se vou pagar o preço, é melhor consumar o ato.

– Pode se dizer que fez realmente isso. Puxou o gatilho. De outra forma, a pistola nunca teria disparado.

– Por favor. Não quero ser vista andando com você. Não quero que ninguém pense que combinei um encontro secreto.

– Já a viram comigo. Dentro de uma hora, o nosso encontro será do conhecimento geral em todo o Mayfair.

– Oh! Simplesmente maravilhoso. Muito obrigada.

– Então, o escândalo dificilmente pode piorar. Além disso, hoje o nosso encontro foi completamente ao acaso.

– Acho que foi completamente exasperante. Ora, a minha prima está ali dentro à minha espera. – Apontou para uma chapelaria. – Devo me despedir.

Ele não se deixava abandonar facilmente. Ela atravessou a rua e as botas continuaram a andar atrás dela.

– Deixe-me explicar o porquê de ser ao acaso, Miss Kelmsleigh. O meu irmão exprimiu interesse pela sua situação. Gostaria de conhecê-la. Eu planejei enviar convites a você e à sua mãe.

– À minha mãe!

– Claro. No entanto, visto que está hoje na cidade, podia levá-la até ele se quiser.

– Que interesse pode o seu irmão ter em me conhecer? – Audrianna imaginou-se sentada, sujeita ao escrutínio de um marquês com razões de sobra para não gostar do que via.

– Acho que pretende exprimir a tristeza dele pela sua situação, por ter de suportar estas más-línguas cruéis. É uma pessoa muito compassiva.

– Ele não é doente demais para receber convidados?

– Devido aos ferimentos de guerra, tem os movimentos restringidos e a saúde frágil. Mas não está tão doente que não goste de ter companhia.

Ela vacilou. Pareceria muito rude recusar a visita de um inválido confinado em casa que exprimira pena pela sua situação difícil.

– Ah! Ali está a sua prima. Mrs. Joyes, acabo de convidar Miss Kelmsleigh a visitar o meu irmão. Espero que concorde em acompanhá-la, para que as línguas parem de fofocar.

Daphne não mostrou surpresa em vê-lo à saída do chapeleiro, nem ao ouvir o convite improvisado.

– É generoso, Lord Sebastian. Receio, todavia, ter ainda várias diligências para finalizar.

– Pena. Teremos de aguardar os outros convites, afinal, Miss Kelmsleigh.

Daphne inclinou a cabeça, curiosa.

– Ele quer convidar a mim e à mãe, juntas – explicou Audrianna.

Os olhos de Daphne arregalaram-se uma fração mínima. Sem dúvida que imaginava a reação da tia a semelhante convite, e o caráter gélido de tal visita se ela decidisse aceitar. O que se sentiria forçada a fazer. Ninguém dizia que não a um marquês.

– Podia acompanhá-la até sua casa, no máximo – concedeu Daphne. – Se a marquesa está em casa, ninguém questionará a propriedade da reunião.

– Esplêndido! Quando chegarmos, terá a carruagem ao seu dispor para terminar as suas diligências. Direi igualmente ao nosso criado que leve as duas em casa.

Wittonbury House era uma mansão localizada em Park Lane, virada para Hyde Park e ladeada por outras casas gigantescas de famílias notáveis. A fachada denotava uma exuberância contida que sugeria o século anterior como período de construção.

Audrianna percorreu os seis andares com o olhar até o grande frontão em voluta empoleirado perto da cornija, que realçava a ligeira projeção do edifício, no centro.

Ela nunca visitara uma casa tão ilustre. Roger tinha algumas relações na alta sociedade, mas como estivera ausente com o exército durante a maior parte do noivado, ela nunca tivera direito a convites para bailes ou festas.

Daphne seguiu na carruagem e eles dirigiram-se para a porta. Uma vez lá dentro, Lord Sebastian falou em particular com o mordomo e depois convidou-a para acompanhá-lo até a sala de visitas.

– Teremos de ir até o meu irmão. Ele não sai dos seus aposentos – explicou Sebastian enquanto subiam as escadas. – Espero que não se importe.

– Espero nunca ser tão exigente com a etiqueta a ponto de insistir que um inválido tenha o incômodo de vir até mim. – Deu uma volta pela sala de estar. O compartimento reluzia com tecidos e mobília suntuosos. Até as paredes proclamavam riqueza, com óleos de Rafael, Ticiano e Poussin. – Viveu sempre aqui?

Ele observou-a cambalear de um lado para o outro como se achasse interessante a sua forma de andar.

– Voltei quando trouxeram o meu irmão de Espanha. Vivi em outro lugar da cidade durante alguns anos antes disso.

Ela passou os dedos pela voluptuosa borla de seda que segurava uma cortina em verde de Viena. O toque era tão sensual como aparentava.

– Não sentiu a diferença quando regressou?

Toda a casa era um luxo, mas o retorno dele devia ter sido um pouco como ela voltar agora à casa da mãe. Amava a mãe, mas não lhe parecia possível retomar o seu lugar lá sem fricção.

Provavelmente seria diferente com os homens. Eram livres onde quer que vivessem, assim que atingiam a maioridade. A única penalização do regresso à velha vida seria algum inconveniente, talvez, especialmente na satisfação dos seus prazeres voluptuosos.

– Achei que eu seria necessário aqui – disse ele.

– Foi bom voltar, então, independentemente das suas preferências.

Ela espiou um jardim por uma janela.

– Espero que não tenha falado ao seu irmão da nossa última conversa. Aquela que tivemos no caminho da casa da minha prima.

– Não lhe disse uma única palavra a respeito disso.

– Obrigada. Caso contrário, seria muito embaraçoso.

– O meu irmão acharia divertido que tivesse recusado a minha proposta. Podia pensar que a notícia era a melhor parte do seu dia.

Sorriu ao dizê-lo, como se também achasse divertido. Certamente estaria aliviado por ela ter recusado. O resultado era o ideal – ele oferecera-se para fazer a coisa certa, mas acabara por não ter de concretizá-la.

– Não esperava que se mostrasse tão bem-humorado com o assunto se voltasse a vê-lo – disse ela.

– Compreendo a sua posição, Miss Kelmsleigh. Não fiquei muito ofendido. Um pouco, mas não muito.

Outra vez aquele sorriso. Ela forçou alguma clareza aos seus pensamentos para não ficar olhando para ele como uma tola deslumbrada.

Então apareceu um lacaio à porta, que comunicou a sua mensagem sem dizer uma palavra.

– O meu irmão está pronto, Miss Kelmsleigh. Deixe-me levá-la até ele.

O apartamento de Wittonbury era maior do que a maioria das casas. Entraram numa divisão que parecia servir de antessala. As paredes claras e estofos vermelho-escuros faziam qualquer pessoa ignorar que se tratava de um quarto interior.

Um homem impecavelmente vestido, corpulento e rosado os cumprimentou. Lord Sebastian apresentou-o como Dr. Fenwood.

– O meu irmão está bem, Fenwood?

– Muito bem, senhor. E satisfeito por ter trazido companhia. Está na biblioteca. – Dr. Fenwood fez uma pausa. – Lady Wittonbury acaba de chegar e está com ele.

– O meu irmão mandou chamá-la?

– Acho que não, senhor.

– A fortuna está nos acompanhando hoje, Miss Kelmsleigh, se a minha mãe vem juntar-se a nós – disse ele, acompanhando-a a uma porta que dava para o compartimento à esquerda.

– Quer dizer uma boa sorte, não é?

– Duvido.

A biblioteca revelou-se muito maior do que a antessala, além da grande vantagem de possuir janelas grandes em duas paredes. Com o dobro do tamanho da biblioteca da casa da sua família, fez Audrianna interrogar-se sobre a biblioteca verdadeira, a do andar de baixo, que servia mais do que uma pessoa.

A sua observação minuciosa dos objetos e estantes escuras, do carpete turco e das janelas altas, terminou abruptamente quando viu a marquesa sentada ao pé da lareira.

Lady Wittonbury estava formidável. Qualquer outra descrição seria secundária. Audrianna enumerou-as, de qualquer maneira. Bela, mesmo na meia-idade, com os olhos escuros e intensos do filho mais novo e um corpo esguio e alto, e cabelo negro como azeviche. Imperiosa na forma de se sentar, as costas direitas como uma barra de ferro, a pose de uma rainha. Captou a atenção de Audrianna tão completamente que ela precisou de uns momentos para reparar no homem que estava na poltrona ao seu lado.

Tirando o rosto, a gravata e o colarinho da camisa do marquês, era tudo completamente escuro. O seu rosto era uma versão mais suave do de seu irmão, e de aparência muito mais envelhecida, com uma expressão cansada e melancólica. O casaco preto caía sobre um cobertor escuro que lhe cobria a parte inferior do corpo. Estava sentado numa cadeira escura. Parecia que o marquês desapareceria nas sombras, não fosse a sua luminosa mãe que estava ao seu lado, derramando a sua vitalidade sobre ele.

– Por favor, sente-se aqui, Miss Kelmsleigh – instruiu ele, após as apresentações. Indicou uma cadeira à sua direita. Lord Sebastian permanecia de pé.

– Vive na cidade, Miss Kelmsleigh? – indagou a marquesa.

– Vivo em Cumberworth, no Middlesex.

As sobrancelhas dela se ergueram. Comunicava mais desdém do que curiosidade.

– Cumberworth? Não me recordo de ver mencionado nos jornais que o seu pai tinha propriedade em Cumberworth.

A referência ao pai dela e às histórias dos jornais não foi acidental. Audrianna ficou ressentida por aquela mulher fazer questão de mencioná-lo, como se existisse o risco de algum deles o ter esquecido.

– Vivo com a minha prima.

– A prima, Mrs. Joyes, cultiva flores numa estufa imensa – explicou Lord Sebastian. – Têm uma videira lá dentro.

– Uma videira? – repetiu Lady Wittonbury. – Que... rústico.

– É um fato que vivemos no campo, senhora. Por isso, sim, é um pouco rústico.

– O jardim não é nada rústico – arguiu Summerhays. – Quando está com flor, estou certo de que seria um orgulho nos melhores solares.

À Audrianna pareceu simpático da parte dele defender o jardim e o resto da sua casa, embora suspeitasse de que ele, mais do que elogiá-la, gostava de discordar da mãe.

– Então não vive com a sua mãe – cogitou Lady Wittonbury. – Duas jovens solteiras vivendo sozinhas no campo... É incomum.

– De jeito nenhum – interveio o marquês. – Desde a guerra que se tornou bem comum.

– Mrs. Joyes, a prima de Miss Kelmsleigh, na verdade é uma viúva de guerra – acrescentou Summerhays.

A informação silenciou Lady Wittonbury, mas não pôs um fim ao seu exame minucioso. Alvo daquela atenção intensa, Audrianna sentiu-se um inseto desagradável.

– Que tipos de flores são cultivados nessa estufa? – indagou a marquesa.

Audrianna descreveu os bulbos que cultivavam no final do inverno, e as amarílis no outono, e os muitos pelargônios que se reproduziam e até hibridavam.

– Seus jardineiros devem ter muito que fazer – comentou Lady Wittonbury.

– Nós mesmas cuidamos, minha senhora. Ou melhor, a Daphne e a Lizzie fazem a maior parte e a Celia e eu ajudamos.

– Lizzie? Mais mulheres. Semelhante a uma abadia.

– É o que diz a minha prima. Não uma abadia, mas uma casa de beguinas. Eram comuns na França medieval. Mulheres leigas que viviam juntas como nós. Algumas tinham trabalhos fora da habitação e nenhuma professava votos, mas viviam comunalmente.

– A sua prima deu bom uso à propriedade dela, então – disse a marquesa em tom de aprovação.

A mãe pôs-se de pé, ficando ainda mais formidável aos olhos de Audrianna e do marquês, que permaneciam sentados.

– Encantada por tê-la conhecido, Miss Kelmsleigh, e à sua casa peculiar. Parece tudo muito radical e de uma independência exagerada, mas eu sou uma mulher antiquada. Agora devo pedir a sua compreensão. Devo tratar de um assunto premente. – Inclinou-se e beijou o marquês na cabeça, como se ele fosse uma criança. Dirigiu a Lord Sebastian um olhar firme ao preparar-se para sair.

– Eu a acompanho – disse ele. – Miss Kelmsleigh, o meu irmão terá todo o gosto em desfrutar da sua companhia enquanto eu não volto, se tiver a gentileza de fazer a vontade aos dois.

– Sim, fique – anuiu o marquês. – Me conte do caramanchão com a videira.

– Porque está ela aqui? – A pergunta, baixa e tensa, surgiu assim que a porta se fechou atrás deles.

– Está aqui porque eu a convidei – disse Sebastian.

– Ah, dai-me paciência. Você fica igualzinho a ele, com essas evasivas irônicas. – Não se dirigiu para os seus aposentos, mas para a biblioteca. Lá dentro, andava para a frente e para trás, lançando-lhe olhares de desagrado.

– Não fez nada imprudente, certo? – exigiu saber. – Uma coisa é ficar por aí entretido com a filha de um homem exposto como o pai dela foi. Outra é tentar retificar a indiscrição com...

– Com o quê?

Ela parou de andar e colocou-se de frente para ele.

– É chocante trazê-la aqui, parece querer mais chacota da sociedade. Ela é inadequada. De todas as formas. Mesmo sem esse escândalo humilhante, mesmo sem a desgraça do pai, não serviria. Não é uma situação em que a honra exija que se faça a coisa certa. Além do mais, o que quer que exista entre você e esta mulher tem de acabar. Prosseguirem com a ligação apenas prejudicará a família e a sua influência.

– Se eu fico igualzinho a ele, é porque você é tão igual a si mesma – observou Sebastian. Ouvi-la criticar Miss Kelmsleigh o aborrecia profundamente, mais do que devia.

– Estou apenas lhe lembrando do seu dever.

– Não irei tolerar a sua rudeza com os meus amigos.

– Amigos! Agora a inclui como seus amigos? É seu objetivo me envergonhar a ponto de eu ter um ataque?

– É meu objetivo recordar-lhe que sim, que me pareço de fato muito com ele, logo sou pouco inclinado a aceitar a sua interferência. Nisso, pelo menos, não ocupei o lugar do Morgan.

Os olhos dele se estreitaram e o rosto pálido dela corou.

– Como se pudesse ocupar o lugar dele em alguma coisa.

– Claro que não. Não sou ele.

– Isso é certo.

– Essa aflição toda está na sua cabeça, e vou deixá-la se banhar nela. Encha o meu irmão com os seus conselhos, se assim quiser, mas pode poupá-los comigo no futuro.

Sebastian saiu da biblioteca e subiu para o andar de cima. A mãe tinha azedado seu humor mais do que gostaria de admitir. Ambos sabiam que ele havia, de fato, ocupado o lugar de Morgan de várias formas. Essa era a verdadeira fonte da raiva dela.

E da dele, às vezes.

Capítulo 10

Morgan e Miss Kelmsleigh não repararam nele quando abriu a porta. Estavam ocupados demais rindo. O som era tão estranho àquele ambiente que Sebastian parou à entrada.

– É bom ouvir o meu senhor se divertindo. – Fenwood falou baixinho. Sebastian virou-se e viu-o atrás dele, esticando o pescoço para espiar a biblioteca, agora que tinham aberto a porta.

A boa disposição de Morgan o transformara. Com as gargalhadas que a piada de Miss Kelmsleigh provocara, o seu rosto ganhara cor. Parecia mais animado, mais vivo, do que em muitos meses.

Havia sido a mera presença de uma mulher que fizera aquilo? Além da mãe e algumas criadas, não entrava nenhuma mulher naquele apartamento havia muito tempo.

Deu um passo para trás a fim de voltar a fechar a porta, mas Morgan reparou nele antes de a retirada se concretizar.

– Não tinha me avisado que Miss Kelmsleigh era assim tão espirituosa, irmão.

Ele aproximou-se deles.

– Sei que é esperta, é verdade. Fico com ciúmes por ter sido privilegiado com a inteligência da sua língua. Lamentavelmente, eu recebi apenas as suas chicotadas.

– Partilharia a sua sagacidade, mas geralmente perde-se muito na repetição – justificou-se Morgan. Os olhos dele chegaram mesmo a piscar quando ele e Miss Kelmsleigh trocaram um olhar conspirador.

– Por que estou achando que a piada se referia a mim? – disse Sebastian.

Ambos riram outra vez.

– A sua companhia foi tão refrescante como um dia de sol, Miss Kelmsleigh. Prometa que vai voltar a me visitar – disse Morgan.

A sugestão apanhou-a de surpresa.

– Tentarei, sim. Obrigada – disse.

Não iria tentar muito. Sebastian sabia que sua intenção era não voltar ali.

– Gostaria que conhecesse a casa e o jardim antes de ir embora. O meu irmão terá de acompanhá-la, já que eu não posso.

– É uma pena, visto que o dia está mesmo bonito, e seria ainda mais revigorante. Não poderia pelo menos ficar observando da janela enquanto damos uma volta pelo jardim?

– Imagino que possa, agora que fala nisso. Posso lhe servir de acompanhante, vigiando daqui de cima, e o meu irmão não terá de solicitar a presença da minha mãe. Chamarei o Dr. Fenwood para ele me mudar para lá.

– Deixe que eu faço isso – ofereceu-se Sebastian. Sem mais, pegou o irmão. Só depois de sentir a leveza surpreendente de Morgan nos braços, Sebastian considerou que movimentar um marquês inválido na presença de Miss Kelmsleigh era pouco digno e desadequado.

Já havia feito isso vezes suficientes para Morgan não mostrar incômodo nem constrangimento. Nem Miss Kelmsleigh mostrou. Ela colocou uma cadeira mesmo ao pé da janela e Sebastian deixou o irmão lá.

– Abra-a, por favor – disse Morgan,

Sebastian não se lembrava da última vez em que Morgan se arriscara a sentir o ar fresco.

– Tem certeza?

– Abra-a.

Miss Kelmsleigh abriu uma fresta da janela. Sebastian encontrou mais uma manta num baú e enrolou-a à volta dos ombros do irmão.

– Vou chamar Fenwood. Ele irá asseguar de que não pegue um resfriado – disse Sebastian.

– Não. Ele fechará a janela, mesmo que eu aceite usar dez mantas e uma pele. Diga-lhe que o proíbo de entrar durante meia hora.

Sebastian não conseguiu encontrar dez mantas, mas localizou mais uma, que também enrolou em Morgan.

Miss Kelmsleigh observava.

– Não tive intenção de colocar a sua saúde em perigo com a minha sugestão.

– O ar fresco é tão delicioso que não me importo se ficar com febre depois. – Morgan expirou profundamente e fechou os olhos, saboreando a brisa suave. – Comecem a andar, agora. Tem de me escrever dizendo o que achou do jardim, Miss Kelmsleigh. Talvez no Flores Preciosas tenham ideias para o seu melhoramento.

O jardim era magnífico, claro. Maior do que grande parte dos jardins do campo, tinha até um pequeno bosque na parte de trás. Desde que vivia com Daphne que Audrianna aprendia sobre a criação de jardins, e os trilhos sinuosos e desenho informal daquele diziam que o mestre projetista o concebera não há muito tempo.

– O que achou da casa? – perguntou Sebastian, caminhando a seu lado.

Ele a havia mostrado a vasta biblioteca e o salão de baile ainda maior. O cômodo mais interessante tinha sido a sala de música circular, que incluía um precioso piano.

– É imponente. Uma mulher mais sofisticada poderia não ficar deslumbrada, mas eu confesso que estou.

– Está sendo injusta consigo mesma. Comporta-se bem o bastante quando quer. O meu irmão já tem afeição por você e não se deixou assustar pela minha mãe.

Ele havia reparado que a mãe tentara.

– Ela não ficou satisfeita com a minha presença na sua casa imponente. Acho que se surpreendeu de me encontrar aqui. Acho que o seu irmão também; e que na verdade ele não pediu para me conhecer.

– Por que acha isso? Ele se deliciou com a sua companhia.

– Acho isso porque lhe perguntei e ele me contou a verdade.

– É mesmo típico dele. – Sebastian lançou um ar carrancudo por cima do ombro ao rosto que estava na janela alta. – Ele me desmascarou. No entanto, mostrou compaixão pela sua situação difícil. Foi bom tê-lo conhecido, e à minha mãe, e ter visto a casa. Deve ver a vida que terá quando nos casarmos. O bom e o mau.

Quando nos casarmos.

– Não aceitei a sua proposta.

– Você estava em estado de choque.

– Foi inesperado, mas eu não fiquei em estado de choque.

– Não compreendeu o que estava recusando.

– Compreendi, com toda a clareza.

Só que ela não tinha compreendido verdadeiramente. Nisso ele estava certo. Ao lhe mostrar aquela casa, aquele conforto, lançava-lhe uma isca.

Revelara muito mais do que luxo, também, apesar de não parecer que ela percebera isso. Vendo-o com a mãe e o irmão, subitamente existia toda uma história e ele se tornara mais real e mais humano. A maneira de pegar o irmão, o cuidado que mostrara com as mantas... Era muito difícil pensar que um homem assim fosse cruel por natureza.

– Miss Kelmsleigh, quero que reconsidere a minha proposta.

E ela quis rejeitá-la, com a mesma força e certeza que da última vez. Só que não conseguia. A pequena estratégia dele resultara bem demais para isso.

– Lord Sebastian, a minha mãe nunca consentiria com tal união, depois do que aconteceu ao meu pai.

Ele olhou por cima do ombro, para a janela. Depois pegou na mão dela e, com firmeza, conduziu-a por outro caminho que virava bruscamente por trás de uma plantação densa de abrunheiro-bravo. Ali, aguardava-os um banco e ele largou-a para ela se sentar.

– Se falar à sua mãe da minha proposta, acho que ela concordará perfeitamente. Quererá as ligações, e a segurança financeira, e a posição para todas vocês. É rara a mãe que pede à filha que recuse o irmão de um marquês, seja qual for a razão.

– O meu pai...

– Ela se convencerá de que é direito seu, e dela, devido a esse sofrimento. Ela me culpa por uma injustiça, e isso ajuda a retificar uma parcela. Você sabe que ela conseguirá adotar essa visão. É por isso que a ideia de convidá-la a vir aqui a alarmou.

– E a minha própria visão?

– Adote a da sua mãe. É prática, pelo menos. Não existirá melhor forma, nem nenhuma outra forma, de me fazer pagar.

– Não o culparei menos depois de casarmos, mesmo acreditando que se trata de um pagamento. Não tem receio de que isso venha envenenar aquilo que propõe?

– Como viu, é uma casa muito grande, Miss Kelmsleigh. Todas as outras são pelo menos tão grandes quanto. Pode viver a sua vida tolerando a minha companhia não mais do que dez horas por semana se essa for a sua escolha. Acredite em mim quando lhe prometo que será muito fácil ser casada e praticamente separada. Já vi acontecer isso antes.

Ela não podia negar que se tratava de um argumento irresistível. Haveria algum tipo de justiça no fato de o homem que tanto magoara a sua família ser o agente da sua ascensão e ressurgimento. O casamento aplacaria igualmente o escândalo e lhe daria mais segurança do que ela alguma vez esperara conhecer.

Quanto ao luxo, ela tentara resistir ao seu encanto, mas era humana. Imagens invadiam sua mente, de vestidos que ela nunca usara e bailes que nunca vira. Ele teria os próprios camarotes nos teatros, certamente, e haveria longos e requintados jantares à luz de velas bruxuleantes, e seda, e a melhor companhia.

Quanto àquelas dez horas por semana...

Dedos tocaram no seu queixo e lhe fizeram inclinar o rosto para a esquerda. Sem luvas desta vez, apenas a sensação inconfundível de pele masculina na sua. O contato a sobressaltou, arrancando-a dos seus devaneios.

Ele sentou-se ao se lado. Os olhos diziam que sabia onde a mente dela havia estado e para onde se virava agora.

– Será mais do que tolerável, prometo.

Os lábios dele tocaram os seus, clarificando aquela referência. Dadas as circunstâncias, ela avaliou o beijo sob perspetivas a que não recorrera para avaliar os outros. Afinal de contas, precisava estar bem certa daquilo com que poderia contar no casamento.

Sim, mais do que tolerável. Muito mais. Não conservou a objetividade durante muito tempo. Ainda assim, notou que o beijo dele era um tanto firme e seco, e que a forma como as mãos seguravam sua cabeça era simultaneamente doce e controladora. Deu-se vagamente conta de que a seguir ele embarcou numa invasão suave da sua boca, que não deixava de ser uma invasão. Sentindo o prazer começando a se espalhar em ondas pelo corpo, ocorreu-lhe que provavelmente ele teria precisado de muita prática para aprender a beijar assim, e admitiu que a mera presença dele, que ainda a afetava muito, a predispusera para aquilo.

Depois não pensou em nada, a não ser nos anseios crescentes que exigiam toda a sua atenção.

Anseios pecaminosos. Chocantes. O seu corpo tornara-se mais experiente naquelas coisas e oferecia pouca resistência. Tremores diabólicos perturbavam-na como se penas invisíveis roçassem e acariciassem seu corpo. Os seios ficaram mais pesados, e impacientes com a roupa que os restringia.

Flutuava agora, como se o corpo tivesse perdido o chão. O braço firme de Sebastian a envolveu, evitando que saísse voando. O abraço fez com que se aterrorizasse bem demais.

– O seu irmão...

– Já passou bem mais de meia hora desde que o deixamos. Fenwood tirou-o da janela.

Que descuido do marquês, deixá-la desprotegida.

– A sua mãe? – Chegara a dizer aquilo? Beijos no pescoço deixaram-na ofegante, por isso não tinha certeza.

– Recebe visitas a esta altura, e não conseguem nos ver das janelas da sala de visitas.

Ela tentou se lembrar do que vira quando olhara pela janela.

As pontas dos dedos dele tocaram nos seus lábios, como que para silenciá-la. Só que essa não era de todo a sua intenção. Ele incitou seus lábios a se afastarem.

– Sim, assim mesmo.

Aquele outro tipo de beijo, desta vez, invasivo e íntimo. A excitação e o prazer intensificaram-se imediatamente e ela voltou a se perder e a entrar num lugar escuro de desejo primitivo.

Não se importou quando o abraço dele a puxou para mais perto. Perversamente, ela se deleitou com os sinais da paixão dele. Não protestou minimamente quando ele acariciou seu seio. Queria aquilo. Quase pediu.

Era bom demais. Sublime. Espantoso. Ele conseguiu descobrir uma maneira de tocá-la que quase a fez gritar. O prazer tornou-se mais agudo e despertou um delírio dentro dela. Um pulsar quente a perturbava insuportavelmente no lugar onde se sentava, causando um desconforto irresistível que alimentava o frenesi da sua mente.

– Suficientemente tolerável? – A sua voz ameaçadora falou baixinho à orelha enquanto ele lhe estimulava impiedosamente os seios.

Ela estava inquieta demais para se importar sequer se ele tinha feito esta pergunta ou aquela.

De repente, ele deixara de estar ao seu lado, abandonando-a, corada e vulnerável, à brisa. O seu deslize fresco a fez abrir os olhos e pestanejar.

Ele não fora para muito longe. Ajoelhara-se mesmo em frente a ela. Ela recuperou presença de espírito suficiente para compreender que ele ia pedi-la novamente em casamento, de joelho no chão. Era encantador demais para se suportar.

Só que ele não o fez, nem nada na sua expressão sugeria intenções assim tão honradas. A expressão dele, e a maneira como a olhava, fez disparar dentro dela uma excitante sensação de alerta.

Ele pegou seu pé esquerdo, tirou o sapato, apoiando a planta do pé no seu joelho. Antes que ela conseguisse recompor-se e objetar, começou a levantar a saia.

Chocada, ela se inclinou para voltar a puxá-la para baixo.

– O que está fazendo?

– O que quer que eu faça, ou pelo menos o que as nossas circunstâncias permitem neste momento.

– Está se equivocando quanto àquilo que quero. – Só que na realidade não se equivocava. Ao empurrar a saia, também acariciava a perna, e os movimentos da palma da mão dele rapidamente ganharam em interesse à saia.

– É impudico demais – repreendeu ela, tentando novamente empurrar a saia, mesmo com esta subindo, mas o prazer tirava-lhe a razão toda.

– Sim. – Ele conseguiu subir a bainha da saia acima do joelho, expondo a coxa. Ignorou as tentativas dela de se tapar. Inclinou-se e beijou o joelho, e a seguir a pele exposta, por dentro, acima da liga.

Ela quase saltou do banco. O choque que representou para o seu corpo deixou-a sem ar. Ficou olhando para ele, vendo-o fazer de novo, com receio por tudo ter se transformado subitamente, e ficado mais sério, e muito perigoso. De repente deu por si em águas profundas, e nem se importava se se afogasse.

A boca dele ocupou o lugar da mão. As suas carícias encheram a cabeça de gemidos e súplicas descontrolados. Tentava a custo contê-los.

Ele observou a impotência dela face à subida da sua mão. O seu corpo latejava em resposta. Ela sentia um pulsar distinto lá embaixo, que subia em espiral, quente.

Os dedos dele baixaram a calcinha, que deslizara até o cimo da sua coxa. Ela fechou os olhos e tentou recuperar algum autocontrole.

– Não devia – sussurrou ela.

– Não, mas não sou tão bonzinho que pare. Nem estou sendo realmente mau. Afinal, o mundo já a entregou a mim e você não tem outra escolha a não ser se submeter ao que o destino já decretou. – A mão dele deslizava, provocante, pela orla do tecido. – Deve saber como será quando o fizer.

Os dedos dele enfiaram-se por baixo do tecido da calcinha dela. Ele tocou naquele pulsar. Ela susteve o fôlego, a sensação obliterando todas as outras.

Ele acariciou e ela sentiu-se fora de si com a intensidade. Fechou os olhos e o prazer a invadiu. Ele disse qualquer coisa e ela não ouviu, ou não conseguia lembrar-se se ouvira.

Perdeu a luta pela contenção. Encostou-se ao banco, insustentavelmente leve. Acomodou os quadris para sentir melhor e sucumbiu completamente ao prazer.

Em breve não conseguia suportar mais. O prazer ganhou um centro, irado, frustrado. Guinchos de necessidade começaram a extravasar pelo seu abandono. Um escapou, tinha certeza, ressoando pelo jardim.

Os toques devassos pararam, substituídos por carícias suaves na coxa. Um grito de frustração escapou-lhe e desta vez ela ouviu-se a si própria. Tapou a boca com a mão, não fora sair mais algum. Ela deixou que os toques apaziguadores fizessem o que podiam, mas queria bater-lhe por ele ter parado e ter deixado dentro dela aquele faminto pico de desejo.

Ela deixou-se acalmar até algo semelhante à sanidade voltar. Ainda sentia a brisa na perna. Abriu os olhos e se endireitou, constrangida agora, e em maior desvantagem relativamente àquele homem do que alguma vez estivera.

Ele já não acariciava sua coxa. Em vez disso, apertava uma corrente em volta dela.

Uma corrente de ouro, com pedras verdes penduradas. A sua coxa usava agora um colar de esmeraldas.

Ela ficou olhando para a joia.

– Pagamento?

– Não, suborno.

Ela tocou nas pedras verdes e elas bateram suavemente na pele. Ele dava-se a grandes trabalhos.

– Por quê?

Ergueu-se e sentou-se ao lado dela. Ela abriu o fecho e tirou o colar, admirando-o à luz do sol.

– Porque merece mais do que escândalo e infâmia, e porque não estou em condições de me permitir ser encarado como libertino e canalha.

– Deixou mesmo de ser assim?

– Gostaria de pensar que nunca fui um canalha.

O que incitava uma pergunta sobre a parte do libertino. Era aviso justo de que fora daquelas horas obrigatórias que passavam juntos, ele também seguiria o seu caminho em separado.

Ela empurrou o vestido para baixo e enfiou o sapato.

– Tenho certeza de que a Daphne está à espera. Tenho que ir.

Retornaram à casa. Ela devia sentir-se mais embaraçada do que se sentia. Só isso a fez pensar sobre as várias implicações tanto da proposta dele como daquela sensualidade poderosa.

Acabara se esquecendo por um momento, no meio daquele prazer, os ressentimentos que tinha com ele. A raiva ficara obscurecida pelo torpor. A momentânea intemporalidade, mais do que as sensações, poderia, realmente, tornar aquele casamento tolerável.

Seria traição ao pai aceitar? Mesmo se conferisse segurança à mãe e à Sarah, a oportunidade de uma vida melhor? Ela não acreditava que o pai lhe quisesse mal por isso. A questão era se ela mesma se condenava.

Por outro lado, podia encontrar mais facilmente uma forma de vingá-lo com a nova posição social, mais elevada, que lhe era oferecida.

– Se fizéssemos isso, presumo que seria uma união sofisticada, como aquelas de que se ouve falar entre a alta sociedade – disse ela.

– Que você teria amantes e que, depois de algum tempo, depois de nascer um filho, eu também poderia ter. – Era, descobria, razoavelmente fácil falar francamente com um homem com quem partilhara intimidades escandalosas.

Ele estugou um pouco o passo antes de responder.

– Claro.

Quando chegaram em casa, ela ainda tinha o colar na mão.

– Não posso aceitar isto.

Ele tirou de sua mão e também pegou sua bolsa. Deixou cair o colar lá dentro e devolveu-lhe a bolsa.

– Se voltar a me rejeitar, será a única reparação que terá. Se não o fizer, é um presente de noivado adequado.

Daphne tinha realmente acabado com as suas andanças. Recusara a oferta de aguardar dentro de casa e ainda estava sentada na carruagem de Lord Sebastian.

Lord Sebastian confiou Audrianna ao lacaio que estava à porta da casa. Ela se despediu dele, começou a andar, depois pensou melhor e voltou-se para uma última palavra.

– Imagino que aquelas poucas horas por semana sejam suficientemente toleráveis.

– Hoje foi menos do que nos aguarda nessa parte da nossa união, Miss Kelmsleigh. Talvez queira dar-me a conhecer a sua decisão sobre as outras partes até o final da semana.

– Sim, farei isso.

Ela subiu para a carruagem. Daphne parecia serena e nem um pouco incomodada por ter tido de esperar.

– Conheceu o marquês? – indagou ela quando a carruagem começou a andar.

– Sim, e é muito amável.

Daphne reposicionou-se no banco.

– E a marquesa, estava em casa?

– Como prometido. Também a conheci. – Audrianna franziu o nariz em sinal de aversão.

Daphne riu. Fechou a cortina. Olhou para os aprestos interiores da carruagem, de qualidade.

Olhou pela janela durante alguns minutos, depois dirigiu um olhar muito direto a Audrianna.

– Então, querida prima, quando é a boda?

Capítulo 11

Sebastian recebeu a carta de Audrianna aceitando a proposta dele dois dias após a visita. A carta de Mrs. Kelmsleigh chegou no dia seguinte, expressando alegria contida e convidando-o a visitá-la. Ele assim fez imediatamente e conheceu a sua filha mais nova, Sarah, e bebeu ponche na sua arrumada sala de visitas perto de Russell Square, onde passou meia hora com ela fingindo que não o detestava.

Depois ela passou ao que interessava. Pediu um casamento pequeno, discreto, pois não teria decorrido um ano desde o falecimento do marido. Pediu também autorização para colocar o novo guarda-roupa de Audrianna nas contas dele, juntamente com as roupas de casamento para ela e a filha.

Não foi pedida uma soma específica. Seria indelicado falar em quantias concretas. Ao concordar suportar aqueles custos femininos, ele aceitava que acabava de lhes dar carta-branca. Entre o impulso de vingança e a oportunidade de se mimarem, as mulheres Kelmsleigh provavelmente iriam deixá-lo à mercê dos credores.

Morgan exprimiu satisfação ao saber a notícia de que Sebastian estava "fazendo a coisa certa" por Miss Kelmsleigh, mas, a bem da verdade, ele possuía ideias descomplicadas daquilo que estava certo ou errado, da honra e da decência. Sebastian ficou satisfeito pelo irmão estar satisfeito porque, quando chegou aquela carta de Audrianna, ele se deu por satisfeito também.

Ela mostrava ser animada, inteligente e sensual, e podia ter sido pior. E se mais tarde verificasse que fora aprisionado num inferno temporal, podia seguir o exemplo do pai naquilo como em tanta coisa. Ela até esperava que ele fizesse isso.

A mãe deles não disse absolutamente nada na noite em que Sebastian a procurou para informá-la. Nem sequer olhou para ele. Uma estátua mostraria maior reação, mas nem sequer um ator conseguiria ser mais eloquente.

Finalmente, quando ele estava de saída, ela disse simplesmente que trataria dos preparativos para o casamento e o banquete nupcial, para a família não ficar totalmente humilhada de todas as maneiras possíveis. Uma vez que se preparara para enfrentar uma discussão longa e maçante, Sebastian a beijou de gratidão antes de se retirar da sua presença gélida.

O anúncio do noivado fez erguer sobrancelhas e provocou outro surto de difamação, mas o vento logo deixou de alimentar as velas ao escândalo. Haveria pequenas brisas durante anos, é claro, mas, uma semana depois de selado o acordo, chegou uma carta de Castleford, aceitando a troca de favores reciprocamente benéfica que ele recusara anteriormente. O que assinalou a volta ao normal da influência política de Sebastian.

Um colega da Câmara dos Comuns, Nathan Proctor, tentou ressarcir alguns cortes precipitados abordando-o certa tarde quando saíam ambos do Brook's.

– Aquele rapaz do meu condado está finalmente de volta – disse ele de passagem.

A cabeça de Sebastian estava em outras coisas e apenas conseguiu sorrir inexpressivamente ao ouvir a referência.

– Aquele que estava com o terceiro regimento, de que lhe falei no ano passado. A explosão deu cabo dele, coitado. Ficou à porta da morte e trataram dele num convento de lá até o outono passado.

Finalmente está apto a viajar e vai voltar para casa, para junto da família. Ficará aqui em Londres com uma irmã durante um bocado.

O terceiro regimento incluía a companhia que a pólvora ruim deixara indefesa. Sebastian passara dois anos à procura dos poucos que tinham sobrevivido, para descobrir que luz poderiam lançar sobre o assunto. Com exceção de histórias de morte e impotência, de canhões a negarem fogo e mosquetes inutilizados, não ficara sabendo de nada de novo.

Sua mente recuou nas memórias de todas as provas e fatos que chegara a conhecer.

– Ele era artilheiro, não era?

– Era. É um milagre estar vivo. Eles apontam os canhões deles aos nossos, é evidente. O moço só sobreviveu porque estava dobrado abrindo um barril para ver em que estado se encontrava.

Os artilheiros estavam sempre mexendo em pólvora. Aquele jovem podia saber mais do que os outros sobreviventes.

– Quando estará na Inglaterra?

– Dentro de duas semanas, segundo me disseram. A família conseguiu finalmente dinheiro para enviar alguém que o trouxesse para cá. Não conseguia vir sozinho, é evidente.

Sebastian agradeceu a Proctor e pediu que o informassem quando o soldado chegasse. Retomou então o seu caminho. Destino caprichoso, que lhe oferecia um potencial achado no caso de Kelmsleigh, logo depois de ficar comprometido com a filha do falecido.

Infelizmente, não esperava ficar sabendo de alguma coisa que eximisse o pai de Audrianna. Pelo contrário.

De regresso a Park Lane, foi ver como estava Morgan e descobriu que Kennington e Symes-Wilvert estavam de visita. Incapaz de arquitetar uma fuga, viu-se aprisionado numa longa hora de uíste. Os dois amigos de Morgan queriam falar sobre o casamento.

– Isso é que é decência, Summerhays – ofereceu Kennington sonoramente.

– Sim, extrema decência – concordou Symes-Wilvert.

– O meu irmão só lamenta eles não terem podido anunciar as suas intenções antes do início daquela difamação infeliz – disse Morgan. – Na tentativa de permitir à família de Miss Kelmsleigh que decorresse o período completo de luto pela morte do pai dela, e de deixar que o próprio tempo enfraquecesse futuras considerações maliciosas sobre os caminhos caprichosos que a afeição pode seguir, abriram inocentemente a porta para a pior especulação.

Sebastian olhou para as cartas. Morgan acabava de mentir. Não despudoradamente, pois Morgan não tinha certeza da não existência de uma ligação antes da noite do Duas Espadas, mas... O irmão admirava Audrianna e parecia disposto a esticar a verdade para ajudá-la a vencer a tempestade.

– Dizem que é uma mulher de boa aparência, por isso tenho certeza de que o casamento não é só um capricho – avançou Kennington. – Ele a conheceu enquanto investigava aquele assunto do pai dela, acho eu.

– Sim. – E assim tinha sido.

– Imagino que agora desista disso, como os outros desistiram. De qualquer forma, não parecia levar a lugar nenhum, já que, enforcando-se, só faltou confessar – completou Symes-Wilvert.

Sebastian jogou uma carta.

– Se houve outras pessoas envolvidas, não acho que possam começar a dormir já descansadas – esclareceu Morgan. – O meu irmão consegue ser muito tenaz na execução do seu dever.

– Claro. Não estava insinuando que ele não faria o seu dever – disse Symes-Wilvert, corando. – Só que a noiva dele não vai querer que se volte a desenterrar tudo. Pensei...

Era mesmo de Symes-Wilvert não compreender que, ao casar com Miss Kelmsleigh, Sebastian obrigava-se a exercer a tenacidade que Morgan mencionara. Se desistisse agora da sua investigação, basicamente admitia que aquelas gravuras tinham feito o retrato exato do seu caráter.

Sebastian reparou na expressão séria de Morgan, agora que a conversa recaíra sobre a pólvora. Sempre tinha sido assim. Desde que os primeiros relatos do massacre haviam chegado a Londres que o interesse de Morgan fora sempre muito vivo. Perdera a compostura uma vez, quando falara do horror que os soldados tinham enfrentado devido a negligência ou pior. A afeição de Morgan por Audrianna não mudaria nada disso.

– Miss Kelmsleigh sabe das minhas opiniões e intenções – disse Sebastian. – Agradeço, contudo, a sua preocupação com a minha harmonia matrimonial.

– Acho que aqui o Summerhays pretende manter a harmonia de outras maneiras. – Kennington acompanhou com uma risada a sua própria insinuação. No entanto, tratando-se dele, não arriscaria que os outros pudessem não compreender o seu óbvio objetivo. – Está no momento de dar bom uso àquela prática toda, não é, Summerhays? E assim a sua senhora não se importará com o que fizer quanto a este outro assunto.

Symes-Wilvert riu disfarçadamente. Morgan sorriu com complacência das idiotices do seu amigo fiel. Sebastian riu porque devia e deu uma olhadela ao relógio de bolso.

— Acho que exageramos – disse Audrianna.

– Exageramos? Claro que não. – O rosto suave e pálido e a touca nova debruada a renda da mãe encimavam o vestido de passeio avermelhado que apertava contra o corpo. Aquele, como a maior parte dos seus conjuntos, seria usado apenas em abril, momento em que deixaria as roupas de viúva, mas a expectativa da chegada daquele dia via-se nos seus olhos. – E por que não deveríamos exagerar? Mesmo que fizéssemos isso, o que não é o caso. Será preciso mais do que um guarda-roupa novo para nos compensar por tudo o que aconteceu.

– Muito mais – reforçou Sarah. Depois deu uma risadinha. – Pelo menos dois ou três, certamente.

A mãe conteve uma risada. Pousou o conjunto e pegou num vestido de cerimônia de seda cor de ameixa.

– O que acha deste, Daphne? Não conseguia me decidir quanto à bainha. Acha que escolho bem?

Daphne fez elogios ao vestido. Observava o desfile de uma cadeira. Havia sido convidada especificamente para inspecionar o saque.

A quantidade de benefícios espantou Audrianna, apesar de ter ajudado a comprar aquilo tudo. Toucas e chapéus, xales e bolsas, pendiam de cadeiras e cobriam uma mesa. Vestidos haviam sido desembrulhados e amontoavam-se no sofá, mas muitos mais ainda aguardavam a inspeção nos seus embrulhos de musselina.

– Gostaria que a Lizzie tivesse vindo com vocês – queixou-se Sarah, experimentando uma touca de noite adornada com penas de avestruz. – Ela tem um gosto tão refinado, e comecei a gostar muito dela.

– As dores de cabeça dela voltaram, ao avançar dos dias – explicou Daphne. – O médico diz que só lhe resta suportá-las e descansar, a não ser que queria tornar-se uma habituée do láudano. Tomarei sobre mim, porém, a incumbência de lhe fazer uma descrição pormenorizada de cada vestido, chapéu e conjunto.

– Mostre à Daphne o de cetim rosa, Audrianna – indicou a mãe. – Isto é que é uma penitência para Lord Sebastian.

Audrianna exibiu o seu novo vestido de noite rosa para Daphne admirar.

– Sabe, mãe, na verdade, sou eu quem cumprirá penitência por todo este luxo.

O rosto da mãe transformou-se numa máscara de ternura. Aproximou-se de Audrianna e deu-lhe um abraço e um beijo.

– É fato, minha querida. É tão corajoso da sua parte. Mas você também sempre foi a mais forte de nós. Se não fosse a posição social dele, eu nunca teria autorizado este casamento, mesmo depois do modo imperdoável com que lhe tratou. Mas ele é de uma das melhores famílias e as suas expectativas melhoram muito com ele, por mais desagradáveis que sejam os deveres conjugais.

O pequeno discurso fez Audrianna corar, mas não pelas razões que a mãe poderia pensar.

– Queria dizer que cumprirei penitência porque as contas de tudo isso chegarão assim que nos casarmos.

– Eu não me preocuparia – apaziguou Daphne. – Duvido que Lord Sebastian fique surpreendido ou considere a soma tão elevada quanto nós.

– Está vendo, a Daphne concorda que nós não exageramos – concluiu a mãe, ainda que Daphne não tivesse concordado com isso. – Ah! Já disse? Recebi uma carta do meu irmão Rupert. Ele está radiante com a notícia do casamento e viajará até a cidade para assistir. Parece, Audrianna, que plantou esse distanciamento; outra bênção juntou a tantas outras que o seu sacrifício nos proporcionou.

A expressão de Daphne não se alterou minimamente. No entanto, Audrianna sentiu um estremecimento à volta da cadeira dela pela menção do tio Rupert. Não representaria nenhuma alegria para Daphne vê-lo no casamento. Afinal, o tio Rupert deixara Daphne entregue a si mesma quando perdeu o pai, seu irmão e da mãe de Audrianna.

Audrianna pôs de lado o vestido de seda rosa.

– Já viu o suficiente? A mãe e a Sarah podem continuar a se divertir sozinhas se for o caso. Podemos ir dar uma volta pela praça se quiser.

Daphne achou a ideia agradável. Vestidas as toucas e peliças, começaram a fuga.

— Suportava muito melhor a companhia da mamãe antes de ter experimentado do que depois – confidenciou Audrianna enquanto desciam a rua. Envolveu o braço de Daphne no seu. – Tenho saudades de todas vocês.

Mal aceitara o noivado, a mãe insistira em que ela voltasse ao ninho. *Deve sair da casa da sua família para o casamento. Os preparativos serão um inconveniente se estiver no campo.*

Na verdade, estar ali não era assim tão conveniente. Precisava de quase tanto tempo para chegar a Mayfair da rua próxima de Russell

Square quanto se viesse de Cumberworth. A mãe nunca gostou de viver tão longe dos bairros elegantes da parte ocidental, mas a casa que tinham alugado era cômoda para as funções do pai na Torre.

– Ela apenas a quer perto dela durante esses poucos últimos dias. Em breve deixará a gaiola – aplacou Daphne.

– Voo de uma gaiola para outra, contudo. Acho que olharei para os meses que passei no Flores Preciosas como sendo dos mais felizes e livres que vivi.

Daphne apertou sua mão.

– Estamos sempre lá para o que for preciso. E você nos visitará com frequência.

– Todas vêm me encontrar no sábado? Isso me trará coragem.

– Estarei lá, e a Celia também, acho eu.

– E Lizzie?

– Eu não contaria com isso. Aquelas dores de cabeça são caprichosas demais.

Chegaram em Bedford Square, com as suas arranjadas e modestas casas citadinas alinhadas em filas uniformes de cada lado. Ela e Roger costumavam passear ali antes de ele ir para a guerra. Depois de terem ficado noivos, ele falara em alugarem uma das casas depois do casamento. Ela passara horas, depois de ele partir, imaginando-se numa delas. As memórias que a praça incitava eram suficientes para ela evitar ir lá depois de desobrigar Roger.

Entraram no jardim e caminharam entre as árvores despidas, arbustos e heras.

– Importa-se muito que o tio Rupert e a tia Clara estejam no meu casamento? – perguntou Audrianna.

– Quem sou eu para me importar? As desconsiderações recentes com a sua família significam mais do que quaisquer antigas que tenha tido comigo.

Aquelas desconsiderações recentes não eram pequenas, e, realmente, Audrianna importava-se que aquela reaproximação acontecesse sem mais. Depois da morte do pai, o tio Rupert nada fizera para aliviar as circunstâncias difíceis da família.

– Receio que isso signifique que a mãe acredita que se justificava ele ter cortado relações conosco.

– Só significa que ela conhece os trâmites do mundo. Ela pode não considerar que a atitude do irmão se justificava, mas compreende o que o levou a tomá-la. E compreende a razão pela qual ele quer as ligações que traz para a família.

– Fico sossegada de saber que sou tão útil à família. – Audrianna não conseguiu evitar uma nota sarcástica no tom de voz.

– Eu ficaria sossegada de saber que esse casamento é, de alguma forma, do seu agrado, prima, mesmo que seja apenas pelos guarda-roupas e pelas relações de que a sua família gozará – declarou Daphne. – As circunstâncias eram tais que não poderia ter feito outra escolha, mas...

– Neste momento é do meu agrado, nem que fosse para pôr um fim a esse mês de espera. E para escapar da mamãe. Se é algo que vou fazer, melhor cedo do que tarde.

A mãe, na verdade, pouco tinha a ver com a sua inquietação, e era injusto culpá-la por isso. A verdadeira razão era ela não gostar das formalidades que sufocavam a ela e a Lord Sebastian. Agora, cada encontro deles acontecia num palco, no qual usavam roupas de etiqueta. Cada palavra era planejada e cada elogio previsível. O ambiente era muito diferente dos acontecimentos e conversas fáceis que tinham propiciado o seu comprometimento.

Em vez de aprender a conhecê-lo melhor naquele último mês, ficou conhecendo menos ainda. Ele não parava de regredir na familiaridade. Ela receava que se muito mais tempo passasse, ele se transformasse num completo estranho.

– Uma parte de que não gosto é de Lady Wittonbury – admitiu ela.

– Ela foi grosseira com você?

– A palavra "grosseiro" é aplicável a rainhas? Ela fez questão de me dizer que não sou apropriada para o filho dela com cada olhar e a cada fala. Me enviou uma pequena pilha de livros sobre etiqueta e comportamento na semana passada.

– Bem, isso foi grosseiro.

– Foi o que pensei. Vieram com uma nota pessoal dela. Explicava que aqueles livros eram escritos para aqueles que tentavam se aprimorar, por aqueles que já haviam conseguido, por isso continham erros que os mais bem-nascidos reconheceriam. Portanto, ela corrigira os erros.

– Ela completou os textos com anotações?

– Mas é claro. Todos têm pequenas notas nas margens, sempre na caligrafia dela. – Daphne ria e Audrianna teve de rir também. – A maioria dos comentários explicava que só as pessoas comuns considerariam este ou aquele conselho correto.

Daphne parou para admirar uns crocos que espreitavam entre a hera por baixo de uma árvore.

– A sua mãe lhe disse, Audrianna, com orientações mais úteis do que as que ofereceu a marquesa? Sabe a que me refiro.

– A minha mãe acredita que não há necessidade disso. Seria simpático se alguma pessoa que me conhece acreditasse que os rumores não são verdade.

– Não foi o seu caráter, mas o dele, que originou as dúvidas. Se tiver alguma pergunta, tentarei respondê-la, já que sua mãe não tomou ela mesma a iniciativa da conversa.

Ela tinha muitas perguntas, mas não sobre o assunto que Daphne agora abordava. Lord Sebastian já havia lhe mostrado que aquela parte seria tolerável o suficiente. Não era a vivência das noites que consumia sua mente, mas a do dia a dia.

Como esconderia a raiva que sentia por causa do pai?

Como impediria a marquesa de atormentá-la?

Como faria amigos no mundo novo em que entrava?

Qual era a etiqueta para quando o marido começasse a visitar uma amante? Aqueles livros não explicavam nada sobre aquilo. Talvez ela devesse perguntar à marquesa, um dia desses. Insinuações no último mês indicavam que Lady Wittonbury tinha ampla experiência na maneira dos bem-nascidos lidarem com tais desenvolvimentos.

Audrianna parou de caminhar e olhou para um arbusto despido. Os seus muitos e compridos ramos tinham ficado vermelhos e maleáveis. Exibiam galhos intumescidos por todo o comprimento, à espera de rebentar aos primeiros sinais de calor constante.

Era uma forsythia. A mais comum das flores. Era isso que ela era também. Banal, e nem um pouco preciosa. Se não fosse a progressão de uma série de inesperados caprichos do destino, Lord Sebastian nunca teria reparado nela, muito menos a teria pedido em casamento.

Era de esperar que rejubilasse com a sua boa sorte. Nem era tão nobre que não sentisse. Ela, a mãe e Sarah tinham exagerado nas lojas, e ela se deleitara com cada minuto daquela maratona de compras.

– Na verdade tenho uma pergunta – informou. – Não é sobre ele, nem sobre a vida que terei. É sobre mim.

Daphne inclinou a cabeça de curiosidade.

– O que é?

– É errado eu gostar do beijo de um homem que nunca amarei?

Daphne sorriu brandamente.

– Fico aliviada por ter perguntado. Nem sabe o quanto. Não, não é errado. As mulheres fingem que o amor é obrigatório para existir essa excitação, mas os homens admitem que não é. E essa excitação muitas vezes dá origem a algum afeto, o que torna a vida suportável. – Daphne deu um beijo na bochecha de Audrianna. – E também não é traição ao seu pai gostar do beijo, se é esse o significado da sua pergunta. Ele não quereria que vivesse com pavor da noite.

Daphne por vezes conseguia ser muito sábia. Compreendia o coração humano sem sequer tentar.

– Por que fica aliviada?

– Porque se não gostasse do beijo, seria um inferno para você. Fico grata pela indicação de que não será. Agora, tenho que voltar e me despedir da sua mãe. Tenho várias coisas para fazer na cidade, para conseguir aprontar uma surpresa para o seu casamento.

Capítulo 12

O dia do casamento de Audrianna não teve um início auspicioso. A madrugada revelou que haviam descido sobre Londres um chuvisco e um vento norte cortante. A mãe mandou acender as lareiras e não parava de se alvoroçar por causa da chuva e de como estragaria seus sapatos.

Audrianna tomou banho e se vestiu, sentando-se para a criada nova arrumar seu cabelo. Evitara perguntar à mãe como estava sendo paga aquela criada adicional. Sem dúvida que quando Lord Sebastian fizera a visita obrigatória depois do noivado, a mãe exprimira aflição com os preparativos para o dia do casamento quando as circunstâncias haviam reduzido a uma criada.

Ela ficou pronta muito antes de qualquer outra pessoa, e foi para o quarto de Sarah, apressá-la. Deparou com a mãe e a irmã discutindo que vestido Sarah devia levar. A questão tinha sido decidida há muito tempo, depois do caos financeiro nas lojas.

Audrianna se meteu entre as duas. Tirou o vestido violeta das mãos de Sarah, colocou-o na cama e pegou um vestido florido.

– Usa este, como combinamos quando o encomendou, ou não vai. A carruagem já está à espera lá fora, e eu não tenho o dia inteiro para ser vítima dos seus caprichos.

– O outro é muito melhor – continuou Sarah. – Pareço uma criança neste.

– Os cavalheiros vão reparar em você mais rapidamente se usar o florido – argumentou Audrianna.

Sarah parou de fazer beicinho tempo suficiente para ponderar aquilo.

– Parto na carruagem daqui a quinze minutos – anunciou Audrianna. – Tenho a esperança sincera de que se junte a mim. Mãe, você também devia terminar logo.

– Quinze minutos é, de longe, cedo demais. Chegaremos à igreja antes de qualquer outra pessoa e faremos papel de ridículas – refutou a mãe.

– Não vamos já para a igreja. Quero visitar a lápide do pai primeiro.

O suspiro da mãe encheu o quarto.

– Audrianna, com a chuva... sério, não é recomendado...

– Dificilmente poderei ir depois da igreja. Posso não ter a possibilidade para ir durante muito tempo. Vestirei a capa comprida e mudarei depois para os sapatos de seda. Pode ficar sentada na carruagem se quiser, mas eu quero visitar a sepultura dele para que saiba que eu não o esqueci.

Sebastian aproximou-se de St. Georges com Hawkeswell ao seu lado. Passaram convidados por eles, oferecendo a Sebastian as suas felicitações.

– O destino escolheu concedê-lo o dia mais agreste em semanas – disse Hawkeswell. – Eu não tenho qualquer superstição, porém.

Sebastian também não era supersticioso. Não atribuía à natureza nenhuma atenção para com os afãs humanos, quanto mais escolher o tempo destinado a um homem, mais isso afetava milhares. Mas estudava coincidências irônicas. Por isso, quando ele e Hawkeswell pararam à entrada da igreja, reparou que a última vez que o tempo estivera tão mau havia sido no dia em que conhecera Miss Kelmsleigh.

Todos os pensamentos sobre chuva e vento desapareceram quando viu o interior da igreja. Alguém o transformara num jardim.

Viu pérgulas de madeira em arco cobertas de hera regularmente espaçadas ao longo do largo corredor central. Do ponto em que ele se encontrava, a perspectiva dava a impressão de existir uma abóbada de folhagem por todo o comprimento.

Um conjunto de vasos com tulipas coloridas ladeava a entrada. Outra concentração de flores primaveris derramava-se sobre o altar. Ramalhetes de narcisos e jacintos decoravam as pontas de cada banco. O efeito completo era o de um quadro opulento e radioso que emitia a luz de centenas de flores.

– Impressionante – declarou Hawkeswell. – Seu casamento pode ser pequeno e discreto, Summerhays, mas tão cedo não será esquecido. A sua mãe dará início a uma nova moda.

A mãe dele não tinha nada a ver com aquilo. Aquela exuberância não era o estilo dela e ela provavelmente não aprovava os apontamentos teatrais, especialmente durante a Quaresma.

Mrs. Joyes decorara a igreja, e povoara-a com as flores da sua estufa. A alta sociedade ficaria impressionada, sem dúvidas, o que lhe traria negócio, mas ele não pensava que esse fosse o objetivo dela. Audrianna não conseguia identificar a maioria das pessoas presentes no casamento, mas reconheceria cada vaso e cada flor.

Algum alvoroço atrás deles fez Hawkeswell virar-se para trás.

– Devíamos descer. A carruagem da sua noiva está aqui.

Sebastian virou-se e viu a porta da carruagem se abrir. Mrs. Kelmsleigh e a filha mais nova saíram. Sarah deu um gritinho quando o vento tentou roubar seu chapéu. Um tornozelo elegante e uma bainha branca espreitaram almejando o degrau superior. Mrs. Kelmsleigh gritou e apontou para o que parecia ser uma mancha de erva no tecido alvo.

– É uma carruagem muito boa – comentou Hawkeswell. – Parece nova. As senhoras também vestem a última moda. Não foi poupada nenhuma despesa.

– Nenhuma mesmo, e, infelizmente, falo com conhecimento de causa. – As contas tinham começado a chegar. Mrs. Kelmsleigh não hesitara em endividá-lo.

– Tomara que eu tivesse uma irmã, para poder desfrutar da sua generosidade. Que diabo, tenho pena de não haver uma forma de se casar comigo!

Viraram-se de costas antes de Audrianna estar completamente fora da carruagem e desceram o corredor principal. O padrinho de Sebastian já o aguardava.

– Queixo erguido, Summerhays – sussurrou Hawkeswell. – Não é nem de perto tão doloroso como nós pensamos que será. É mais como a guilhotina do que a forca, diria eu.

Audrianna chorou ao ver as flores. Alegraram o dia e expulsaram o frio. Acenavam para ela enquanto todos os estranhos não paravam de olhar para ela.

O nervosismo crescente dos últimos dias, a melancolia de visitar a lápide do pai, a irritação com a mãe e Sarah, tudo desapareceu assim que ela chegou à porta da igreja e se deparou com o jardim que o Flores Preciosas tinha preparado para ela.

Seus olhos procuraram Daphne. Estava sentada num dos cantos, envergando um vestido lilás clarinho que realçava inacreditavelmente a sua beleza pálida. Teria ofuscado completamente Sarah se ela não tivesse vindo com o vestido florido. Daphne estava sozinha. Chegara um recado no dia anterior dizendo que as dores de cabeça de Lizzie tinham voltado e que Celia também ficaria em casa, para cuidas dela.

Lizzie fizera, entretanto, uma corajosa visita à casa da mãe de Audrianna dois dias antes. Audrianna suspeitava de que, vendo-se livre da dor por um dia, Lizzie na verdade fora à cidade para ajudar Daphne a organizar aquele espetáculo.

Um homem imponente de cabelo grisalho se aproximou para lhe dar o braço. O tio Rupert. A mãe insistira em que fosse permitido fazer aquilo, apesar das suas crueldades passadas. Audrianna aquiescera, mas na sua mente era o pai que a escoltava e aceitava os votos, com o seu bom nome restituído e a sua presença reconfortante ao lado dela.

Lord Sebastian a esperava. Tinha uma aparência esplêndida. Ninguém diria que não era o melhor partido. Seu terno azul-escuro fazia a gravata sobressair por contraste e os olhos dele brilhavam, belos, à luz das muitas velas.

Acompanhou a aproximação dela com um sorriso. Um sorriso meigo. Reconfortante, mas ainda assim um sorriso desenhado para deixar uma mulher tonta. A sua cabeça rodava, como sempre. Os rostos se amontoaram e recuaram. Até as flores se transformaram numa aguarela de tonalidades. Disse os votos como uma mulher dopada.

Audrianna entrou no seu novo quarto. O casamento havia terminado. Tinham ido visitar o marquês antes de se dirigirem ao banquete nupcial, ao qual ele não pôde comparecer. Agora todos os convidados tinham ido embora e todos os rituais haviam sido cumpridos. Exceto um.

Os cômodos haviam ficado encantadores. A marquesa redecorara-os ela mesma. Uma tela novinha em folha pendia sobre a cama e as janelas. Um azul profundo cobria as almofadas de duas cadeiras. Uma escrivaninha com chinoiserie estava encostada perto de uma janela. Abriu-a e deparou com todos os instrumentos necessários à escrita de cartas.

Uma porta numa parede dava-lhe acesso ao quarto. Os seus pertences pessoais tinham sido transportados no dia anterior. Um pequeno exército de criados e criadas invadira a casa da mãe para arrumar aqueles vestidos todos em baús. Agora habitavam os guarda-vestidos que revestiam as paredes daquele compartimento, cujo tamanho excedia o do seu velho quarto.

Uma criada pessoal chamada Nellie também o habitava. Ela havia sido o marechal do exército do dia anterior, e a noiva recente era o seu novo dever. Ruiva e corpulenta, sarapintada de sardas, surgiu com uma mesura do canto onde passava a ferro quando Audrianna entrou.

– Lady Wittonbury me disse para servi-la hoje, senhora. Fui avisada que ainda pode querer escolher a sua própria criada, claro, mas até lá espero conseguir lhe agradar. Foi-me dito que a marquesa me escolheu porque achou que a senhora ia se sentir mais confortável comigo do que com uma criada francesa, e juro que não tenho uma única gota de sangue francês nas veias.

Nellie parecia pensar que se tratava de uma exigência política. O mais provável era Lady Wittonbury ter concluído que a simplicidade de Nellie se ajustava à sua vivência. Quanto às outras condições que Lady Wittonbury especificara para a contratação do serviço, Audrianna só podia imaginar. Tinha de admitir que a marquesa estava certa numa coisa, contudo. Ela ficaria mais confortável com uma criada que não se desse muitos ares.

Nellie foi a um armário e pegou um roupão.

– Estive a serviço de uma senhora mais para o norte, minha senhora. A moda de Londres ainda é novidade para mim, mas os meus penteados não desmerecem, e sei usar uma agulha como ninguém. Quer tirar agora o vestido de casamento?

– Sim, provavelmente será melhor. E pentear o cabelo também.

Nellie deu início à tarefa de desapertar o vestido.

– Devo prepará-la para o leito, minha senhora?

Summerhays não havia dito uma palavra sobre aquilo quando subira com ela para os aposentos. Todavia, ela estava muito certa de que aquele último ritual não esperaria pela noite. Sentia-se no ar e na presença dele a intenção que tinha, e isso fazia o coração dela bater mais forte a cada passo que dava a seu lado. A pequena comoção dentro do seu corpo era em parte medo, mas também outra coisa.

– Vai querer usar esta camisola que veio? – Nellie foi a uma mesa e pegou uma de várias caixas que se empilhavam em cima dela. Levou-a.

Lá dentro tinha uma camisola muito bonita. Um cartão indicava que provinha do Flores Preciosas. Audrianna pegou o tecido diáfano, leve. Era muito mais elegante do que as que a mãe a fizera encomendar. Mais madura também.

– Acho que vou usar isso. Traga-me as outras caixas, também.

O criado de Sebastian enfiou a cabeça no quarto. Nada se disse, mas era sinal de que a criada saíra do quarto de Audrianna.

Ele podia esperar, claro. Pela noite, ou mesmo durante várias noites. Mas não queria. Nem ela esperava ele. Ela soubera, quando ele a beijara à porta do seu quarto, que iria até ela.

Vestido com um roupão de seda azul-escura, abriu a porta que dava acesso ao quarto dela. A entrada fora aberta assim que ficara determinado que Audrianna utilizaria aquele quarto, a norte do apartamento dele.

Os cortinados das janelas do quarto tinham sido corridos, mergulhando-o em modestas sombras. Um, porém, não tinha sido completamente fechado. Um raio de luz poeirenta rasgava o escuro, terminando na cama. Ele viu o que o raio iluminava e sentiu imediatamente uma forte excitação.

A luz banhava uma linda mulher com uma diáfana camisola transparente, reclinada numa cama semeada de flores.

Pequeninos botões saíam do cabelo e salpicavam seu corpo. Alguma renda discretamente colocada quase tornava o corpete recatado. Mas não muito.

Ele previra nervosismo e constrangimento da parte dela. Até ponderara no que fazer se ela chorasse. Não esperara aquilo.

Foi aos cortinados e afastou-os um pouco mais, para conseguir ver mais claramente a sua flora. As pernas dela, as coxas, até a íntima elevação, revelaram-se como formas diáfanas por baixo da gaze ondulante. Ele reprimiu o ímpeto de dar duas passadas até lá, arrancar a camisa provocante e possui-la imediatamente.

– Está muito bonita, Audrianna.

– Tinha medo de que pudesse achar uma idiotice. Foi o que pareceu quando entrou.

– Não acho idiotice nenhuma. Fiquei surpreendido, mas da melhor forma.

– A camisola foi um presente. E as flores. As minhas amigas as mandaram, para estarem à minha espera quando eu subisse.

– Está parecendo uma ninfa primaveril. Gostaria de deixar a luz a banhando, mas fecharei os cortinados se preferir.

Audrianna olhou para o seu corpo deitado e para o roupão dele. Sebastian viu o momento em que ela concluiu que ele não seria o único a ver à luz do dia e que ele veria porventura mais do que flores e tecido.

Ele se virou para fechar os cortinados.

– Seria infantil da minha parte me mostrar nesta roupa e depois me esconder no escuro onde nem sequer poderia ser visto.

– Eu compreenderia, mas fico satisfeito por ser um pouco mais corajosa do que isso. – Aproximou-se da cama e desabotoou o roupão. Os olhos dela se fecharam com firmeza. Virou o rosto para o lado.

Menos corajosa, afinal. Pousou o roupão e enfiou-se debaixo do lençol.

A camisola mostrou-se mais reveladora de perto. Elegantemente erótica. Os seus mamilos escuros pressionavam o tecido, já contraídos e duros. Não era a camisa de núpcias de uma moça inocente, mas ela também já não era nenhuma moça.

Ele a beijou onde a camisa se encontrava com o ombro.

– Mrs. Joyes tem um gosto excelente.

– Acho que talvez tenha sido a Celia que escolheu a camisa. O cartão não dizia, mas... é o que parece. Não foi a Lizzie, isso é certo.

Aquela conversa parecia acalmá-la. Apesar do seu convidativo e teatral acolhimento, era evidente que estava nervosa.

– Porque não a Lizzie? – Ele usou beijos e palavras para acalmá-la e envolvê-la. E para se controlar a si mesmo. – Por que tem estado doente?

A respiração dela deteve-se quando ele beijou seu seio. Mas ela também se mexeu um pouco. Em direção a ele. Não ficou claro se percebera sequer de ter feito aquilo. Uma flor pousada no seu peito caiu em cima do lençol.

– Não, apesar de a sua doença significar que não teria tempo para encomendar uma peça de roupa como esta. Tenho certeza de que não foi a Lizzie porque ela memorizou o tipo de livros que a sua mãe me enviou, e esta camisa é um pouquinho escandalosa.

– Então sabia que era, e mesmo assim a vestiu.

Ela o fitou.

– E isso é chocante?

– Sim, mas é um bom sinal. – Ele reivindicou a boca dela com um beijo e libertou algum do desejo que o queimava por dentro. Ela reagiu com hesitação, no início, mas os sons e os suspiros e os movimentos da sua excitação logo baixaram suas defesas. Ele desapertou os pequeninos botões convenientemente colocados na frente do corpete dela.

Mal respirando, ela desceu o olhar para a mão dele. Pequenas contrações tornavam seu corpo tenso, apresentando uma prova sutil de que aquilo a excitava.

– Não? – perguntou ele quando os dedos chegaram ao último botão. Queria ouvi-la reconhecer o quanto o queria.

Ela não respondeu imediatamente. Apenas olhava para o lugar onde a mão dele estava pousada.

– Sim – disse finalmente.

Ele afastou o vestido, revelando os seios. Eram encantadores, altos e firmes, com bicos eróticos. Ele passou a língua por um deles e o arquejo de prazer dela quase o deixou fora de si.

Ele estimulou os seios com a boca e as mãos até ela se deixar levar pelo abandono. Perdida na sua própria sensualidade, ela não teve grande reação quando ele tirou o vestido e a deixou nua. Sebastian se colocou em cima dela e tentou combater o desejo ardente que a suavidade e o calor dela incitavam até o ponto de se tornar doloroso.

Refreou os seus impulsos mais básicos e sufocou as suas ânsias mais prementes. Resistindo às profundezas negras do mar de prazer, dedicou-se a enlouquecê-la ainda mais, para ela considerar o resto suficientemente tolerável.

Pele contra pele. Choques de vulnerabilidade e de intimidade, um depois do outro. Mãos conhecedoras e orientação confiante e poder dominador. Perfume por todo o lado, de corpos e de flores esmagadas.

O assombro nunca cessou mas a resistência do corpo dela acalmou. O prazer falava mais alto do que qualquer cuidado. Um prazer tão doce e tormentoso que o achou insuportável, mas que também queria que nunca acabasse.

Ele a impressionou mais do que alguma vez impressionara, de formas que ela não conseguia combater. Tentou perceber o que era sentir aqueles ombros e aquelas costas firmes nas suas mãos quando o abraçou instintivamente. Ele era para ela novo e estranho, antigo e familiar, ao mesmo tempo, em corpo e espírito e em todo o resto.

Ele mudou de posição e se ergueu estendendo um braço, e o abraço dela se desfez. Pegou na perna direita dela e a dobrou. Olhou para o corpo dela, com o cabelo caído sobre a testa e os olhos duros na sua intensidade. Ela também olhou e perguntou-se se ele via o que ela achava que ele via.

O toque do jardim, tão apetecido e necessário. Ela esperara, desejara aquele toque. Continuava a deixá-la sem fôlego. Ela fechou os olhos para não vê-lo observando-a no seu delírio. Ele fez coisas perversas. Tão perversas que ela gritou e mordeu o lábio para não voltar a gritar. Só que voltou. Ele fazia cada vez pior e rapidamente todo e qualquer pensamento foi substituído por uma vontade incontrolável de gritar cada vez mais. Depois nada existia a não ser aquele prazer que a fazia desesperar por algo que ela não conseguia nomear.

Ele voltou a se mexer, subindo pelo corpo até ficar com o peito por cima dela e o seu quadril afastar suas coxas. Encostou-se com força e a sensação arrancou-a do seu transe.

Ela olhou para o rosto dele, sério e duro. Os seus olhos escuros espelhavam a paixão que sentia, e os seus dentes cerrados mostravam o esforço de contenção que fazia.

Tentou não machucá-la, ela tinha certeza. Ainda assim, machucou. Ela fechou os olhos para ele não ver o quanto. Depois, ficaram unidos e a dor acalmou, mas a realidade daquilo, dele e dela e do que estava acontecendo, era avassaladora.

Reminiscências do prazer se agitaram quando ele se moveu dentro dela. O físico dele voltou a impressionar as palmas das suas mãos e os seus dedos. Os momentos fizeram-se longos, e muito reais.

As investidas cuidadosas de Sebastian incitaram novamente o prazer, portanto não foi desagradável. Não voltou a desenvolver nenhum torpor nem nenhuma distância, porém. Agora o prazer não obscurecia a verdade. Em vez disso, uma intimidade inesperada a subjugou, deslumbrou durante a sua vulnerável submissão.

Ele não a deixou depois de terminar. Ela pensou que o faria, para poupar a ambos da realidade intransigente que não deixava de se impor.

Agora não havia o desconhecido. Não havia excitação a obscurecer o que era. Ela estava deitada ao lado de um homem nu que mal conhecia.

Ela era incapaz de ignorar o quão indefesa ele a fazia se sentir. Impotente, mesmo. O fato de a ter possuído colocara-a em desvantagem, e no início de um longo jogo que ela não compreendia totalmente que aceitara jogar.

Fechou os olhos para ter alguma privacidade. Fora completamente desprovida dela naquela cama, tão certo como ele ter tirado aquela camisola. Isso a desanimava mais do que qualquer outra coisa. Muito mais do que qualquer dor. A sua autonomia tinha sido fraturada sem ela dar sequer o seu acordo.

– Parece muito pensativa. – A voz dele, tão próxima, forçou a intimidade a ressurgir.

– Estou fazendo uns cálculos de cabeça. Somas e subtrações.

Ela sentiu-o rindo na sua bochecha apesar de não fazer som algum.

– Calcula o quê?

Ela abriu os olhos, para os seus ombros e peito nus. Não importara enquanto estivera submersa no prazer, mas agora a escandalizava.

– Estou calculando as vezes que se pode fazer isto em dez horas e se quererá voltar a fazer em breve.

Os olhos dele eram doces, como se soubesse como ela se sentia estranha. E confusa, e exposta.

– Não tão breve. Dentro de alguns dias.

Ele se sentou. Ela sabia que ele partiria. Ele não o fez imediatamente. Deu tempo para ela fechar os olhos. Um dia talvez não o fizesse.

Ela o ouvia se deslocar no quarto.

– Chama a criada. Ela prepara um banho para você. Hoje jantamos com o meu irmão nos seus aposentos. Prometi já que ele não podia ir ao banquete nupcial.

Ela sentiu-o mesmo ao seu lado, depois um beijo leve no rosto.

– Lamento tê-la machucado. Tentei não machucar. Não voltará a acontecer.

Tocou-a que ele tivesse tentado. Imaginava que pudesse ter sido infernal se não o tivesse feito.

Ela abriu os olhos e viu o roupão escuro perto da porta que dava para os aposentos dele. Ele não precisava de absolvição da parte dela. Não a pedira, mas só falara para tranquilizá-la. No entanto, uma nova compreensão dele se apoderara dela quando estava despida de qualquer proteção, e falava agora ao seu instinto.

– Não me machucou muito.

Ele parou e olhou para ela através das sombras.

– Sinto-me mais chocada do que machucada, e mais confusa do que chocada. Foi como prometeu. Mais do que suficientemente tolerável.

Capítulo 13

Ele só foi se encontrar com ela no fim de duas noites. Depois, todas as noites. Audrianna calculou que aquelas horas, além do tempo que passavam na companhia um do outro mas sem ser na cama, totalizaram, de fato, cerca de dez horas na primeira semana.

No final da semana, ela já se habituara à presença de um homem nu na sua cama. Ele não ficava por lá muito tempo, mas também não saía imediatamente. Ela presumira que aquilo se tratava de uma coisa que se fazia no escuro e no silêncio, um dever desempenhado furtivamente. Talvez Lord Sebastian adotasse uma visão mais liberal por causa daquelas experiências todas de libertino.

Havia alusões ao seu passado em todos os eventos sociais a que iam. Ninguém chegava a falar realmente, mas ela percebia um espanto divertido por ele ter sequer casado, e, ainda por cima, ter feito um casamento tão mau. As argutas farpas de algumas senhoras insinuavam que ela praticamente lhe montara uma armadilha. Tornou-se claro que Lady Wittonbury era daquela opinião.

Em geral, conseguia evitar Lady Wittonbury. Como Sebastian havia dito, era uma casa muito grande. A biblioteca e a sala da música tornavam-se os seus refúgios quando saía dos seus aposentos.

E o jardim, claro. Era tão grande que podia desaparecer lá dentro, e se sentisse necessidade de ambientes diferentes, pegava a Nellie e ia passear no parque ou em Oxford Street.

Contudo, era habitual ter de suportar a presença de Lady Wittonbury no café da manhã. Eles abriam o correio e Lady Wittonbury aconselhava sobre os convites a aceitar. Alguns dos eventos só aconteceriam daí a semanas, ou meses até, quando a temporada estivesse em plena força. Lady Wittonbury explicou várias vezes que aquela temporada seria bastante calma, comparada com as outras, devido ao luto da corte pela princesa Charlotte, que ainda se prolongaria.

Depois do correio, Audrianna lia os jornais que tinham sido preparados pelos criados, começando pelos anúncios e notícias do *Times*. Adotara o hábito de Lizzie, mas com um propósito. Dominó usara duas vezes aquele tipo de comunicação e ela esperava que voltasse a fazê-lo.

Sebastian nunca estava nas refeições matinais. Ao seu oitavo dia de casada, Lady Wittonbury explicou que os dois irmãos tomavam a primeira refeição do dia nos aposentos do marquês.

– Wittonbury tem necessidade de instruí-lo, claro. No governo, ele se limita a exercer o poder do meu filho mais velho, não o dele.

Audrianna teve dificuldade em imaginar Lord Sebastian acatando instruções de alguém, ou exercendo poder em segunda mão. Preparava-se para defender o marido, quando a marquesa mudou de assunto.

– Temos de fazer alguma coisa quanto ao seu guarda-roupa, querida. Fiz silêncio sobre o assunto tanto tempo quanto foi suportável. Levo-a à minha costureira hoje de tarde.

– O meu guarda-roupa é novo. Seria um desperdício substituí-lo tão cedo.

– Pode dar. Não será desperdiçado.

– Perdoe-me, minha senhora. Foi uma tentativa de dissimulação desajeitada. A verdade é que não quero substituí-lo. Não há necessidade disso, e eu gosto dele tal como é. Agradeço, porém, a preocupação que me dedica. – Ela gostava especialmente do vestido de musselina indiana florido e do casaquinho de tafetá claro que vestia naquele dia, e ficou ressentida por a crítica parecer ter sido provocada por aquelas roupas específicas.

Nenhuma outra mulher recuaria. Lady Wittonbury não sentia necessidade de fazer aquilo.

– A preocupação é comigo, e com o meu filho, tanto quanto com a menina. Alguns dos seus vestidos não são a melhor escolha em termos de cor ou estilo.

O seu tom de voz continuava a transmitir cuidado mesmo as palavras sendo mais incisivas. O seu rosto mostrava o sorriso de condescendência aplicável a uma criança recalcitrante que seria forçada a obedecer se a lógica não resultasse.

– Todos os vestidos foram trazidos de estilistas consagradas, minha senhora. Os estilos são das últimas estampas e veem-se em outras senhoras da sociedade. Eu não acabo de chegar do campo em cima de uma carroça, e não há nada de antiquado no meu guarda-roupa. Alguns vestidos podem não ser do seu gosto, mas isso é outro assunto.

– Eu era mais nova do que você e já elogiavam o meu bom gosto. Pergunte a qualquer pessoa. Procurei ajudá-la com o meu conselho, mas já vi que foi um erro.

– Mais nova do que eu, a senhora já era marquesa. Pessoa nenhuma criticaria o seu bom gosto, independentemente do que pensasse.

A implicação de os elogios poderem ter sido mera bajulação espantou Lady Wittonbury.

– É uma moça insolente e ingrata, estou vendo.

– Devo discordar novamente, minha senhora. Não sou ingrata, e com certeza não sou uma moça. Tenho idade suficiente para escolher o meu próprio guarda-roupa, por exemplo.

O olhar indignado de Lady Wittonbury podia congelar um oceano. A matrona pôs-se de pé energicamente e seguiu para fora da sala.

Audrianna se censurou, mas o seu coração recusava-se a aceitar qualquer culpa. Ela não insultara Lady Wittonbury. Fora o oposto.

Suspeitava, porém, que no andar de cima estaria sendo contada uma história que daria a impressão de que ela era a culpada. Audrianna preparou-se para uma solicitação de Sebastian para a sua presença assim que o café da manhã dele estivesse terminado.

Chegou rapidamente. O seu estômago revirou-se de expectativa. Encontrou-o no quarto dele, arrumando papéis. Ele se vestira para andar a cavalo e parecia absorto. Ainda mexendo nas folhas, verificando o que continham, mal olhava para ela.

– Disseram-me que teve uma discussão com a minha mãe.

– Tivemos um desentendimento, não foi uma discussão. Eu não fui desrespeitosa.

– Mas disse não às vontades dela, disse ela. Recusou suas ordens.

– Sim.

Ele procurou um pouco mais, depois pousou a pilha de papéis e deu-lhe atenção. Esticou um braço e puxou-a para si.

– Este é um dos vestidos?

Então ele proporcionou uma descrição completa do episódio. Ela submeteu-se à inspeção dele. Se ele lhe dissesse para dar o seu conjunto preferido, para se submeter aos caprichos de moda da mãe dele, talvez houvesse realmente uma discussão naquela casa.

– Não sou perito, mas este vestido e os seus outros me parecem muito bons – disse ele. – Ela vai tentar dizer o que fazer. É a maneira dela. Pode ajudar em algumas coisas, se quiser a ajuda dela. Usa o seu próprio discernimento. Mostra o respeito que ela merece, mas eu sou a única pessoa desta casa que pode exigir obediência de você.

Ele surpreendeu-a tanto que ela o abraçou impulsivamente.

Esticou-se e deu-lhe um beijo nos lábios.

Os braços dele envolveram-na. Ele olhou para baixo, meio divertido e muito sério. Depois a largou e pegou os papéis.

– Poderei ter de dizer à minha mãe para discutir contigo mais vezes.

– Espero que não! Por que faria isso?

– Se quero o desenlace, pode ser necessário o primeiro ato.

Ela riu.

– Foi só um beijo. Tem sempre que quiser.

Com um sorrisito estranho, ele voltou a dar atenção aos papéis.

– Sim, imagino que tenha. Sempre que quero.

Mal Sebastian saiu da casa, o marquês mandou chamá-la. Audrianna encontrou-se com ele na biblioteca dele, na habitual cadeira funda onde sempre o via. Ele pousou um livro quando ela chegou.

– Disseram-me que houve uma discussão – principiou ele. Lady Wittonbury teria feito um relato muito dramático, se ambos os irmãos se sentiram obrigados a falar com ela.

– Foi apenas um desentendimento, juro.

– O meu irmão devia levá-la para a sua própria casa. Ele não o fará se for por minha sugestão. Contudo, se a Audrianna lhe disser que é infeliz aqui, ele reconsiderará.

– Se diz que ele não o fará, então não mudará de ideia, muito menos por um pedido meu.

– Eu falarei claramente com ele em seu nome.

– Por favor, não faça isso. Não quero que a minha presença seja fonte de discórdia, muito menos entre vocês dois.

Ele suspirou profundamente e baixou os olhos para a manta que tinha no colo. Então, a cabeça dele levantou-se repentinamente, como se não gostasse da direção que os seus pensamentos haviam tomado.

– Ele só está aqui, na verdade, por minha causa. Mas agora tem outras responsabilidades. Diga-lhe que prefere ter a sua própria casa se for preferível.

Ela sentou-se na cadeira que estava mesmo ao lado dele. A que a marquesa normalmente usava.

– E quanto às suas preferências? Elas também importam.

O rosto dele transformou-se numa máscara impassível.

– Aprendi a aceitar muitas coisas. A primeira é que quase tudo o que eu preferia já não é possível.

Aquele reconhecimento calmo e franco a tocou.

– Tem que aceitar? Não tem escolha?

Surgiu uma centelha de raiva em seu olhar.

– Devo me rebelar contra o meu cruel destino? Ficar para sempre revoltado pela minha invalidez e inutilidade? Nessa direção está a loucura, querida irmã.

– Mas você não é inútil. Isso é a melancolia falando. O seu irmão depende do seu conselho para as funções dele e da sua orientação na política e na finança.

– Ela lhe disse isso? – Ele a olhou de frente. Estava mais parecido com o irmão do que nunca e os seus olhos mostravam mais inteligência e profundidade do que ela alguma vez vira.

– Sim. O seu irmão também.

– Bem, aqui está a verdade. Ele não precisa de conselho meu. É mais inteligente e astuto do que eu. Ele encanta enquanto eu abro caminho, e consegue percorrer a beira do mais alto penhasco na sociedade sem pestanejar ou cair. Não acredito na eterna mentira da minha mãe sobre a dependência dele face a mim, nem a própria pretensão dele a esse respeito. Ficaria grato se não se esforçasse também por acreditar nela. Seria simpático não ter de fingir com alguém.

A sua completa honestidade surpreendeu-a e sensibilizou-a. A falta de presunção dele desarmou todas as formalidades. Ela ficou com uma sensação muito parecida àquela com que ficava quando uma amiga lhe fazia uma confidência.

– É certamente um homem admirável – concordou ela. – No entanto, não é assim tão infalível quando percorre esses penhascos. Afinal, teve de casar comigo.

Ele sorriu para assinalar a nota de humor dela. – Talvez tenha sido obra da mão invisível da justiça. Fosse como fosse, não me parece que ele o lamente.

A aprovação dele fez muito para aplacar o ataque que a mãe lançara ao orgulho dela. Pelo menos uma pessoa da família não pensava que Sebastian fora apanhado por alguém desadequado.

Ela gostou ainda mais daquele homem despretensioso pela referência que fizera à justiça. Parecia acreditar que a família dela tinha sido injustiçada.

– Mesmo se for como diz e ele não precisar do seu conselho, não lhe pedirei para ir embora daqui. Não posso fazer isso.

O alívio dele notou-se mais do que ele soube. Isso comoveu-a. Provavelmente detestaria perder a companhia do irmão, e as consultas também, mesmo se fossem um fingimento. Ele oferecera-se para fazer um sacrifício nobre, mas ela via que estava contente por não o ter aceitado.

Ele inclinou-se e deu-lhe uma palmadinha na mão. – Ele disse que você vai sair-se bem com a nossa mãe. Disse que eu não devo preocupar-me com as suas probabilidades nesse jogo. Acho que talvez tenha razão.

Então Sebastian considerava-a uma adversária à altura da mãe, se necessário. Podia-se dizer até que ele tinha falado bem dela, o que lhe levantou mais a moral do que esperava.

Audrianna viu um tabuleiro de xadrez numa mesa afastada. – Gostaria de descansar, ou prefere ter um bocadinho mais de companhia? Não me importava de me esconder aqui, até Lady Wittonbury estar completamente ocupada com os afazeres do dia. Podíamos jogar uma partida.

– Fico satisfeito por ter a sua companhia. E pode esconder-se aqui sempre que precisar.

– Posso transformar-me numa covarde, se me for dada carta-branca para me esconder, portanto só farei uso da sua oferta quando for absolutamente necessário. Contudo, se houver mais alguma discussão, talvez me permita contar-lhe se sentir que tenho de desabafar com alguém. Não quero ser o tipo de mulher que está sempre a queixar-se ao marido, e há alturas em que falar de uma mágoa basta para a fazer desaparecer.

– Estou sempre aqui se precisar de um ouvido solidário. – Morgan chamou o Dr. Fenwood, para que lhes levassem o tabuleiro de xadrez para a beira das cadeiras.

* * *

Sebastian atravessou o portão da Torre. A reunião que estava prestes a ter fizera-se esperar.

Quando por fim se tornaram públicas as notícias sobre o massacre, o Gabinete do Material de Guerra fizera o que qualquer entidade governamental faria quando atacada. Virara-se para dentro para se proteger e negara qualquer responsabilidade.

A integridade da pólvora era vital para qualquer esforço de guerra, e o Gabinete orgulhava-se do protocolo que tinha para garantir que a pólvora militar era fabricada corretamente e dispunha do poder de fogo necessário. Segundo eles, estavam definidos procedimentos e verificações para assegurar que não poderia ocorrer nenhum incidente como aquele. Uma vez que não podia acontecer, não acontecera.

Os diálogos de Sebastian com os funcionários do Gabinete nunca haviam resultado em nada a não ser frustração. Assumiam a posição de que até haver provas de a pólvora testada por eles ter sido a causa do problema, não tinham nada a dizer. Ignoravam relatórios recolhidos junto de sobreviventes de como os canhões britânicos não conseguiam devolver o fogo e ignoravam opiniões de artilheiros e suspeitas do próprio exército de que só material em más condições podia explicar aquilo.

Não havendo provas físicas, permaneceram intocáveis. Visto que a pólvora em questão não se encontrava disponível para exame, mas sim espalhada numa colina espanhola, estavam seguros.

Por outro lado, não haviam feito nada para proteger Kelmsleigh quando as atenções recaíram sobre ele, por ter sido sua a aprovação final da qualidade da pólvora antes da distribuição. A falta de defesa da parte deles veio apenas convidar mais atenção sobre aquela provável fonte de negligência. Os superiores de Kelmsleigh haviam-no deixado só e exposto quando as setas foram apontadas apenas a ele.

Sebastian já se convencera há muito de que não descobriria nada no Gabinete e não tinha sido ele a organizar a reunião. A solicitação de uma conversa partira antes de Mr. Singleton, o paioleiro, que fora o superior máximo de Kelmsleigh.

Foi conduzido para uma divisão da antiga estrutura medieval, que não mostrava sinais de uso regular. A mesa estava vazia e não se viam registros nenhuns. O soldado que o escoltara deixou-o lá, fechando a pesada porta atrás dele. Sebastian imaginou os prisioneiros ao longo dos séculos a ouvir aquele som à época do seu encarceramento.

Olhou pela janela pequena. Via o pátio no qual, em épocas idas, machados haviam separado cabeças dos seus corpos. A Torre cumprira muitas funções ao longo do tempo, mas era aquela que lhe dava maior fama.

Viu as horas no relógio de bolso. Não se teria libertado de Audrianna tão rapidamente se soubesse que haveria aquele atraso. Vieram-lhe imagens da manhã, do ressentimento e lágrimas da mãe e da expressão da mulher quando entrou nos aposentos dele.

Com um olhar, viu que ela estava um pouco receosa. Preocupava-a, muito provavelmente, que ele pudesse colocá-la sob o domínio da mãe. Podia ter tido o receio de que ele a repreendesse, ou mesmo punisse fisicamente.

Oh, sim, a última possibilidade existira naquele olhar e aquilo perturbou-o. Mesmo com toda a paixão, com toda a proximidade sensual da última semana, ela não o conhecia nada bem.

Nem tinha muita noção do que se passara, ou não, entre eles. Aquele beijo alegre de hoje fora o primeiro que ela lhe oferecera, dado por seu próprio impulso. Ela não se apercebera disso.

Ele sim.

Ele não podia queixar-se da disponibilidade nem do comportamento de Audrianna na cama. Ela não protestava nem negava.

Não obrigava a pudores. Era apaixonada e agradável, e muito provavelmente continuaria a sê-lo quando, com o tempo, houvesse novas iniciações.

Não obstante, por vezes pensava para si próprio se, depois de a deixar e o prazer se esvair, ela saía da cama e se sentava à escrivaninha e anotava num livro de contas o tempo exato que ele lá passara e o tempo que ela progredira naquela semana em direção às dez horas.

Era uma coisa ter uma mulher a aceitar-nos, mas como obrigação. Era outra bastante diferente ter uma mulher a oferecer até a intimidade mais pequena de sua própria inclinação. O beijo e o pequeno abraço de Audrianna daquela manhã haviam-no surpreendido e agradado até roçar o ridículo. A memória ainda o fazia.

Ele teria gostado de ficar com ela em vez de sair a correr. Teria sido interessante ver o que os dez minutos seguintes poderiam urdir.

Agora, tanto quanto sabia, ela podia não voltar a beijá-lo por iniciativa própria durante mais cinco anos.

— As minhas desculpas, senhor. Um assunto grave de segurança interferiu com a disponibilidade de o atender imediatamente. Espero que compreenda que a natureza dos nossos armazéns pode criar tais eventualidades. – Mr. Singleton apresentou a desculpa apressadamente. O seu rosto corado mostrava que esperava verdadeiramente que Sebastian não tomasse a mal.

Era um bom sinal, e Sebastian não se coibiu de o apaziguar. – Estou curioso com a razão que o levou a pedir esta reunião. Afinal, passei quase um ano a tentar marcar uma em vão.

O aceno de cabeça de Singleton reconhecia a verdade do comentário. – As minhas desculpas em relação a isso também, senhor. Sou, como espero que saiba, um servidor do Estado.

Não ficou claro se se tratava de um lapso ou de um aviso. Em todo o caso, só lhe faltava dizer que acatava ordens, naquilo como em tudo o resto.

– Espero que o marquês esteja bem, senhor.

– O meu irmão está ótimo, obrigado.

– Por favor dê-lhe os meus cumprimentos. E a sua nova esposa? As minhas sinceras felicitações aos dois.

– Obrigado.

– Esplêndido. – Singleton chamou a si a sua atenção e os seus pensamentos. – Se posso falar francamente, senhor, e por favor acredite que não pretendo faltar-lhe de forma alguma ao respeito...

– Claro.

– Considerando o zelo que demonstrou por certo assunto, a identidade da sua pretendida causou aqui algum interesse.

– Refere-se ao pai dela. Bom, Mr. Singleton, tanto a minha mulher como eu seremos os primeiros a concordar que o destino consegue ser caprichoso.

– É bem verdade, bem verdade. Caprichoso. Perguntávamo-nos, contudo, se agora abriria mão do seu continuado interesse no assunto.

Não era claro qual a resposta que desejava, o que era curioso, considerando a falta de disponibilidade prévia. – Diga-me Singleton, tem opinião sobre se deveria abrir mão dele? Considera os pressupostos correntes sobre Horatio Kelmsleigh uma explicação completa, e justa?

Um sorriso tenso contraiu o rosto de Singleton. – Mantemos que nada aconteceu dentro destas paredes ou sob a nossa jurisdição que dê razão a qualquer opinião.

– E contudo sinto que tem uma.

– A nível privado. E confidencial. Posso apenas dizer que me parece que se continuar a investigar, não ilibará o pai da sua esposa, se a harmonia familiar o inclinou a tentar.

Sabiam alguma coisa. Claro que sabiam. Não se deslocava material de guerra sem vigilância e registos adequados.

Sebastian despediu-se pouco tempo depois. A peculiaridade da confidência de Singleton ocupou-lhe o espírito enquanto descia a colina da Torre. Singleton falara como se a investigação tivesse chegado a uma encruzilhada, não um muro. O que significava que o Gabinete do Material de Guerra previa a chegada de novas informações que reacenderiam o interesse de um certo membro do parlamento.

* * *

Duas noites depois, enquanto Sebastian se vestia para um baile, uma pancada leve soou na porta que dava para o quarto de Audrianna. A porta abriu e a cabeça dela espreitou.

Já tinha o cabelo arranjado. Os cachos cor de avelã formavam um puxo intrincado e espirais delicadas emolduravam-lhe o rosto. Os seus olhos, verde-escuros à luz das velas, procuraram-no.

– Posso entrar? Preciso da tua opinião.

Ela pousou a gravata e fez sinal ao valete que saísse. Uma vez sozinho, ela entrou no quarto de vestir dele.

Ele ficou com a boca seca.

Ela estava com um vestido vermelho. Mais um carmesim profundo. Na verdade, a tonalidade estava contida e o corte era bastante modesto. Mas algo na maneira como lhe assentava, e no cair da seda pelo seu corpo, lhe dava um aspeto maduro e confiante.

– É uma má escolha? Segui os melhores conselhos ao encomendá-lo e adoro-o, mas depois daquela conversa com a tua mãe, estou hesitante.

A cabeça dele divergiu, para imagens onde a virava e a dobrava e a seda vermelha subia, subia...

– Não aprova.

– Está errada. Ficou deslumbrante.

Ela gostou do elogio, mas começou a examinar-se novamente.
– Tens a certeza de que não é vulgar? Receio que ela diga que sim. A cor está na moda, mas ela vai querer-me de branco, sempre branco. Como uma menina. Mas eu não sou nenhuma menina, não é?

Não, não era. Era toda mulher naquele vestido. Ele não conseguia tirar as mãos dela, e deixou de tentar. Chamou-a para si num abraço. Calculou as horas, e o tempo que o baile duraria e se ir lá sequer era realmente necessário.

– É generoso da tua parte se importar com o que ela possa pensar. Contudo, ordeno-te que uses esse vestido. Então, é mais fácil voltares a sentir-te segura?

O seu aspeto era sensual e fresco ao mesmo tempo. – Sim, devolve-me a confiança. Não me importará o que mais ninguém pense. É bom saber que gostas dele, porém. É o meu primeiro baile nos altos círculos e sei que irão julgar a minha adequação para ser tua esposa. – Ela afastou-se dele e olhou para o carmesim drapeado. – Ele disse que aprovarias, mas eu queria ter a certeza.

– Ele?

– O teu irmão – disse ela, saindo.

Ele sentiu-se atravessado pela reação mais estranha. Ela saiu sem que ele a tivesse dominado.

A reação não era desconhecida nem nova, mas tê-la naquela altura era estranho.

Ciúme. Era o que deflagrara dentro dele. Ciúme por ela ter tido com Morgan a sua preocupação antes de ter tido com ele.

Capítulo 14

Ela se recusava a se deixar intimidar pela expressão dramática de clemência de Lady Wittonbury ao ver o seu vestido. Summerhays gostava dele. Era tudo o que importava.

O baile quase a intimidara. As sedas e luzes bruxuleantes, o riso e a música, baralhavam seus sentidos. Conhecera senhoras suficientes através da marquesa e de Sebastian para se manter ocupada à margem das conversas. Principalmente, admirou os vestidos e penteados, e concluiu que o seu conjunto era apropriado.

Sebastian dançou com ela duas vezes, mas depois Lord Hawkeswell levou-o para conversar. Ela procurou outro rosto familiar. Subitamente, o último rosto que esperava ver estava mesmo à sua frente.

Roger estacou no mesmo momento que ela. Ficaram ali como dois bonecos de porcelana em cima de uma prateleira.

Ele não mudara nada e, contudo, parecia diferente. A separação permitia vê-lo mais claramente, da mesma forma que o tempo o permitira quando ele regressara da guerra.

No entanto, desta vez não havia amor e excitação para vencer a estranheza. Ela se flagrou enumerando os detalhes do aspecto dele, enquanto esperava que a mágoa e a desilusão apertassem seu coração. Aconteceu, emergindo de onde quer que fosse que ela as havia enterrado. Ao que se juntou um bom pedaço de ressentimento.

– Audrianna. – Os seus olhos azuis acolheram-na de uma maneira que outrora a deixara sem fôlego. – Está com uma boa aparência. Ainda mais adorável, eu acho.

Ele também tinha boa aparência, mas, vendo bem, o uniforme fazia aquilo por um homem. Ela quis pensar que o seu cabelo espesso e castanho-claro tinha perdido volume, mas provavelmente não.

– Está há muito tempo em Londres? Ou passou só de visita?

– O regimento foi transferido para Brighton em janeiro, e aproveitei a oportunidade para tirar uma licença de curta duração.

A menção de Brighton fez seu rosto corar. Se ele agora vivia lá, ficaria a par de cada detalhe do escândalo. Provavelmente já teria se congratulado por ter escapado por tão pouco.

– A sua mãe está bem? – perguntou ele.

– Sim, muito bem. Devia visitá-la. A nossa situação mudou consideravelmente, como provavelmente sabe. Ela já não tem rancor de você. Deve ficar contentíssima por voltar a vê-lo.

O sorriso dele vacilou à menção do rancor. Aproximou-se dela.

– E você, Audrianna? A sua nova situação acalmou a raiva que sentia por mim? Espero que sim, e que possamos ser amigos.

Por quê? Quase lhe perguntou, só que sabia a resposta. Ela já não era uma noiva cujo desgraçado pai mancharia a carreira de um oficial e o sujeitaria a suspeitas ou pior. Tornara-se uma via para ligações valiosas.

Isso a desanimara. Implicava que, desde o início, o interesse ou a rejeição de Roger não tinham tido a ver com ela. Mesmo as atenções e o pedido de casamento não tinham a ver com amor. Roger provavelmente via o Gabinete do Material de Guerra como um bom lugar onde ficar uma vez terminada a guerra, e o pai dela como o meio para chegar lá.

De repente, ele estava ainda mais perto. Não perto demais, mas quase. Falava rápido e baixo. – Por favor, diga que aceitaria uma amizade. Está tão bela hoje que eu mal consigo pensar. Tenho sido um infeliz desde que voltou atrás no nosso noivado.

O descaramento dele a espantou. Lançou olhares à esquerda e à direita para ver se alguém poderia ouvir.

– Nada posso fazer pelo seu sofrimento, se de fato sente algum. E não nos esqueçamos, nesta partilha de memórias, que foi você que pediu para que eu terminasse com você. Muito cruelmente.

Aquela memória se impôs subitamente. Ela aguardara com excitação e alívio o regresso dele em casa, mas ele evitara o reencontro. Quando acontecera finalmente, ele mostrara-se formal, duro e indiferente. Enumerara as formas como a desgraça do pai dela se refletiria nele. Exprimira impaciência quando ela chorara.

– Sim, e não tenho direito de esperar outra coisa senão crueldade de você em troca. Não tive escolha, porém. Acho que sabe disso.

– E sei. Compreendi que a minha convicção de que você seria melhor do que o mundo era infantil. – Ela nunca o detestara por aquele dia, por mais que tivesse tentado. Chorara nas semanas seguintes os sonhos destruídos e um futuro sem esperança, mas compreendera completamente.

Ele inclinou a cabeça e falou secretamente.

– Nunca deixei de amá-la, Audrianna, ou de lamentar a minha covardia. Lamento-a ainda mais ao vê-la aqui hoje, assim tão... – Ele riu de si mesmo e balançou ligeiramente a cabeça, como se quisesse despertar o cérebro atordoado.

– É uma pena que assim seja, mas não tenho nada a fazer. Se pede amizade apenas, contudo, é sua. Se voltarmos a nos ver não a negarei. E se a minha amizade puder ser benéfica a você de alguma forma, sem a minha intervenção direta, não a negarei se me perguntarem sobre você.

Afastou-se e procurou a densa multidão. Esperava que a sua compostura forçada encobrisse a tristeza provocada pelo que ele realmente pedira.

* * *

Mas quem era ele?

O homem de cabelo castanho-claro aproximara-se um pouco demais de Audrianna para ser confortável. E ela não parecia uma mulher que estivesse falando com um estranho.

– Ouviu uma palavra do que acabo de dizer, Summerhays?

– Claro. Estava me dizendo que os Thompson contrataram um investigador. – Não podia ter certeza àquela distância, mas parecia que Audrianna corava.

– Isso foi há cinco minutos. Estava dizendo agora que o sujeito está fazendo perguntas sobre mim. Estão tornando as suspeitas deles explícitas e eu me sinto meio inclinado a apresentar queixa por difamação criminosa.

Aquilo captou a atenção de Sebastian. Alguma parte dela, pelo menos. Ficou com um olho na conversa que acontecia no outro lado do salão de baile. Se aquele homem não recuasse, ele teria de ir até lá e...

E o quê? Notou a raiva que faiscava na sua cabeça. Ciúme outra vez. Injustificado e inesperado. Só que ali não se tratava de um parente inválido que oferecia conforto, mas um homem de boa aparência com olhos azuis que apreciavam aquele vestido vermelho mais do que deviam. Todos os seus instintos, especialmente os aprimorados pela experiência naqueles assuntos, informavam que o sujeito tinha como propósito seduzi-la.

– Suponho que quererão outro inquérito – prosseguiu Hawkeswell. – Não me agrada um em que alguém me impugna e me acusa de machucá-la.

– Podem querer apenas vê-la declarada morta.

– Só acontecerá depois de decorridos sete anos. Todo mundo sabe disso.

– Estão reunindo provas que permitirão uma resolução mais certeira. O xale no ano passado, e agora a bolsa. Se o investigador encontrar mais alguma coisa, terminará tudo em breve.

– Desde que não tente me culpar, será um alívio.

– Ele não consegue encontrar uma forma de incriminá-lo, por isso os esforços dele não darão em nada se é esse o seu objetivo. Deve ignorá-lo.

Audrianna estava dizendo alguma coisa. Assemelhava-se muito a quando rejeitara a sua primeira proposta. O homem não estava recebendo aquilo bem. É isso mesmo. Põe o patifezinho no lugar dele.

– Com o que diabos está se distraindo? – Hawkeswell olhou na direção dos olhares repetidos de Sebastian. – Uma nova inclinação? Tão cedo? Podia deixar a tinta da certidão de casamento secar primeiro.

– Aquele sujeito ali está atrás da minha mulher.

Hawkeswell esforçou-se para ver melhor.

– É difícil perceber daqui.

– Eu consigo.

– Reconhece o jogo do patife, não é?

– Não andei atrás de mulheres casadas há uma semana.

Hawkeswell riu.

– Ah! Pontos de honra. Ele contradiz os seus, vê-se no seu tom indignado. Importa-se mesmo ou está apenas sendo um daqueles macacos possessivos que têm ciúmes de todas as suas propriedades?

Importava-se? Ou era apenas sentimento de posse por uma nova aquisição? A pergunta o apanhou desprevenido.

Hawkeswell o rodeou, impedindo-o deliberadamente de ver Audrianna.

– Se alguma vez houve um casamento feito no altar da obrigação, foi o seu, Summerhays. Para você e para ela. Sabem os dois que vão ter amantes, mais tarde ou mais cedo. Aposto o meu dinheiro em mais cedo para você e muito mais tarde para ela. É assim que habitualmente acontece.

– Nem sempre.

– Verdade, nem sempre. Às vezes a mulher permanece fiel e amarga. Bom, vai até lá então e coloque-o para correr, para ela aprender com que fios se coserá.

Não seria necessário. Audrianna ficou novamente visível, atravessando o canto do salão. Sozinha.

– Às vezes você é extremamente irritante, Hawkeswell.

– Só quando quer se comportar como um asno, Summerhays.

Audrianna relembrou o baile enquanto Nellie desapertava seu vestido. Tinha corrido bem, pensou. Numa multidão daquele tamanho, a sua insignificância tornou-se uma forma de proteção. Mesmo assim, houvera apresentações e até alguns sorrisos amistosos. Talvez dentro de alguns meses ela não se sentisse uma intrusa em reuniões daquele tipo, mesmo se nunca acreditasse pertencer ali.

Pôs as mãos nas ombreiras do vestido, para tirá-lo.

– Ainda não.

Assustada, ela olhou por cima do ombro. Nellie desaparecera. Sebastian estava no vão da porta que dava para o quarto dela, encostado à jamba, com os braços cruzados e sem o casaco e a gravata. A luz da vela realçava o branco da camisa e a profundidade dos olhos, que a observavam.

Se ele não queria que ela tirasse o vestido, ela não devia fazê-lo. Ela não conseguia pensar em nada que pudesse fazer em lugar disso, por isso limitou-se a ficar ali de pé com a seda vermelha apertando suas costas.

– Fica deslumbrante nesse vestido. Todo mundo pensou o mesmo.

– No meio daquelas pessoas todas não me parece ter havido muitas reparando em mim.

– Eu reparei. Mal conseguia tirar os olhos de você.

Ela perguntou-se se os olhos dele a haviam procurado enquanto Roger insistia pela sua atenção. A ideia perturbou-a o bastante para se dedicar a tirar o colar, tentando esconder a sua consternação.

– Este ouro que me deu ia bem com ele, eu achei. As esmeraldas não, por mais que quisesse usá-las.

Ele se aproximou para ajudá-la. A presença dele aqueceu suas costas e logo o colar caiu na sua mão. O braço dele envolveu-a e puxou-a para trás. Um beijo quente no pescoço fê-la arquejar. Carícias lentas na seda que cobria os seios fizeram com que o prazer a percorresse em correntes rápidas, ondulantes. O colar escapou dos dedos e caiu ao chão.

As mãos dele passaram por cima daquela seda toda. Dela toda. Carícias firmes se assenhoravam do seu ventre e quadril e coxas enquanto aquele corpo robusto se apertava contra as costas dela. O prazer embatia dentro dela numa sucessão rápida de ondas que a deixavam sem força. Quando ele estimulou seus mamilos, só lhe restou arquear-se contra ele procurando apoio enquanto o seu corpo suplicava pela tortura.

Beijos penetrantes. Febris, duros e impacientes. Ele queimava seu pescoço e ombro e ela voltou-se para aceitar mais.

Depois flutuou, transportada para a cama no seu torpor. Ele não a pousou lá dentro, mas pousou seus pés no chão. As pernas dela quase não se seguravam, e vacilou.

Abraçando-a ainda com aquele braço controlador, ainda a segurá-la, a sua outra mão pegou as almofadas. Fez um monte à frente dela.

Ergueu-a ligeiramente.

– Ajoelhe-se aqui.

Ela não compreendeu, mas obedeceu. Depois ele empurrou um pouco mais o corpo dela até ela ficar deitada na cama com as almofadas por baixo do quadril. Ela compreendeu as implicações da sua posição. Atravessou-a um sobressalto de surpresa. Dentro do seu corpo, lá embaixo, no fundo, apertava-se uma potente antecipação.

A seda subiu lentamente pelas pernas numa carícia sensual. Mais alto ainda, até o vermelho se amontoar na sua cintura e cair sobre a cama. Ele puxou a calcinha para baixo até os joelhos.

Um toque. Uma estocada segura e profunda. Ela não conseguiu conter um gemido.

Ele deixou-a assim, exposta e expectante. Pulsava de impaciência. Aquele desejo não se parecia com nada que ela tivesse experimentado antes. Olhou para trás e viu a camisa dele caindo, depois o corpo nu dele vir na sua direção.

Ele a arrebatou com ardor e ela queria mais força ainda. Ele enchia-a até o ponto de ser aquela a única sensação que conhecia. As investidas dele incitavam uma nova fome que se fazia cada vez pior, crescendo dentro do prazer. Ela queria aquilo, queria ele e que aquela voracidade revoltada encontrasse libertação na sua ausência de comedimento. Era louco, selvagem, e tão vermelho quanto a seda que fluía entre eles.

As sensações tornaram-se mais tensas e agudas. Desvairada agora, louca de necessidade, ela perdeu o controle. Clamando, querendo mais, disparou até um ponto de intensidade absurdo, que explodiu num grito longo e gutural de delicioso alívio.

Ele tirou seu vestido do corpo lânguido, saciado, e atirou-o para o lado. Provavelmente estava sujo. Não se importava.

Afastou as almofadas e a indireitou na cama, deitando-se depois ao lado dela. Não dormiu. O contentamento era perfeito demais para desistir tão cedo.

Ela procurou o flanco dele como que por instinto. Ele rodeou-a com um braço e puxou-a mais para perto ainda.

A felicidade foi celestial, mas fugaz. Ela regressou à agitação do mundo. A cabeça dele começou a pensar novamente. Revivia os acontecimentos da noite. Demorou nas memórias da bunda nua dela eroticamente erguida, rodeada por uma espuma de seda vermelha, e as coxas afastando-se convidativas enquanto aguardava por ele.

Imagens do baile se impunham. Uma em particular. Há duas horas ele não teria perguntado, e duas horas depois também não perguntaria, mas o erotismo cru forma os seus próprios laços, ainda que sejam temporários.

– Quem era ele? O homem do baile?

Ela ficou muito quieta, mesmo no meio de uma espreguiçadela. Pode ter deixado de respirar. Ele praticamente ouviu a sua mente ficar alerta, escolhendo as palavras, decidindo se mentia. O cuidado dela lhe disse tudo o que precisava saber para querer matar o homem.

– É um velho amigo. É oficial do exército. – O silêncio tremeu durante uma longa pausa. – Ficamos comprometidos antes de ele ir para a França.

– E deixaram de estar depois de ele voltar. O que aconteceu?

– Eu me descomprometi dele. O tempo mudou as coisas.

– Para você ou para ele?

– Para ambos. É uma história comum, acho eu. As alianças feitas antes de longas separações muitas vezes não sobrevivem.

Dificilmente. Quase sempre sobreviviam porque a mulher não aceitava a alteração. Além do mais, ela mentia. O canalha partira seu coração. A canção que ela escrevera fora acerca daquela dor.

– Se separou recentemente?

– Há mais de um ano. Antes do último Natal. É recente?

Recente o suficiente para o homem ainda ser um rival.

Não a forçaria a falar mais daquilo. Sabia como tinha sido. O covarde pedira para se separar, para não ser manchado pela desgraça do pai dela.

Em todas as suas acusações, mesmo no Duas Espadas, ela nunca mencionara aquilo. Estava dentro dela, porém, sempre que o culpava pela infelicidade da família. Ainda estava.

– Ainda o ama? – Era difícil fazer aquela pergunta. Mais difícil do que deveria ser. Tampouco gostou da forma como aguardou pela resposta, como um homem pronto a ter uma atitude estúpida se a resposta fosse a errada.

– Nunca poderia ter casado com você se ainda o amasse. Não teria sido honesto, por mais prático que esse enlace se revelasse. Examinei minuciosamente o meu coração antes de aceitar a sua proposta.

Ela tinha um talento para espantá-lo. Não eram muitas as pessoas que, sendo-lhe oferecidos lucro e riqueza, posição e redenção, se preocupariam com o estado de um velho amor antes de agarrar a oportunidade.

– Deveria ter falado disso antes de casarmos? Está zangado por não o ter feito?

– Não havia razão para me dizer. Está tudo no passado e não tem significado presente. – Só que tinha, pelo menos o suficiente para motivar a pergunta dele. Ela teve a decência de não o mencionar.

– É isso que diz a Daphne. Era parte da regra pela qual vivíamos. Não fazíamos perguntas sobre o passado umas das outras, porque algumas mulheres têm boas razões para deixarem o passado para trás.

– A sua falta de curiosidade é assinalável.

– Não disse que não tinha curiosidade. E uma pessoa faz conjeturas. Mas nunca perguntei.

– A mim acho uma regra estúpida. Uma das Flores Preciosas podia ser assassina, sem que saiba.

– Imagino que sim. – Ela ergueu-se num braço e olhou para ele. O seu cabelo castanho-arruivado caiu em ondas desalinhadas pelo rosto e ombros. – Nós não nos chamamos Flores Preciosas, sabe. Só o negócio tem esse nome.

– Vocês são todas flores preciosas e eu fiquei com a mais preciosa de todas. – Aproximou a cabeça dela para conseguir beijá-la. – E a mais bela. Agora vire-se para eu tirar esse espartilho.

– Vou chamar a Nellie.

– Não, não vai. – Ele a virou e começou a desapertar o espartilho. – Ainda não estou de saída, Audrianna.

Capítulo 15

Entre os luxos proporcionados a Audrianna com o seu casamento constava uma carruagem própria. Três dias depois, ela pediu que a aprontassem e instruiu o cocheiro para levá-la ao Flores Preciosas.

Encontrou todas na estufa, rodeadas de vasos de lírios e jacintos. Através do vidro, viu o jardim a ganhar vida, com filas de folhas novas surgindo no solo.

Elas não fizeram grande alarido com a sua chegada. Audrianna podia vir de uma das suas aulas de música. O círculo abriu-se e absorveu-a, como se nunca tivesse ido embora.

– Com o início da temporada, estamos muito atarefadas – disse Lizzie, como forma de explicar o fato de Daphne estar tão entretida com os vasos. – Foi pedido que replicássemos em dois jardins o que fizemos para o seu casamento.

– As pessoas conseguem ser muito pouco originais – comentou Celia. – Uma senhora até queria exatamente as mesmas flores. A Daphne teve de explicar que pareceria ridículo ter narcisos e tulipas em vasos quando cresceriam livremente nos jardins na altura da recepção.

– Depois do verão de há dois anos, todo mundo receia que as suas próprias flores sejam pequenas ou que nem sequer cresçam.

Será preciso bom tempo até o nosso próprio jardim recuperar. – Daphne referia-se ao ano sem verão, e às graves consequências que se seguiram. Contou alguns lírios que desabrochavam, apontando para cada um à medida que calculava. Contente, tirou o avental. – Estão prontos para Mr. Davidson transportá-los. Lizzie, por favor, certifique-se de que ele leve todos quando vier.

Voltaram todas à sala de estar dos fundos. Celia foi fazer café. Audrianna submeteu-se a uma longa inspeção por parte de Daphne.

– Parece satisfeita neste casamento. Por favor, diga-me que está.

– Estou, mais do que esperava. Não tem sido livre de surpresas, claro.

– Refere-se à interferência de Lady Wittonbury, tenho certeza.

Não se referia mesmo a Lady Wittonbury, mas à rica sensualidade do casamento. Cativava-a mais do que carruagens e sedas. Ela esquecia quem era quando se perdia naqueles prazeres. Até as circunstâncias que a haviam conduzido àquela cama se turvavam durante um momento.

– Ela revelou ser uma pequena nuvem, mas felizmente não tão grande quanto poderia ser. E o marquês tornou-se um bom amigo. – O seu melhor amigo, na verdade. O seu único amigo, até, naquele mundo. Comparativamente, à luz do dia Sebastian continuava a ter algo de estranho. Ela não falava tão livremente com ele como com o marquês. Não se esquecia de ser cuidadosa. Sebastian ainda a deslumbrava e impressionava a ponto de ficar em desvantagem, e o que ele fazia à noite só intensificava aquela reação.

– Ela está tentando intimidá-la? – perguntou Daphne.

– Claro. Mas não vim aqui chorar no seu ombro nem falar sobre a indelicadeza de Lady Wittonbury. Vim para estar com amigas queridas e para ler os jornais e as fofocas da Lizzie.

Celia chegou com o tabuleiro do café.

– Vai buscá-los Lizzie. Ela agora tem uma pilha deles, pois vamos muitas vezes à cidade com o negócio que o seu casamento nos trouxe, Audrianna. Nem as dores de cabeça dela a impedem de ler a todos.

Lizzie foi a um armário e trouxe uma densa pilha de jornais dobrados.

– Gosto de saber o que acontece no mundo. Não sei por que implica tanto comigo, Celia.

– Porque gosta de você, é por isso – afirmou Audrianna. – Fico contente de ver que está livre da sua doença hoje, Lizzie. Receei encontrá-la prostrada e ser privada da sua companhia.

– Atacam sem aviso nem razão, não é assim, Lizzie? – indagou Daphne. – Acho que o tempo instável é o culpado.

Beberam o seu café e falaram de coisas comuns. Audrianna deleitou-se com a conversa fácil. Ali não havia etiqueta. Não havia relógio dando nota da passagem do tempo prescrito para uma visita matinal. Nem preocupação que alguém se risse alto demais ou na altura errada.

Observou as amigas queridas e as palavras de Sebastian voltaram. A sua falta de curiosidade é notável. Inicialmente, ela também pensara que a regra era estúpida e na verdade tivera muita curiosidade. Logo, porém, soube o que precisava saber sobre aquelas mulheres e os seus passados deixaram de importar minimamente.

E, no entanto, ali conversando, ela pensou no pouco que sabia realmente. Nada sobre Lizzie e Celia. E até Daphne, que era sua prima... houvera anos em que a perdera completamente de vista.

Agora que pensava naquilo, ela era a única pessoa na casa cuja história era um livro aberto para as outras.

Celia pegou um dos jornais de Lizzie.

– O que está procurando? Por que os queria?

– Eu sabia que ela teria muitos mais do que aqueles que eu vi. Seria inusitado pedir aos criados que trouxessem tantos todos os dias. Quero ver se houve algum anúncio do Dominó. Já comprou dois, e penso que pode voltar a fazê-lo.

– Não me lembro de ler nenhum com esse nome, mas da última vez foi mais uma alusão – disse Lizzie. – Nós a ajudamos, para não se ocupar o tempo todo aqui. – Pegou um monte e entregou-o a Daphne.

Meia hora mais tarde tinham terminado sem sucesso. Os poucos anúncios obscuros não revelavam nada que indicasse que tinham sido colocados pelo Dominó.

– Por que você não põe um? – sugeriu Lizzie.

– Tentei uma vez, mas não consegui escrevê-lo de maneira a que o Dominó adivinhasse que era eu sem que mais ninguém descobrisse.

– Ela não pode se arriscar a que Lord Sebastian o veja – disse Daphne. – Uma pessoa sensata não coloca dedos em feridas.

Audrianna reparou que se tratava de uma metáfora adequada. Explicava tudo acerca do teor do seu casamento recente. O desejo e o prazer formavam um bálsamo para aquela ferida, mas não a curavam realmente. Dúzias de dedos na ferida todos os dias mantinham-na aberta. As referências oblíquas que outros faziam ao pai, a natureza de obrigatoriedade do próprio casamento, a certeza de que Sebastian, se conseguisse, provaria aquilo que o mundo já tomara como certo.

Pôs-se a pensar como teria sido o casamento deles se aquela ferida não existisse. Era uma pergunta romântica sem sentido. Se não fosse a ferida, não teria sequer havido casamento, evidentemente.

– Além disso, percebi que não posso combinar uma série de encontros aos quais pode não comparecer ninguém – prosseguiu Audrianna. – Os meus dias não são completamente meus.

– Deixa-o vir até você – propôs Celia. – Escreve um anúncio que peça meramente um contato, e usa o endereço de uma loja, para a reposta não ir parar no seu correio. Fazem isso constantemente. Os amantes, por exemplo. Editoras e livrarias muitas vezes oferecem o serviço, assim como algumas estalagens e advogados.

– Talvez faça isso. – Pôs de lado a curiosidade sobre o fato de Celia saber aquelas coisas todas. Ela já não era uma delas e a regra já não se aplicava, mas seria traição intrometer-se agora.

Conseguiria ela escrever um anúncio que não chamasse a atenção de Sebastian, mas que fosse identificado pelo Dominó? Seria preciso escolher bem as palavras.

– Podes também dar a saber que o procura em lugares onde se reúnam estrangeiros – avançou Lizzie. – Se pagar a um empregado para ficar de olho aberto por você, ele pode instruir o homem a escrever a você, caso apareça.

– Pagar a alguém seria melhor do que fazer vigilância você mesma – defendeu Celia, com um sorriso sugestivo que fazia referência à visita delas ao Miller's Hotel.

– Parece ineficaz, mas realmente pode funcionar – aprovou Daphne. – Providencie uma descrição. A pessoa que contratar fica atenta. Se aparecer um homem assim, o seu ajudante pergunta-lhe simplesmente se é o Dominó. Se não for, a pergunta será estranha mas rapidamente esquecida. Se for, pode dizer como contatá-la.

– Onde devo procurar essas ajudas, então? Em certos hotéis, suponho. – Outro sorriso de Celia. – O Royal Exchange, talvez?

– Lugares de entretenimento – sugeriu Lizzie. – Teatros e outros. Lojas também, que vendam livros em línguas estrangeiras. – Lizzie bateu com o dedo no queixo. – Que outros estabelecimentos poderiam atrair homens que estão longe de casa com tempo para gastar?

– Bordéis.

A resposta direta de Celia provocou um silêncio coletivo.

– Sem deixar de ser uma sugestão útil, e muito possivelmente acertada – principiou Daphne –, a Audrianna dificilmente poderá visitá-los para encontrar alguém que a ajude.

Celia encolheu os ombros.

– É uma pena. É muito provável que esse Dominó visite algum, e são estabelecimentos onde todo mundo se presta a serviços.

Mr. Davidson chegou naquela altura. Audrianna ajudou as outras a carregar vasos para dentro da carroça dele, para transporte até as floristas de Londres que compravam regularmente ao Flores Preciosas. Desempenhou com satisfação a tarefa familiar.

Sentiu o peso da nostalgia ao sair do Flores Preciosas para regressar a Londres. Na viagem de carruagem para casa, escreveu o anúncio para os jornais.

* * *

— Lady Ophelia contratou o Flores Preciosas para fazerem a recepção no jardim. Devo admitir que elas transformaram completamente aquele jardim, que é muito fraco mesmo na melhor das estações. Nem sequer se notava aquela maneira estranha como ela manda sempre podar o arbusto.

Audrianna não sabia se devia aceitar o elogio como uma aproximação. Lady Ferris insistira em falar acerca do Flores Preciosas, apesar dos esforços de Lady Wittonbury para desviar a conversa.

Ela e Lady Wittonbury tinham ido visitar Lady Ferris juntas. Lady Wittonbury decretara que a visita era importante para a aceitação de Audrianna.

Com táticas cuidadosamente engendradas como aquela, a sogra aproximava-se do objetivo de conseguir um passaporte para Audrianna para o Almack's, mas sem se diminuir pedindo diretamente às patronas do estabelecimento, mulheres que detinham uma influência social à qual Lady Wittonbury julgava também ter direito.

Tanto quanto Audrianna conseguiu depreender, Lady Ferris era uma favorita de longa data de Lady Jersey, e uma palavra favorável dela poderia valer as repetidas visitas matinais.

– Eu estava lá quando Mrs. Joyes chegou para fazer os arranjos – comentou animadamente Lady Ferris, como se abordasse aquele assunto à falta de outro. – É uma mulher elegante, encantadora.

– Todos os que travam conhecimento com a minha prima comentam sobre a sua graça. Mesmo assim, ela ficará lisonjeada com as suas amáveis palavras.

– Ouvi dizer que foi governanta, há alguns anos. Só podemos lamentar que as circunstâncias a tenham obrigado a estar no comércio agora. Tinha uma moça com ela. Uma loirinha muito bonita. Percebi que a mais nova tinha um caráter vivaz por natureza, embora se mostrasse submissa.

– Seria a Celia.

Lady Wittonbury inclinou-se para a frente, inserindo-se fisicamente ente as duas.

– Vai dar uma recepção no jardim quando iniciar a temporada? No ano passado descreveram-na com admiração durante semanas.

– Sim. Em meados de abril. Pretendo usar o Flores Preciosas também – respondeu Lady Ferris. – Reconheci-a. A jovem. Celia.

Audrianna não sabia o que dizer. Nem Lady Wittonbury. Ambas emudeceram e Lady Ferris saboreou o receio que surgiu nos olhos de Lady Wittonbury.

– Eu a tinha visto uma vez, numa carruagem. Há um ano, talvez dois. Estava com Lady Jersey no parque e passou uma carruagem particular. Todo mundo conhece aquele veículo. Pertence a... desculpe-me, minha querida, espero que não fique chocada... a uma mulher célebre pelos amantes afluentes que a sustentam.

– Com certeza está enganada – reagiu Audrianna. – Alguns anos é muito tempo para nos lembrarmos de um rosto que vimos dentro de uma carruagem.

– Era uma carruagem aberta, como é da preferência de tais mulheres, e o rosto da moça era memorável. "Quem é aquela?", perguntei a Lady Jersey. É para verem como me impressionou a beleza da moça. "É a filha dela", respondeu, "que veio do campo agora que está crescida".

Até Lady Wittonbury, tão treinada em manter a compostura, não conseguiu esconder completamente a sua consternação. As suas costas continuaram direitas e o rosto uma máscara amistosa, mas assomou um pouco de loucura ao olhar.

– Já que a companheira de Mrs. Joyes não vive na cidade, mas continua no campo, parece que se enganou – disse por fim Lady Wittonbury.

– Quem sabe. – Lady Ferris sorriu de deliciosa satisfação.

Os olhos de Lady Wittonbury fulminaram-na. Discretamente, encontrou forma de terminar a visita.

Uma vez na carruagem, a sua compostura se desfez.

– Não é suportável. Ser forçada a fazer amizade com uma zé-ninguém como Lady Ferris para servir os seus interesses, e acabar com ela dando tudo para me humilhar... – Lançou um olhar furioso a Audrianna. – Cortará relações com todas elas, imediatamente. Devia tê-lo dito no início. Agora vejam ao que a minha contenção levou. Oh, santo Deus, e se ficarem sabendo que você viveu ali com ela? – Aquela última constatação a deixou com os olhos arregalados e a boca aberta de horror.

– Lady Ferris está enganada. – Só que ela não tinha certeza absoluta disso. Ela não sabia nada da vida de Celia anterior à chegada a casa de Daphne. Na verdade, a ideia de Celia ser filha de uma cortesã até fazia sentido.

Batia certo com a sua visão experiente e a forma confiante como falava da alta sociedade quebrar regras em privado que observava em público. E quando Celia ia à cidade, era frequente passar algum tempo sozinha. Para visitar a mãe?

– Cortará relações com elas. Tem de fazer isso. Não pense que o meu filho a apoiará nisto. Usará mulheres dessas livremente, mas nunca as elevaria nem permitiria à mulher andar com elas.

– Ela não disse que a Celia era... era ela mesma cortesã.

– Deus me dê paciência! A filha de uma meretriz... sim, meretriz. Para que mais seria ela trazida do campo e mostrada no parque ao lado da mãe, se não para se tornar ela mesma meretriz?

Audrianna suportou corajosamente o resto do furioso discurso. Não disse nada e refreou-se de revelar a sua própria decepção. Poderia ser aquela a razão real para Celia não ter ido ao casamento. Não para cuidar de Lizzie. Celia talvez soubesse que poderia ser reconhecida por alguém na igreja.

Só que Celia não era meretriz, fosse qual fosse a lógica aplicada por Lady Wittonbury. Celia era uma amiga boa e compreensiva. Vivia com outras mulheres na obscuridade e em paz. Celia nunca sequer desaparecera durante uma noite inteira, como Audrianna fizera. E a sua forma alegre e divertida de ser animava sempre os dias e fazia Audrianna rir.

Audrianna apressou-se em sair quando a carruagem parou. Lady Wittonbury impediu sua passagem com a sombrinha.

– Não são bem-vindas nesta casa no futuro. A menina não é estúpida e sabe que eu estou certa sobre como isto deve ser feito. O meu dever é elevá-la a algo parecido com aceitabilidade para o papel que um dia terá. Não permitirei que em vez disso nos arraste para baixo.

Audrianna empurrou a sombrinha e apeou-se da carruagem. Correu para dentro de casa antes que Lady Wittonbury visse suas lágrimas.

Sebastian entrou no quarto do doente. Não se retraiu ao ver a imagem que o jovem artilheiro apresentava. Tinha alguma experiência naquilo, afinal.

A explosão que quase matara Harry Anderson fizera grandes estragos. Faltavam uma perna e meio braço, e na cabeça marcada o cabelo não voltaria a crescer direito. Ele ainda não tinha vinte anos quando a guerra lhe fizera aquilo.

Sebastian não conseguiu evitar pensar em Morgan quando viu Anderson. O futuro daquele jovem seria igualmente limitado e isolado, ali na casa da irmã. Podia cuidar de si mesmo, era verdade, mas ele e o marquês de Wittonbury tinham agora muito em comum.

Anderson cumprimentou-o com uma passividade que Sebastian reconheceu. Era assim com os estropiados. A aceitação acabava sempre por chegar, pois não havia outra escolha.

– Agradeço a honra que me dá em me receber – começou Sebastian. – Disseram-me que não quer falar do assunto.

– Só concordei em fazer isso porque Mr. Proctor disse que vem em nome do seu irmão. Lord Wittonbury sabe como é, não é assim? Não posso recusá-lo.

– Tem o agradecimento dele, lhe asseguro.

Anderson mexeu o seu meio braço. O fundo da manga abanou.

– Salvou a mim e a minha perna. Eu estava virado e fui atingido aí em vez de nas tripas. Fui atirado, e isso provavelmente também me salvou. Apontavam aos canhões, claro. Não sabiam que não serviam para nada.

– Você é o único artilheiro que sobreviveu, por isso acho que tem razão. A explosão que o atingiu foi o que o salvou.

– Que sorte tive.

Sebastian permitiu a Anderson a sua amargura. Tinha direito a ela.

– De que se lembra, desses canhões não servirem para nada?

– Não muito. Nós o carregamos normalmente e o acendemos em condições. Não aconteceu nada. Bem podia ter areia lá dentro, para aquilo que a pólvora fazia. Não chegaram a disparar e só saía um bocado de fumo. – Encolheu os ombros. – Então o limpamos e fizemos tudo de novo, com outros barris de pólvora, e ainda mais cuidado para que tudo estivesse seco, sempre debaixo de fogo. Aconteceu a mesma coisa. Compreendemos que cairíamos como pássaros. As armas deles já nos tinham feito em farrapos quando os oficiais deram sinal de retirada. A essa altura eu já estava meio morto.

Os restos daqueles farrapos lá acabaram por conseguir voltar para casa. E contaram a história da estrondosa derrota.

– Poderá colocar a memória dos acontecimentos por escrito? Atestá-la oficialmente?

– Pois acontece que deixei de escrever, senhor.

– Trarei um escrivão que escreva suas palavras e testemunhe sua marca.

Anderson hesitava em dar o seu acordo.

– Um oficial me visitou quando eu estava no convento francês. Eu lhe contei o que aconteceu. Ele me disse que a guerra tinha acabado e que não havia nada de bom em dizer ao mundo o que acontecera. Disse para deixar os mortos em paz.

– E acha que ele tem razão? Se sim, eu o deixarei em paz.

Anderson debateu-se silenciosamente durante um bom tempo.

– Apenas me parece que os outros foram mortos pelo erro de alguém, tanto quanto pelo fogo inimigo – concluiu. – Não parece correto que ninguém pague por isso, embora tenha ouvido dizer que um homem se enforcou por causa disso. E estou sempre pensando: e se se comete outra vez o mesmo erro?

– A sua visão é muito parecida com a do meu irmão, e da minha.

– Então ponho a minha marca na história, se pensa que pode ajudar. Traga aqui o escrivão que eu faço isso.

Sebastian agradeceu-lhe.

– Tenho mais uma pergunta, se for tolerável para você. Gostaria que me descrevesse esses barris. Diga-me tudo de que se lembre. Tente recordar-se de cada marca que tinham.

Sebastian subiu aos aposentos do irmão logo que voltou a Park Lane. Estava finalmente na posse de informação que podia rebentar com o dique que impedia a resolução daquela questão do material. Ansiava por partilhá-la com Morgan e discutir os passos seguintes.

O Dr. Fenwood não estava na antessala. Sebastian ouviu uns sons na biblioteca. A porta estava aberta e, ao aproximar-se, ouviu soluçar baixinho.

Espreitou. Morgan estava sentado na poltrona dele, bastante curvado. Audrianna estava sentada no chão ao lado dele, com as mãos no rosto, tentando esconder o choro. Morgan falava numa voz doce, tão baixinho que Sebastian não conseguia ouvir, e passava carinhosamente a mão na cabeça.

A imagem o deixou perplexo. Vazio. Espiou em silêncio, suspenso no tempo. Eclodiu depois uma fúria do fundo das suas entranhas, obliterando a calma antinatural que dele se apoderara.

Afastou-se a passos largos com um caos negro enchendo a cabeça. A casa não conseguia contê-lo. Talvez nem o mundo inteiro conseguisse. Dirigiu-se ao jardim, ao bosque nas traseiras. Entre as árvores florescentes e as ervas esmeralda, deu livre curso à raiva sombria.

Explodiu e rugiu e uivou incoerentemente. Acalmou, por fim, numa chuva constante. E naquele aguaceiro mais transparente, ele soube que não se tratava de simples ciúme o enlouquecendo. Aquela insanidade em particular avolumava-se desde o dia em que Morgan comprara aquela maldita patente.

A chuva sombria pedia a verdade. Expunha a realidade sem contemplações. A sua raiva não lhe permitiria mascarar coisa nenhuma naquele momento.

Morgan fora um asno em comprar aquela patente. Um idiota. Não era nenhum soldado, não tinha experiência. O exército também não lhe dera preparação nenhuma, colocando-o assim no comando de vidas humanas como se um título conferisse capacidades militares juntamente com a propriedade. Foi uma bênção não ter havido mais lordes e fidalgos a escolherem fazer sacrifícios tão nobres e dramáticos.

Quantos tinham morrido por causa dele? Qual era a verdadeira razão para o interesse que ele demonstrava pelo escândalo das munições? Teriam os seus próprios erros provocado mortes que nunca seriam vingadas e portanto ele procurava vingar aqueles outros erros?

E agora, Audrianna o amava. A ligação que eles tinham fora palpável na biblioteca. Ela estava aninhada aos pés dele, chorando, aceitando o consolo dele. Dependendo do afeto dele. Ela levara a sua infelicidade ao amigo querido porque sabia que lá encontraria compreensão e carinho. Ela ria e brincava com Morgan, ao passo que ao marido ainda fazia cortesia.

Ele não acreditava no que lhe fizera vê-los. Uma raiva crua dividia-o em pedaços. Seguiu-se a culpa, revoltante. Culpa por não ter dado uma sova em Morgan quando falara pela primeira vez da compra da patente. Culpa por viver a vida do irmão. Culpa por interpretar mal a Morgan a afeição de Audrianna no seio daquela existência diminuída à qual ele estava condenado.

Normalmente reconciliava-se com a culpa. Naquele preciso momento detestava-a e detestava tudo o que estava relacionado com ela. As obrigações. A reserva forçada. As amizades perdidas e as concessões entediantes.

Mas detestava ainda mais constatar que ele e o irmão partilhavam Audrianna como faziam com tantas outras coisas. Enquanto dava zelosamente o corpo ao marido, a Morgan dera livremente uma parte do seu coração.

Principalmente, no entanto, detestava admitir o quanto isso importava.

Capítulo 16

— Dá a impressão de que Lady Ferris tinha razão sobre sua amiga – disse calmamente Wittonbury. – Acho que acredita que sim.

Audrianna limpou os olhos.

– Não acredito em tal coisa. Vou escrever à Celia para perguntar. Quando ela negar, faço Lady Ferris comer a carta.

– E se ela não negar?

Ela sabia aonde ele a conduzia. Não precisava de mapa.

– Terá outras amigas, Audrianna. Antes de passar um mês desde o início da temporada, haverá matronas jovens e compreensivas que procurarão a sua companhia.

Ela encostou-se ao lado do cadeirão dele, sem sair do lugar onde se escondera quando perdera a sua compostura, ao entrar na biblioteca. Não quisera que ele visse as suas lágrimas, e agora não queria que visse a sua reação de rebeldia àquilo que ele insinuava.

A manta enrodilhada ao lado do seu rosto se mexeu e roçou sutilmente a face. Aquilo a tirou do seu devaneio. Pôs-se de joelhos, depois em pé.

– Obrigada por me deixar esconder e pelo ouvido solidário. Peço desculpa por ter chorado. Espero não ter...

A manta enrodilhada ao lado do seu rosto mexeu-se.

O significado daquilo subitamente penetrou a sua disposição ensimesmada. Ficou olhando para a manta e as pernas invisíveis que aquela cobria. Os braços dele continuavam pousados nos da poltrona. Ele não puxara a manta, nem lhe tocara, ela tinha certeza.

– Há algum fantasma por baixo da minha cadeira? – perguntou o marquês. – Chocada como está, parece que viu algum.

Ela se recompôs.

– Um pensamento me assolou e me deixou desprevenida. Vou deixá-lo. Já abusei o bastante da sua bondade.

– Receio não ter mostrado a compreensão que esperava.

– O seu conselho foi honesto e justo e a sua compaixão sincera. Sinto-me mais grata do que pode imaginar.

Audrianna fechou a porta da biblioteca atrás dela. Depois procurou o Dr. Fenwood. Encontrou-o no quarto arrumando lençóis.

– Senhora. Está acontecendo algo com o meu senhor?

– Acabo de deixá-lo e ele está bem. Quero perguntar-lhe sobre uma coisa. O marquês ainda tem algum movimento nas pernas?

A expressão de Dr. Fenwood ficou triste. Abanou a cabeça.

– Nada mesmo?

– O ferimento foi na coluna. Não tem sensação abaixo da cintura. Nenhuma.

– Existe alguma possibilidade de recuperação?

– Só com um milagre. Houve uma vez um médico, um alemão, que disse que com o tempo... Dizia que vira casos em que o corpo curou a si mesmo ao fim de alguns anos. Um pouco investigada, a reputação do médico veio a revelar-se no mínimo questionável. Não, minha senhora. Receio que o meu senhor permaneça como o vê.

Audrianna deixou Dr. Fenwood. Não levantaria falsas esperanças com tão fracas provas como uma sensação contra o seu rosto. Talvez ela tivesse imaginado a manta se mexendo. Talvez ela tivesse feito alguma coisa que provocasse esse efeito.

Ainda assim, e se a perna tivesse mexido mesmo?

* * *

Quando Sebastian regressou a Park Lane, a meia-noite já soara há muito. A viagem até Greenwich servira em muito para aplacar a sua agitação, e durante algumas horas, enquanto olhava para os Céus através dos telescópios do observatório, esquecera a fúria que havia tomado conta dele. A tempestade não acalmara totalmente quando entrou nos seus aposentos, mas já não desejava dar um murro numa parede.

Preparou-se para a noite. Vestiu o robe e dispensou o criado. Fitou a porta de Audrianna.

Sem dúvida que dormiria, mas diligente como era, não se queixaria se ele a acordasse. E se se importasse, podia sempre ir chorar aos pés do irmão dele no dia seguinte. Queria entrar ali e possuí-la de cinco maneiras diferentes, para se apossar do que era decididamente seu e não se importar com o que muito seguramente não era.

Bastava aquele desejo sombrio para lhe dizer que não devia entrar de maneira nenhuma. Hawkeswell não estava lá para impedi-lo de ser um asno, por isso teria de contrariar aquela inclinação sozinho.

Atirou-se na cama e ficou pensando na conversa com Anderson. Ponderou o que fazer com a informação que recebera. Necessitava investigar em outra direção, mas cuidadosamente. Não queria pôr em causa homens bons que podiam estar no caminho nem suscitar a fúria do Gabinete do Material de Guerra.

Analisava uma estratégia quando a porta do seu quarto de vestir abriu. Audrianna espreitou para dentro do quarto de dormir, muito à semelhança do que fizera quando estava com aquele vestido vermelho.

Não era ainda de noite para pensar naquele vestido.

– Importa-se que eu entre? Sei que é muito tarde.

Lá se iam as nobres intenções. Ela não fazia ideia de que brincava com o fogo. Devia dizer-lhe imediatamente para ir embora.

– Claro que pode entrar. É sempre bem-vinda.

Audrianna atravessou silenciosamente o quarto, com os chinelos aparecendo por baixo da camisa de noite a cada passo. Nellie escovara seu cabelo numa cascata de seda escura. Assaltavam-no imagens eróticas à medida que se aproximava.

Pareceu alegre ao saltar para cima da cama. Empolgada por vê-lo. O que o deixou derretido. Se voltasse a lhe dar um beijo por iniciativa própria talvez só a possuísse de duas formas diferentes. Que diabo, provavelmente recitaria um poema piegas ao mesmo tempo.

– Estava à espera que voltasse. Eu o ouvi no quarto e, quando não entrou, constatei que dada a hora tardia não o faria. – Sorriu. – Foi muito atencioso da sua parte.

– Deve se lembrar de me dizer isso amanhã. O atencioso que sou.

A testa dela enrugou-se.

– Deixa para lá. É tarde e eu não digo coisa com coisa. Fico satisfeito por ter vindo até aqui, uma vez que eu não fui até você.

– Era necessário. Preciso lhe falar de algo muito importante.

Não viera por prazer, nem mesmo pela companhia. Queria alguma coisa. Três maneiras então. Metade da sua atenção começou a rever todas as posições sexuais que já experimentara, como um conhecedor que escolhesse entre vinhos raros.

– Tem a ver com o seu irmão.

De volta às cinco. Pelo menos.

– Diz. – Iria prová-la decididamente. Estava morto por isso desde aquela noite no Duas Espadas. Se assumira o acordo de possuir o corpo de uma mulher e nada mais, mais valia possuí-la completamente e parar de se preocupar tanto com as suas delicadas sensibilidades.

– Hoje de tarde aconteceu uma coisa extraordinária.

Os olhos dela faiscavam de excitação. Ele faria com que aqueles olhos o vissem tomá-la uma das vezes.

– Uma das pernas dele se mexeu. Tenho quase certeza.

Uma cortina desceu imediatamente sobre as imagens do seu êxtase.

Ela acabava de dizer uma coisa tão absurda que só lhe ocorria responder com riso, o que não era possível.

– Eu estava com ele, sentada ao lado dele, e a manta se mexeu. Um movimento pequeno, muito pequeno, mas eu revi o episódio mil vezes na minha cabeça e tenho certeza de que se mexeu.

– Disse antes que tinha quase certeza. Agora tem certeza. Qual das duas?

– Está chateado?

– Não estou chateado. Mas está enganada e, insisto, ele sofrerá uma desilusão tremenda. Você o lançará numa melancolia da qual ele pode nunca recuperar.

Ela acenou com a cabeça e ficou pensativa.

– Não estou quase certa. Tenho certeza.

Ele se limitou a mirá-la. Se ela tinha certeza, é porque tinha. Não era mulher de se deixar levar nas asas da fantasia.

Ele saiu da cama, foi até uma janela e abriu-a. O ar da noite estava frio, mas não se importou. Ficou olhando para lugar nenhum enquanto o frio aclarava as ideias.

– Houve um médico, um alemão, que dizia que havia esperança. Aconselhou certos exercícios. O meu irmão não conseguia suportá-los e parou bastante rápido.

– Eu sei. O Dr. Fenwood me disse.

Ele olhou logo para ela.

– Contou-lhe isso?

– Só perguntei se o dano era total e permanente. Nunca tinham explicado antes, por isso pensei que talvez tivesse havido algum pequeno movimento.

Ele voltou a se concentrar na noite.

– Não sei o que fazer com isso. Ele é tão... frágil. A saúde dele, o espírito dele...

– Se há uma possibilidade, com certeza que ele quererá tentar para ver se consegue voltar a ser inteiro.

– É o que seria de pensar, mas não tenho certeza. – Virou-se para ela. – Eu falo com ele. Tenho de encontrar um bom momento, em que me pareça que ele ouvirá razoavelmente. Não fale disto a mais ninguém. Especialmente, não mencione à nossa mãe.

Ela assentiu com a cabeça. Juntou todos os folhos brancos e começou a descer da cama.

– Onde você pensa que vai, Audrianna?

Ela parou no meio do caminho.

– Para o meu quarto. Dormir.

– Não me parece.

Ela voltou a se sentar. Aquela espuma branca envolvia-a e o cabelo caía pelo corpo. Da tempestade, só havia resquícios agora, mas a expectativa silenciosa saturava o ar e o corpo dele respondeu energicamente.

Ele ardia. Já não de irada possessividade, mas com chamas que excitavam mais do que o corpo. Ele ainda queria tomar as partes dela que eram suas de direito, mas a conversa havia pelo menos suavizado os traços mais negros do seu desejo.

De qualquer forma, não se sentia muito cavalheiro naquela noite.

Sebastian limitou-se a olhar para ela. Os seus pensamentos aumentavam a profundeza do seu olhar. O tempo abrandou, pulsando entre eles, e também dentro dela. Pequenas batidas de expectativa crescente a provocavam.

Talvez quisesse devassá-la com a sua mera presença. Ele ainda conseguia aquilo. E estava ficando pior, não melhor. Ou talvez ele ponderasse se o prazer com ela valeria o tempo naquela altura. A noite avançara, e estavam mais perto da aurora do que do crepúsculo.

– É muito tarde – disse ela, quando a expectativa a deixara tensa. – Talvez amanhã...

– Não. Você veio até aqui. Não pode ir embora já.

– Não vim para isso. Não tem qualquer obrigação. Se está cansado ou...

– Ou o quê?

– Saciado.

Ela aceitara a localização mais provável dele quando o seu relógio passara das duas. Estupidamente, fora um choque, aquela súbita explicação. O mundo inteiro a avisara. Ela aceitara o inevitável e, contudo, quando aconteceu, ela ficara surpreendida e... magoada. Muito magoada. Durante um longo minuto, um minuto horrível, o peso no seu coração ficou insuportável de carregar.

Ela esperara que a alusão o divertisse. Ou irritasse. No entanto, talvez o tivesse surpreendido. Olhava para ela muito à semelhança de quando ela anunciara que a perna do irmão tinha se mexido.

Ele ficou pensativo e taciturno. Ameaçador. O olhar dele inflamou-se e ela sentiu um arrepio no seu íntimo.

– É isso que pensa? Às vezes consegue ser mesmo inocente, Audrianna. Eu não fico me convencendo a querê-la, por obrigação. Estou resistindo a despi-la já e a tomá-la sem cerimônia, ou...

Aquele "ou" ficou suspenso, como uma provocação perigosa. Ela reconheceu a tensão nele, visível agora no seu corpo e rosto. Ele tinha razão. Às vezes ela conseguia ser inocente. Aquela noite ele achara aquilo inconveniente. Ainda assim, não procurara alguém menos inocente.

Ela pegou na bainha da camisola.

– Não é minha intenção negar a você a parte do despir, mas preferia que isso não se rasgasse. – Deixou que o tecido deslizasse pelos ombros, e retirou os braços das mangas. Amontoou-se à volta das coxas.

Fosse qual fosse o debate dele, terminou ali. Fitou-a por mais algum tempo, o bastante para deixá-la corada e palpitante. A seguir, foi até a cama. Não se deitou. Ficou de pé ao lado dela, a seda negra do robe em frente ao seu rosto. A mão dele esticou-se e afagou levemente um mamilo.

Foi o suficiente para reunir todas as sensações torturantes numa fome concentrada. Era impudica, realmente, a facilidade com que ela sucumbia agora.

– Olha para mim.

Ela ergueu os olhos enquanto aquela leve carícia a provocava sem misericórdia. O seu corpo saboreava o prazer que alastrava.

– Me toque.

Ela esticou a mão para a seda negra. Deslizou nela as palmas das mãos, delineando o peito dos ombros à cintura, sentindo os ângulos e as elevações do seu tronco. Ele continuava a enlouquecê-la. Tocava-a com ambas as mãos agora. Dedos maliciosos fizeram o seu pior até o próprio toque dela precisar de mais. Transferiu as mãos para debaixo da seda e acariciou-o com mais firmeza, comprazendo-se com a sensação da pele nos seus dedos.

– Me beije.

Não eram pedidos nem instruções. Proferia ordens, que esperava serem obedecidas.

O rosto e a boca dele estavam altos demais. Ele não se inclinou. Ela compreendeu que não se referira à boca. Inclinou-se, até os lábios tocarem o calor do tronco dele. Passou a língua, para provar. Um novo prazer fluiu, quente e misterioso, como uma corrente profunda, por baixo das outras.

Fascínio agora, pela sensação do corpo dele. Pela superfície suave de veludo da sua pele e da forma dura que esta cobria. Encolheu as pernas debaixo de si e ajoelhou-se para acariciar mais livremente. Seguiu músculos e braços e ombros com as mãos e a boca.

Empurrou o roupão dos ombros para sentir mais dele. O roupão caiu no chão e ele ficou ali de pé, mais nu do que ela alguma vez o vira, a sua força e beleza masculinas, a sua excitação, completamente visíveis.

Ela estendeu os braços e o acariciou por todo o comprimento, continuando a olhar. Os seus olhos chegaram ao seu belo rosto, duro agora, da tensão da paixão.

– Me toque. – O seu olhar a penetrava. Conhecedor. Exigente. Ela não podia fingir que não compreendia o que ele lhe dizia. Olhou para baixo e, hesitante, tocou no falo com as pontas dos dedos. Retesou-se ainda mais. O corpo inteiro, aliás.

Ofegante tanto de excitação como da sua própria audácia, ela fez deslizar os dedos pelo comprimento dele.

Ele a empurrou e ela caiu na cama. Ele a seguiu, colocando-se acima dela e descendo a cabeça para beijá-la profundamente, pondo depois a boca aos seus seios.

Ela agarrou no ombro dele com um braço e continuou a acariciá-lo com o outro. O prazer e a intimidade eram celestiais, e ela lutou para não perder a si mesma e à sua consciência daquilo.

Ele olhou para o que ela fazia, e depois para os olhos dela.

– Aquele dia no jardim, quando lhe dei o colar.

– Sim?

– O que acha que teria acontecido se eu não tivesse parado?

A mente dela voltou à surpresa daquele dia. À forma como ele beijara sua perna, depois a coxa.

– O que desejou que acontecesse? – perguntou ele.

Ela não desejara nada. De verdade. Mas o seu escandaloso corpo de mulher previra algo muito devasso, e chocante demais para ser dito.

Ele viu nos olhos dela. Ela sabia o que ele vira. Ele beijou sua face, depois o seio. O corpo dele desceu. A respiração dela encurtava a cada segundo. A reação física que experimentou apanhou-a desprevenida. As sensações da noite desceram também, produzindo uma sensibilidade vital e erótica.

Quando abriu as pernas, fechou os olhos, para se esconder dele e de si mesma. Instintivamente a sua mão mexeu-se num gesto de pudor.

Ele beijou sua coxa.

– Não irá me deter. Você é minha. Toda.

Ele a encantou com beijos que suavizaram aquela ordem. Toques devastadores garantiam que ela não o deteria e preparavam-na para o resto. Quando veio, ela já não estava chocada, já não queria recuar.

Abandonou-se a um prazer violento, inconcebível, que a deixou desamparada e gritando como louca até atingir uma libertação gloriosa que obliterou todos os outros sentidos.

Depois ele voltou a ela, para dentro dela, numa união furiosa e selvagem que fez o prazer reverberar pelo corpo num eco longo e delicioso.

* * *

A aurora rompeu com Audrianna ainda nos seus braços. Ele ainda estava entrelaçado nela, no lugar onde caíra depois de o clímax o rasgar por dentro.

Saiu de cima dela com todo o cuidado. Mesmo assim a acordou. Ela se virou de lado e abriu os olhos. O olhar que lhe dirigiu era consciente, e tinha também um laivo de confusão e constrangimento.

O embaraço passou rapidamente. A nudez cria familiaridade, e ela reconheceu a junção de ambos, que marcara o casamento deles desde a primeira tarde.

Em breve, cada um seguiria o seu caminho. Ele para os seus planos e ela para os dela. Naquele momento, porém, ele adiou tudo e deixou-se embalar pela quietude da manhã.

– A temporada iniciará em breve e estaremos ambos ocupados noite e dia. Antes que comece a acelerar, quero levá-la à propriedade da família e apresenta-la às pessoas de lá. Esperarão que o faça.

– Eu ia gostar. Tenho saudades do campo, agora que voltei a passar o tempo todo na cidade.

– Ficamos por lá um tempo, se gostar. Partimos no fim desta semana.

– Na semana que vem seria melhor.

– Há uma coisa que devo fazer no caminho, que não devo atrasar. Por que seria melhor na semana que vem?

– A sua mãe tem planos para mim, para o final da semana.

– Ela pode mudar os planos. Iremos na quinta-feira, portanto diga à Nellie que prepare tudo.

Ela não tinha pressa de sair daquela cama. Aquilo lhe agradou. A tempestade do dia anterior estava a quilômetros de distância. A noite espantara aquelas nuvens por mais algumas horas, pelo menos.

– Há outra coisa que tenho que te dizer – começou Audrianna.

Ela não tinha o hábito de conversar na cama. A sua abordagem fez surgir uma desconfiança instintiva muito masculina. Se ela fosse uma mulher diferente, seria aquele o momento em que começaria com falas mansas, envolvendo-o para ele lhe dar presentes caros.

– Mais alguma coisa sobre o meu irmão?

– Não. Muito pior, e me aflige. Lady Ferris disse ontem à sua mãe que a Celia é filha de uma cortesã, trazida para a cidade há alguns anos para se juntar à mãe no negócio.

Uma memória surgiu, da filha de uma célebre mulher do prazer, criada no campo, que estava sendo treinada pela mãe. Fez-se um leilão da virgindade dela que se tornou conversa obrigatória nos clubes. Ele não tinha participado, mas muitos sim. Dizia-se que a moça era encantadora e a soma foi elevada.

– Vou escrever à Celia e perguntar se é verdade – disse Audrianna.

– É a atitude mais sensata.

– Se for verdade, não a convidarei para vir aqui. Respeitarei os desejos da sua mãe quanto a isso e não a receberei nem serei vista com ela.

– Lamento dizer que nisto a minha mãe está certa. Lamento que tenha de ser assim.

– Compreendo o porquê de ser assim. Quero lhe dizer, porém, que não cortarei relações completamente com ela nem com as outras, como exige a sua mãe. Eu as visitarei em segredo e não chamarei atenções sobre mim, mas não abandonarei as minhas amigas.

Não lhe escapou que ela não lhe pedia permissão ou conselho.

– O meu irmão sugeriu esta opção?

– De jeito nenhum. Ele concordou com a sua mãe em todos os pontos.

– Assim como eu.

– Elas não me rejeitaram por causa da desgraça do meu pai; pelo contrário, me aceitaram no seu lar. Não me expulsaram quando o nosso escândalo ameaçou manchá-las por tabela. Devo ser tão leal com elas como foram comigo.

– E se eu proibir?

– É minha esperança que não dê uma ordem tão sem sentido.

Provavelmente ele poderia ordenar aquilo que quisesse, que ela faria como lhe aprouvesse.

Naquele momento, não se importava nem um pouco com aquilo. Ela também sabia. Planejara muito cuidadosamente o momento de lhe comunicar.

Ele chamou-a para si. Naquele preciso momento, estava mais interessado em comandar em coisas a que ela gostasse de obedecer.

Dois dias depois, Sebastian contou ao irmão sobre a história de Anderson. As notícias deixaram Morgan abatido, como acontecia com todos os relatos do massacre.

– Comunicarei isso ao exército, claro, e ao Gabinete do Material de Guerra. No entanto, tentarei também descobrir a origem da pólvora.

– É pouco provável que descubra.

– O barril tinha marcas. Verei o que consigo descobrir. Não é muito, mas é mais do que tinha há um mês.

– Não se sinta obrigado a bancar o detetive por minha causa. Sei que é essa a razão pela qual não abandonou ainda o assunto.

– No início, sim, mas no momento tenho outros motivos. Agora faço isso pelo Anderson. E confesso que tenho esperança de descobrir que o Kelmsleigh era inocente.

– E se não era?

– Ele já pagou, por isso, de qualquer forma, tudo estará concluído.

– Isso seria bom. Ver tudo concluído.

Disse aquilo com melancolia, mas não com o tom vago e triste que tantas vezes empregava.

– A sua disposição tem melhorado nos últimos tempos, Morgan. Aquelas melancolias profundas parecem estar deixando-o em paz.

– Como o tempo está esquentando, convenci o Dr. Fenwood a me mudar para a janela durante a tarde. Por poucos que sejam, aqueles minutos de ar fresco têm me dado melhor saúde, acho eu.

– Fico contente em ouvir isso. Queria falar disso também. Estou curioso. Tem havido alguma mudança nas suas pernas?

– Não, claro que não.

– Nenhuma, nem um pouco? Nenhuma sensação? Nada?

– Que perguntas esquisitas. Por que isso agora?

– A sua coluna não foi esmagada nem partiu. Há sempre a possibilidade de...

– Não há possibilidade nenhuma, diabos te levem! Parece aquele charlatão alemão.

– As teorias dele eram controversas, mas ele era um cientista de renome. – Sebastian esperou que o acesso de cólera de Morgan acalmasse. – A Audrianna esteve contigo há alguns dias. Sentada no chão ao lado da sua poltrona.

– Ela estava perturbada porque ficou sabendo que uma das amigas não é como ela pensava. Deve lhe dizer para cortar relações com a moça.

– Não estava falando da razão de ela lá estar. Ela me contou que quando estava assim sentada, a manta mexeu. O que significa que a perna que está por baixo da manta deve ter se mexido.

– Ela se enganou. – O rosto dele voltou a ficar tenso. – Ela não me disse nada disso. Se o tivesse feito, rapidamente a teria aliviado dessa ilusão impossível.

– Não, contou a mim. Não fique zangado com ela. E mesmo tendo grande afeto por você e rezando para estar certa, Audrianna não é dada a ilusões. Viu a manta mexer? Sabe de outra explicação, da qual ela não esteja a par?

Os olhos dele faiscavam como os de um homem desejoso de esmurrar alguém.

– Volto a perguntar. Tem havido alguma sensação? Qualquer que seja?

– Não, raios!

– Acho que está mentindo.

– Por que mentiria para você?

– Não a mim. A você mesmo. E não faço a menor ideia do motivo. – Levantou-se e contornou a mesa. Agarrou na poltrona de Morgan, puxou-a e a girou.

– Mas que raio...? – gritou Morgan.

Sebastian tirou a manta de cima dele.

– Não conseguiria andar agora, nem que estivesse completamente curado, por isso até a mais pequena mudança será sutil. Mas tenta...

– Você está é doido. Sai daqui!

– Tentará, maldição! Se há uma possibilidade, por mais pequena que seja, tem que tentar.

– Possibilidade? Não há possibilidade nenhuma, seu louco! E quem é você para decretar que eu tenho de tentar? Sou eu quem está preso aqui. É da desgraça da minha vida de que estamos falando!

Sebastian avançou para a porta em passadas largas.

– Fenwood, chegue aqui.

Fenwood entrou apressado.

– Tire-o daqui – ordenou Morgan, apontando para Sebastian.

Fenwood olhou para Sebastian, desconfiado.

– Fenwood, a minha mulher diz que houve movimento. Pequeno, quase impercetível. Chame os médicos para o examinarem. E não ponha a manta em cima dele a não ser que ele precise dela para se aquecer. Fique você mesmo atento, vendo se há movimento.

Morgan estava quase apoplético.

– Não tenho de aturar isso!

– Só me faltava deixá-lo aceitar isso se há uma possibilidade de melhorar. – Sebastian agarrou nos braços da poltrona de Morgan e aproximou-se dele. – Vai deixar os médicos o examinarem e se encontrarem algum sinal de esperança vai lutar por essa possibilidade. Eu o obrigo.

Capítulo 17

O cavalo de Sebastian atravessou a Real Fábrica de Pólvora de Waltham Abbey. Quatro anos antes as ruas estariam movimentadas e os canais cheios de barcas de transporte de materiais e barris de pólvora. Desde o fim da guerra, porém, que aquela complexa fábrica de Essex tinha apenas um décimo da sua anterior produção e os pátios e edifícios estavam silenciosos.

Ainda funcionava, porém. Os homens ainda transportavam enxofre para o edifício da mistura. Outros queimavam carvão, que tinha o mesmo destino. Ainda saía fumo da fundição onde se preparava o salitre. Os tanoeiros serravam e martelavam para fazer os barris.

Os homens com os trabalhos mais perigosos perambulavam no exterior do moinho. Lá dentro, os ingredientes, cuidadosamente misturados, eram triturados. Ao lado da estrutura em tijolo, uma enorme roda hidráulica fazia o trabalho, enfiada no ribeiro Millhead.

Um dos homens entrou correndo para verter água na pedra grande, para a volátil pólvora não se colar à superfície do moinho. Todos ali, na fábrica como na cidade, arriscavam o desastre de uma explosão todos os dias, mas ninguém mais do que os homens que trabalhavam no moinho.

No fundo do caminho, e seguindo um canal, Sebastian encontrou os escritórios. Entrou e apresentou-se ao funcionário.

Outro homem, alto e magro, mas robusto, de sobrancelhas abundantes e traços muito vincados, apareceu e apresentou-se como Mr. Middleton, o paioleiro. Chamou Sebastian para o escritório interior. O seu rosto rústico estava vincado de preocupação.

– Não tivemos nada a ver com esse assunto, senhor.

Sebastian ainda não identificara o assunto, mas não ficou nada surpreendido por Mr. Middleton ter adivinhado. Todos os administradores das fábricas reais saberiam quem se mostrara interessado em pólvora ruim.

– Tenho esperança de que possa me ajudar a descobrir quem tem. Não estou aqui para pô-lo em cheque.

– Não serviria de nada. Só recentemente ocupei esta posição. Mr. Matthews esteve aqui antes de mim.

– Então como sabe que esta fábrica não teve nada a ver com o assunto?

– Somos uma fábrica de pólvora real, senhor. Somos propriedade da Coroa, como sabe, juntamente com as de Flavesham e Billingcollig. O pai de Mr. Congreave dedicou a sua vida a garantir que o nosso exército e marinha tivessem a melhor pólvora, e temos orgulho da qualidade que produzimos aqui. Melhor do que as outras fábricas da Coroa. Foi provado pela ciência.

– Mr. Middleton, o senhor é o paioleiro. Traga para cá os materiais e tira daqui a pólvora.

– Correto.

– Conhece todos os processos, e o transporte?

– Sim, conheço.

– Com esse conhecimento, consegue perceber como é que aquela pólvora adulterada chegou à frente de combate?

Ele ponderou a pergunta.

– Não tem como acontecer.

– Aconteceu. Não explodiu, e não estava molhada. A única explicação é a adulteração causada por maus materiais ou trituração incorreta.

A realidade distanciava-se muito da visão do mundo de Mr. Middleton. Continuou a abanar a cabeça.

– Não pode acontecer na fábrica, fosse ela qual fosse – disse enfaticamente. – Muitas pessoas envolvidas. Muitas verificações e muitos testes. Muitos olhos.

– E se não tiver sido nesta fábrica, nem em outra fábrica real? Durante a guerra também se usaram fábricas privadas. Nem toda a pólvora veio de fábricas pertencentes à Coroa.

– A maior parte sim, mas não, algumas não. Não obstante, eram exigidos os nossos níveis de qualidade. Mesmo se acontecesse um erro terrível, seria apanhado no arsenal. É testada lá.

– Todos os barris?

Mr. Middleton apertou os lábios.

– Não todos, acho. Cada lote. A produção de cada dia. Nós testamos aqui e eles testam lá.

– É possível que, sabendo que era testada nas fábricas, alguém pudesse descuidar-se e não testá-la como definido no arsenal?

– Negligência, diz o senhor. Possível, mas há outras pessoas por perto. A pólvora é um assunto sério, senhor. Não há muito que seja deixado à sorte.

Sebastian tirou um pedaço de papel do bolso.

– A pólvora estava em barris com estas marcas. Isto lhe diz alguma coisa?

Middleton olhou para o papel e os desenhos que tinha.

– Aquela é a marca do Gabinete do Material de Guerra. Significa que passou no arsenal e foi verificado. – Levantou os olhos e corou. – O lote, como disse, talvez não este barril em particular.

– E a outra marca?

Middleton abanou a cabeça.

– Não a reconheço... Não, espere, talvez... – Pegou a caneta. Num pedaço de papel, copiou a marca do barril, depois desenhou mais duas linhas. – Veja. Pode ser isto, o que a marca era. Pode ter se apagado ou ter sido descuido de quem marcou. – Estendeu a ele ambos os papéis. Sebastian viu que os dois traços adicionais convertiam D & F em P & E.

– Não há nenhuma fábrica D & F – retomou Middleton. – Mas P & E refere-se à fábrica Pettigrew & Eversham. Era uma das muitas que despontaram durante a guerra, para fazer lucro. E ter algumas más explosões. As privadas nem sempre são tão cuidadosas com isso. Podemos controlar a qualidade daquilo que fazem, mas não como o fazem. Não é um passatempo para amadores.

Não, realmente. Houvera algumas explosões e fogos graves naquelas fábricas. Era uma das razões que o levara a deixar Audrianna na estalagem que tinham usado na noite anterior. Duvidava de que os trabalhadores dali alguma vez se esquecessem que bastava um derramamento, um deslize, para irem todos para o céu.

O quebra-cabeças captara agora a atenção de Middleton. Pegou novamente os papéis e começou a matutar sobre aquele que Sebastian trouxera.

– Põem a marca depressa, diria. É descuidado.

– Possivelmente não. O desenho provém de um artilheiro que sobreviveu. É da memória dele, e pode ser impreciso ou incompleto.

– Ele lembrava-se de mais alguma coisa?

– Não com muita certeza. Só disse que o barril foi fácil de abrir. Mais do que o normal. É importante?

– É impossível saber. Sugere, no entanto, que o barril foi aberto antes. Possivelmente no arsenal.

Middleton não teve de dizer expressamente, nem o faria. Se o barril tinha sido aberto no arsenal, teria sido para testes. Sendo assim, alguém olhara para o outro lado quando saíra a indicação de que era de má qualidade.

– Qual a localização desta fábrica? Pettigrew & Eversham?

– A propriedade fica no Kent – informou Middleton. – No entanto, com o fim das hostilidades, como outras arrivistas, fechou. Acho que a fábrica foi vendida.

– Obrigado, Mr. Middleton. Foi de uma ajuda imensa.

O semblante de Middleton anuviou-se.

– Não lhe disse nada digno de nota. Confio que reconheça e que não informe ninguém da minha prestabilidade.

– Tanto quanto o Gabinete do Material de Guerra possa vir a saber, dando-se o caso de virem sequer a tomar conhecimento desta conversa, o senhor apenas me garantiu a impossibilidade de sair pólvora adulterada de uma fábrica real.

Sebastian amarrou o cavalo à carruagem, subiu para o lado de Audrianna e ordenou ao cocheiro que avançasse.

Ele não lhe dissera aonde ia quando a deixara à espera na estalagem e saíra a cavalo. Podia ter tido um desejo irresistível de se atracar com uma criada num campo próximo, tanto quanto ela sabia.

– Enquanto estamos em Airymont, terei de percorrer a propriedade – disse ele. – Anda a cavalo? Pode vir comigo. Os rendeiros irão apreciar se fizer isso.

– Ando. E também canto, desenho e toco razoavelmente o piano. A minha mãe, tal como tantas outras, acreditava que as jovens deviam saber essas coisas.

Ele a olhou de relance, como se para ver se ela se insultaria com a sua pergunta. Ela sorriu para informá-lo de que a sua resposta fora uma brincadeira. Principalmente.

Ele instalou-se para prosseguir viagem. Havia obviamente pensamentos que o ocupavam, mas ele não parecia inclinado a partilhá-los com ela.

– Soube de alguma coisa interessante na reunião?

Ele encolheu os ombros.

– Foi uma breve conversa de negócios.

– Os seus negócios são a política e o governo. Provavelmente receou de me aborrecer e me deixou aqui para me poupar. Foi gentil da sua parte.

Ele pareceu realmente satisfeito com a gratidão dela. E aliviado?

– No entanto, não seria nada entediante ouvir você falar disso. Absolutamente nada. Tenho muita curiosidade acerca da governação.

– Não foi nada de interessante, garanto. – Atirou aquele sorriso, para incitá-la a pensar em outras coisas, ou mesmo a não pensar em nada além dele.

– A paisagem rural do Essex é lindíssima – comentou Audrianna, sonhadora, olhando pela janela. – É difícil acreditar que existe uma fábrica a poucos quilômetros com o potencial de destruir tudo aquilo para que estamos olhando neste momento. A oficina Waltham Abbey fica ali à beira-rio, mais para baixo.

– Acho que fica, agora que menciona.

– Agora que menciono? Esqueceu assim tão rápido? Mas nem sequer há uma hora esteve lá.

Sentiu-se mortificado, depois resignado por ela ter descoberto.

– Não fiquei sabendo de absolutamente nada de interesse – voltou a sossegá-la.

– Eu expliquei que seria eu a decidir o que para mim era de interesse sobre esta matéria.

– Está se irritando sem motivo. Apenas falei com o armazenista, e aprendi alguma coisa sobre o processo de embarrilagem e transporte da pólvora. Não a levei porque é perigoso ficar ali.

Ela conseguiu reduzir a raiva crescente a um pequeno fervilhar. Analisou o rosto atraente de Sebastian. Sorridente. Apaziguador. Inocente.

Mentia. Não diretamente, mas ela devia ter estado lá. Ele soubera algo daquele paioleiro que o preocupava. Via em seus olhos quando os tirava dela.

Ela se esticou e pousou a luva na dele.

– Peço que me diga, por favor, o que ficou sabendo.

Já não sorria. Sério agora. Pegou na mão dela e a beijou.

– Não pergunte.

– Devo perguntar.

Ele suspirou, com a exasperação de um homem encurralado.

– Soube que a pólvora não pode chegar à frente de batalha sem alguém o autorizar deliberadamente, depois de saber que estava inutilizada.

Ela sentiu um aperto no coração. Não fora negligência, então.

– Foi uma conspiração. Um plano. Como você suspeitava.

Ele assentiu com a cabeça.

As implicações eram inaceitáveis, de tão desconsoladoras.

– Era por isso que eu queria ter ido com você. Acho que ouve o que quer ouvir, para confirmar as suas teorias.

O olhar dele penetrou no dela.

– Acredita mesmo que me daria a tanto trabalho para magoá-la e pôr mero orgulho à frente da sua felicidade?

Ela não queria pensar assim, mas ele tinha fome de culpados como ela tinha de justiça.

– Você é melhor do que isso. Acho, porém, que não é só o orgulho que o faz investigar. Acho... Acho que faz isso por causa do seu irmão, e da vida que deve partilhar com ele agora, e a maneira como ele foi ferido. Não me parece que a minha felicidade tenha significado algum nessa sua busca. Eu sou, afinal, um acrescento tardio, inesperado e inconveniente.

A sua reação de irritação a impressionou. Assustou-a. Parecia que o esbofeteara. Que o desafiara. O olhar dele dizia-lhe que havia dito algo que não devia.

Ela desviou o olhar, para pôr um fim à discussão. Não seria assim.

– Há mais alguma coisa que queria dizer? – perguntou ele rispidamente.

Ela reuniu coragem.

– Mesmo que tenha sido assim que aconteceu, com um plano, o meu pai não esteve envolvido.

– É muito possível que não.

– Seguramente que não.

Ele limitou-se a olhar para ela.

Ela deixou que a carruagem colocasse alguns quilômetros entre eles e a discussão. Depois fez uma pergunta acerca de Airymont, para mudar de assunto. Ele demorou a responder.

Durante uma hora, a conversa discorreu com coisas pequenas, sem importância, e ela tentou ignorar que a ferida tinha sido remexida com tanta força que sangrava.

Capítulo 18

A casa de Airymont situava-se no alto de uma elevação do terreno, varrida pelos ventos marítimos da costa do Essex, a cerca de dois quilômetros de distância. Assim como a casa de Londres, ostentava a opulência grandiosa dos solares do século anterior, com duas alas a enquadrar um grande pátio e uma escadaria elaborada que conduzia à entrada, no centro do bloco de pedra principal.

Os criados os cumprimentaram como se Sebastian fosse o senhor. Perfilaram-se para conhecer Audrianna. Conduziram-na aos seus aposentos e em seguida a governanta mostrou-lhe a casa enquanto Sebastian se reunia com o administrador.

Ela voltou aos aposentos. Fora escolhida uma empregada para ser a sua criada pessoal e a mulher desfazia suas malas. Audrianna espreitou para o pátio, da janela alta. Lá embaixo, Sebastian subia para um cavalo. Vestira a casaca e as botas de montar, e já tinha um homem posto a cavalo ao seu lado.

Apareceu um criado à porta com uma explicação. Lord Sebastian presumira que ela quereria descansar depois da viagem, e um assunto da propriedade o obrigava a sair com o administrador. Voltara ao fim do dia para o jantar que fora marcado.

– Vai querer este vestido para hoje à noite, senhora? – A criada segurava o seu vestido de noite de cetim rosa.

– Não. O branco.

Audrianna ficou vendo os dois cavalos trotarem para fora do pátio. A perspectiva que tinha, tal como as enormes alas da casa, deixavam-nos menores. Havia sem dúvida algum assunto da propriedade a que ele devia atender. Numa propriedade tão grande como aquela, haveria sempre. A viagem de carruagem fora cheia de silêncios ásperos entre as conversas de circunstância, e ela suspeitara que ele não lamentara ter sido chamado.

Sebastian encetou um galope logo que saiu do pátio. A velocidade não acalmava seu ânimo. E, sim, equiparava-o.

Devia tê-la deixado em Londres. Fora idiota em procurar razões para não o fazer. Tinha de levá-la para conhecer o campo algum dia, mas não necessariamente naquele momento específico.

Às vezes ela confundia seus sentidos. Era a sua única desculpa, e bem esfarrapada.

Claro que ela conheceria a localização das fábricas de pólvora reais. Kelmsleigh provavelmente falava daquelas coisas em casa com tanta naturalidade como Wellington falava da guerra e outros nobres falavam de cavalos e clubes.

Dadas as circunstâncias, fora estúpido pensar que naquela manhã ela o deixaria sair sossegado como fazia sempre em Londres, sem o interrogar acerca disso. Ela teria ignorado se pensasse que ele visitava uma amante, mas não conseguia ficar calada face à suspeita de que tinha ido à fábrica de pólvora.

A tentação de mentir havia sido forte. Não para evitar uma discussão, mas para evitar ver mágoa no olhar dela. Se ele soubesse que ela nomearia tão calmamente a sua insignificância, como se fosse uma verdade de aceitação geral, ele teria mentido. Se ele adivinhasse que ela diria o resto...

– Senhor!

Sebastian freou bruscamente o cavalo e virou-se para trás. O administrador acenava-lhe e apontava para a esquerda.

– Queria ir à quinta Mulder, não queria, senhor?

Queria? Não conseguia se lembrar. Confuso, era assim que ele estava. Tudo porque uma mulher se sentia infeliz.

Sebastian voltou a trote e encaminhou o cavalo para um caminho florestal que conduziria à quinta. Havia rendeiros a quem falar e benfeitorias a inspecionar. Ocuparia o seu tempo e a sua mente com coisas úteis, não os olhos verdes acusadores de uma mulher que nunca conseguiria confiar nele.

O jantar correu bem. Não fora um feito de Audrianna, porém. O administrador e a governanta tinha planejado e Sebastian fizera os convites. Audrianna não tivera de fazer nada, a não ser desempenhar o papel de anfitriã.

Os convidados eram todos desconhecidos para ela mas velhos conhecidos de Sebastian e conheciam-se entre si, como é hábito entre vizinhos no campo. O ambiente tornou-se informal e alegre. A atenção que recebeu como jovem esposa foi suficiente para se sentir incluída, sem ser tanta que se sentisse exposta.

Sebastian era um anfitrião excelente. Espirituoso. Tranquilo. Caloroso. Apresentava-se descontraído com aquelas pessoas que conhecera a vida inteira. O único constrangimento que existia – e não parecia a Audrianna que mais ninguém reparasse – era entre ele e ela.

A ferida ainda sangrava. Ela tentara tapá-la, aplacá-la, mas as implicações da discussão provocaram dores profundas que ela não dominava.

Ela não queria aquela brecha invisível que sentia entre eles. Não queria perder a familiaridade que se iniciara e que tornava a vida verdadeiramente mais tolerável. E, ainda assim, também não conseguia escapar do medo de que ele condenasse o pai a mais desgraça ainda, e aquele bom homem nunca teria sequer a possibilidade de se defender.

Olhou para ele, do outro lado da mesa, ao som de prata batendo em porcelana. As senhoras falavam de vestidos comprados para a temporada e os homens discutiam caça e política. O olhar dele encontrou brevemente o dela e ele sorriu.

Não era um dos seus sorrisos ganhadores, desenhado para hipnotizá-la. Nem mesmo o sorriso de um amigo. Visava a tranquilizar, mais nada. Um sorriso de aprovação, que dizia que a desajustada noiva estava se saindo bastante bem naquela noite.

Ele não foi ao quarto dela naquela noite. Chegou um momento, um momento distinto, em que ela soube que não o faria.

Aquilo a magoou. Assustou. O seu coração abriu um buraco, como se tivesse sido retirada alguma coisa vital.

Debruçou-se sobre a pequena discussão que provocara aquele afastamento. Ainda que breve, produzira um caos de emoções fortes. Raiva e mágoa e medo da parte dela. E da dele?

Raiva também, quando ela disse que ele iria até o fim, mesmo se a magoasse. A reação dele ocupava seu espírito agora. A expressão dele não era só raiva. Também estava surpreendido e... ultrajado. Desiludido?

Subitamente aquela discussão lhe pareceu muito diferente. Àquela nova perspectiva, ela não era a única a estar ressentida. Sentiu uma ponta de pânico trepidando no vazio, ao imaginar como parecera e soara aos olhos dele.

A reunião na fábrica o perturbara. Ele não quisera falar no assunto. Não quisera dizer em que direção apontara. Ele tentara poupá-la durante algum tempo, pelo menos. Em troca, ela o acusara de indiferença à sua felicidade.

Audrianna encontrou um roupão e vestiu. Embrulhou-se num xale comprido. Iria até ele e pediria desculpa. Não por estar magoada. Não por sentir medo ou raiva. Pediria desculpa por ter se esquecido de se interrogar sobre a razão da irritação e da mágoa dele.

* * *

Ele não estava no quarto dele. Ela ficou olhando para o aposento, desapontada. Reunira a sua coragem a cada passo que dera, e para nada.

Sons no quarto de vestir avançaram para a porta. Ela sentiu o coração dar um pulo ao ver a porta abrir. A sua disposição pensativa a fez pensar naquela reação. Não era medo. Nem um pouco. Era excitação e alegria e expectativa de repor as coisas. Era isso que ela sentia.

Não era Sebastian. O velho criado que cuidava do seu quarto espreitou atrás da porta.

– Foi para o observatório – disse. – Não se sabe quando virá, senhora.

– Onde fica esse observatório?

– Não é um observatório verdadeiro. É a cabana do jardineiro. Fica para lá do jardim principal, atravessando o bosquezinho, numa clareira do outro lado.

Ela saiu e desceu as escadas. A noite não estava assim tão fria e o xale era quente. Ia até ele, diria o que se sentia obrigada a dizer, e partiria. E talvez de manhã já tivessem deixado de parecer estranhos.

O Universo muitas vezes o acalmava. A sua vastidão absorvia qualquer escuridão que ele carregasse na alma. Uma gota de veneno não tem potência quando derramada no oceano.

Aquela noite, como em outras há muito tempo, afetou-o de forma diferente. A sua beleza comoveu-o profundamente. Perdeu noção dos dados científicos, de preocupações astronômicas e ficou apenas observando até flutuar lá em cima. O telescópio e a cabana, a distância e a sua própria corporalidade, cessaram de existir durante largo tempo.

Ocorrências assim sublimes aconteciam raramente agora. Estava grato por voltar a experimentá-lo mais uma vez, como uma memória vívida de um amigo de infância.

O mundo intrometia-se sempre, contudo. Uma brisa. O metal contra o seu rosto. Um suspiro ou uma respiração. Não era preciso muito para quebrar o feitiço.

Não foi um som que o quebrou daquela vez. Nem um toque. Apenas uma consciência de que já não estava sozinho. Desviou o rosto das estrelas.

Audrianna estava do lado de fora da porta aberta, observando. Tinha vestido um roupão adornado com babados de renda que contrastava com o xale de lã que a envolvia. O luar realçava o fogo escondido no seu cabelo, mas também lhe lançava o rosto na sombra.

– Entra, Audrianna.

Ela saiu da grama para o chão de madeira. Não havia candeeiros e só a porta de entrada e o buraco no telhado deixavam a luz desmaiada da lua crescente entrar.

Ela examinou o abrigo simples. Sem ser sequer uma casinha rústica, servira aos jardineiros de lugar de repouso das longas horas de trabalho. Sebastian colocara lá o telescópio há dez anos, quando reparara que era ideal, com a altura do terreno e a ausência de copas.

Ela passou os dedos pelo metal brilhante do telescópio.

– Isto fica aqui, assim, metido naquele buraco? E se chove?

O seu sentido prático o encantou.

– Eu o tiro daí quando saio e tapo o buraco. – Agarrou numa corda fina que caía do teto. – Desliza em ambos os sentidos quando puxo isto.

Ela admirou o telescópio, curvando-se para ver como apontava para o retalho de céu.

– É impressionante.

– Gostaria de espiar?

– Muito, se puder.

– Chega aqui, então.

Ele apontou a lente para Marte, depois a colocou no colo dele.

– Posicione o seu olho aqui.

Audrianna espiou, hesitante, como se receasse partir alguma coisa. Depois encostou o olho e arquejou.

– É maravilhoso – sussurrou. – Glorioso.

Ele a sentiu ser absorvida como acontecia com ele. Pôs o braço à volta dela para ela não ser incomodada pela necessidade de se equilibrar nos joelhos dele. Mechas sedosas roçavam seu rosto e a lã do xale aconchegava sua mão contra o corpo dela.

– Espera. – Ele inclinou sua cabeça para o lado, para apontar o telescópio para outro lugar, e verificou a vista. Ela voltou a espiar e arquejou novamente.

As estrelas tinham ajudado em muito a melhorar o seu mau humor. Segurá-la também. Não totalmente. Ressentimentos que ele não queria nomear ainda ressoavam profunda e gravemente, incoerentemente, como faziam desde há dois anos, mas pelo menos ele podia voltar a ignorá-los.

– E você se habitua a isso? – perguntou ela. – Torna-se trivial com a repetição?

– Nunca. – A resposta saiu tranquilamente, grave e masculina. Calma. Ela compreendia agora por que razão nenhuma da turbulência do dia viera recebê-la quando se pusera à porta. Aquela cabana oferecia um tipo de escape desconhecido da maioria das pessoas. Ele podia olhar para as estrelas, e qualquer emoção pareceria pequena em comparação.

Ela interferira com aquilo. Invadira. Fora gentil da parte dele permitir e lhe mostrar o que existia verdadeiramente no cintilante céu noturno.

Ela abdicou da glória. Deixou-se escorregar do colo dele.

– Obrigada. Foi espantoso.

– Um dia desses a levo a Greenwich e arranjo forma de te fazer entrar no observatório às escondidas, para poder olhar por um maior.

* * *

– Seria uma maravilha. Poder olhar. Entrar às escondidas também deve ser divertido.

Audrianna atravessou o chão de madeira e saltou para a grama. Olhou para o céu, tão diferente do que acabava de ver.

– Audrianna, por que veio até aqui?

Ela se virou. Ele não tinha voltado ao seu escape. Estava à porta da cabana.

– Não é dada a passeios noturnos – declarou ele. – Por que veio?

– Estava à sua procura. Queria me desculpar. Não pelo que senti, ou por proteger o nome do meu pai. Nem sequer por temer que você não fizesse isso.

– Por quê, então?

– Por só pensar nos meus próprios sentimentos e medos. E por não ser mais meiga. Acho que disse alguma coisa que feriu sem intenção e de formas que não compreendo. Se assim for, peço desculpa.

Ele desceu.

– Não se pode culpá-la por ver rapidamente algo que a mim mesmo levou tempo a mais para reconhecer.

– Nem sequer sei a que se refere. Acho que me entendeu mal.

– *A vida que tem de dividir com o seu irmão*. Foi a razão que havia dado para a minha investigação. Identificou uma verdade desconfortável.

– Não quis dizer que os dois vivem uma vida única.

– Só que vivemos.

– Não vejo...

– Então olhe novamente. Eu exerço a influência dele. Tenho o poder dele. Faço de senhor das propriedades e sento-me à mesa no lugar dele. Moldei a minha vida e a mim mesmo a este dever de fazer as vezes dele, mas sem o substituir. Tivesse ele morrido na guerra, teria sido uma razão mais trágica para tomar o seu lugar, mas o dever e o papel teriam sido uma herança natural.

À medida que falava, o seu tom de voz tornava-se mais áspero. Não era por ela. Os próprios pensamentos e palavras o enraiveciam.

– Você não é... É admirado por direito próprio, e qualquer poder advém do seu caráter e discernimento.

– Sendo verdade, ainda é pior. Vivo a vida dele, ocupo o lugar dele e ele ainda está vivo e me vê fazer isso tudo, inferno! Se ele pensa que eu vivo a vida dele melhor do que ele conseguiria... Maldição, essa existência conjunta me traz momentos de infelicidade profunda, mas deve causar muitos mais a ele. Eu sou o ladrão, afinal. A perda é dele.

Ela não sabia o que dizer. Compreendia, porém, a sua tenacidade no assunto da pólvora agora. Compreendia por que razão ele não desistia. A metade que estava na cadeira não podia, por isso a metade que andava no mundo fazia. Fosse por amor ou por se sentir em dívida, ele proporcionaria ao irmão algum tipo de justiça.

– Faz o que tem de ser feito. Não rouba nada.

– Quer eu roube ou ele dê, partilhamos de fato uma vida por decreto do destino. – Estendeu o braço na noite e tocou seu rosto. – Até partilhamos você.

Ela ficou sem ar, e só parcialmente por causa da carga que a atravessara com aquele toque.

– O que quer dizer?

– Você sabe o que quero dizer.

Ela temeu que sim. Teve uma ideia que lhe ocorrera antes. Só que naquele momento adquiria um novo significado.

– Aquele dia na sua casa... a boa disposição do seu irmão na minha companhia... Foi por isso que voltou a me pedir em casamento? Por ele?

– Quem sabe, em parte. Não foi consciente. Contudo, o fato de ele gostar tanto da sua companhia pode ter me encorajado a pressioná-la mais do que teria feito. – Sebastian cruzou os braços e voltou o olhar para as estrelas, como se procurasse distração. Ou uma nova fuga. – Duas metades de um todo. Tornou-se tão normal que nem sequer reparo, a não ser que a verdade não possa ser evitada. Claro, não esperava... Bom, não planejei partilhá-la assim tão literalmente.

O choque a deixou num estado de precisa lucidez. Desfilaram memórias, de comentários e perguntas, de reações e estados de espírito. Ela receou compreender bem demais aquilo a que ele se referia.

– Se acha que nutro sentimentos românticos pelo seu irmão, e que lamento a enfermidade dele por essa razão, está muito enganado.

Ele olhou para ela. Sombrio. Tenso.

– Ele é um amigo – declarou ela. – Um amigo querido. Tenho amor por ele como a um irmão. Certamente não como a um marido ou amante. Seja o que for que vocês dois partilhem, não inclui a mim.

Ela o abraçou, pois assim talvez ele acreditasse nela. Os braços dele puxaram-na mais para perto e a olhou como se pudesse ver seus pensamentos no escuro. Ela estendeu os braços e segurou seu rosto nas mãos e o fez se inclinar para beijá-lo e talvez ele ficasse sabendo que mesmo quando era um estranho não lhe excitara somente o corpo.

O desfecho era inevitável. Ela sabia que aquele beijo seria como lançar lenha para uma fogueira. Outro escape talvez, mas venceria o constrangedor abismo que se formara naquele dia.

A luz que a lua emanava na medida certa criava uma noite mágica. Árvores escuras revestiam a clareira, que, com o primeiro beijo, se tornou uma câmara privada, íntima e natural. As estrelas próximas converteram-se num dossel de pontos brilhantes.

A paixão cresceu num derramamento de abraços ávidos e beijos furiosos. Ela acolheu a investida, isso a incitou. Do seu poder e dureza fluiu uma emoção doce, nascida das confidências dele e, agora, do alívio dela por aquele dia complicado afinal não a ter deixado sozinha, vendo-o recuar em vez de avançar.

O abraço dele se apossava dela, amparava-a, controlava-a. Ele ajoelhou-se e os seus beijos assenhoraram-se do ventre e do quadril dela, das suas coxas e da sua elevação. Queimavam sua roupa até o sangue, até ela sentir línguas de um prazer fogoso lamberem sua pele.

Ele tirou o xale e o atirou para o chão, depois deixou-se cair levando-a consigo, pondo-a em cima de si, entrelaçados num abraço tão vigoroso que bem podiam estar tentando entrar na alma um do outro.

Ele fez com que se ajoelhase e acariciou a frente do roupão.

– Abra.

Ela se debateu impacientemente com os botões, erguendo-se para conseguir chegar a todos. Ele desapertou a sua própria roupa. O corpo dela tremia com o que estava para vir. Um pulsar profundo suplicava.

Ele puxou o tecido do roupão para o lado, deixando-o completamente aberto, e a ela exposta. As estrelas cintilaram nos olhos quando as suas mãos iniciaram voluptuosas carícias nos seios. Em breve, ela balançava ao sabor daquele pulsar profundo que se tornava insuportável.

Ela tirou o tecido de baixo de si para que aquele pulsar pudesse sentir a dureza e o calor e a promessa dele. Era delicioso estar assim ajoelhada, montada nele, provocada tão fisicamente ao luar.

Ele baixou-a para si, para conseguir torturar seus seios com a língua. Entrou nela apenas o bastante para excitá-la e deixá-la histérica. Os seios dela estavam tão sensíveis que parecia que cada passagem da língua provocava um arrepio de prazer entre eles.

Ela quase chorava quando ele finalmente entrou nela completamente. Atirou a cabeça para trás e abriu os olhos e viu as estrelas caindo e entrando nela. Depois, desabou no abraço dele enquanto ele a arrebatava.

Atravessaram o jardim antes do nascer da aurora. Saciados e com a pouca roupa desarrumada, entraram sorrateiramente na casa como dois criados com uma ligação clandestina.

Ele a deixou à porta do quarto. Ela o beijou antes de abri-la. Era o quarto beijo que ela lhe dava livremente, sem ele a conduzir primeiro ao abandono? Estava perdendo a conta.

– Você pode mudar a situação se quiser – disse ela. – Podemos sair daquela casa. Você pode deixar o governo. Eu farei aquilo que quiser. – Riu. – Podíamos ir para o Brasil.

A preocupação dela o tocou. Ele a beijou uma última vez antes de sair, para lhe dar nota disso.

– Você é boa demais e eu fico grato. Mas deixei de saber como quero que a minha vida seja. Já não sei o que quero.

Exceto ela. Ele sabia que a queria. À sua paixão como ao seu coração.

Ali estava.

Tão inesperado.

Capítulo 19

Quatro dias depois Sebastian concluiu que mesmo uma mulher agradável e apaixonada acabaria por se cansar do uso continuado do marido. Dado que não conseguia refrear-se naquele cenário idílico em que nada interferia, mandou dizer aos criados que ele e Audrianna retornariam a Londres.

Ela adormeceu nos braços dele assim que a carruagem saiu do pátio. Ele devia se sentir culpado por esgotá-la. Em vez disso, conhecia apenas o contentamento do Diabo.

Após uma noite na estalagem, Audrianna já se sentia mais ela mesma. Reparou, portanto, que não seguiam a mesma estrada pela qual tinham ido para o campo.

– Estamos no Middlesex – aventurou-se ela depois de examinar as quintas e edifícios pelos quais passavam ao se aproximarem de Londres. – Não estamos longe de Cumberworth.

– Já que estamos na estrada, achei que gostaria de ver suas amigas.

Ela sorriu de deleite. Ele se sentiu um rei magnânimo, dando a sua aprovação ao pedido dela de manter aquelas amizades, mesmo tendo ela deixado claro que faria o que quisesse. E era assim que as mulheres convertiam homens lúcidos em idiotas consentidos.

O sorriso dela se desvaneceu depressa, como uma bandeira que tivesse parado no meio mastro.

– Não será uma visita alegre. Tenho que falar com a Celia. Quando saímos, ainda não tinha escrito a ela. Não encontrei coragem, nem palavras.

– Poderá ser mais fácil se a vir. Será com certeza mais afável.

Mrs. Joyes saiu da casa quando a carruagem parou. Abraçou Audrianna e deu as boas-vindas aos dois.

– Lizzie e Celia estão na estufa. Deve ir até elas imediatamente. Ficarão tão felizes por terem vindo até aqui.

– Eu vou. Preciso falar com a Celia em particular, Daphne. – Olhou para ele.

– Então vai. Tenho certeza de que Lizzie dará a vocês a privacidade que procura.

– Eu ficarei aqui desfrutando do bonito dia – completou Sebastian. – Vá até o jardim quando estiver pronta para sair. Mrs. Joyes, vem dar uma volta comigo? Acho que há uma cancela ali.

Mrs. Joyes o acompanhou até a cancela e depois para o jardim. Sebastian viu Audrianna, com a sua touca de tecido crepe claro, entrar na estufa e saudar as suas amigas com abraços. As distorções do vidro não permitiam uma visão nítida dos traços do rosto, mas identificou Celia pelo cabelo loiro. A de cabelo escuro devia ser Lizzie.

Pouco depois a cabeça morena afastou-se e Audrianna ficou sozinha com Celia.

– Não será uma conversa agradável, não é? – indagou Mrs. Joyes, desviando o olhar preocupado dos painéis de vidro.

– Não. Sabe do que estão falando e por quê?

– Acho que sim. Você ficou sabendo da mãe da Celia e proibiu a Audrianna de ser amiga dela.

– Sem dúvida que considera a atitude severa. A Audrianna compreende, mesmo que você não.

– Eu também compreendo, Lord Sebastian. Mesmo as pessoas que confrontam o mundo têm de escolher as suas batalhas. A Audrianna está pouco equipada para lutar esta, e deve se retirar.

– Acho que ela pretende continuar a visitá-la aqui. A amizade não terminará completamente.

Ela ergueu as sobrancelhas, impressionada. Ele a deixou acreditar que havia concordado com aquilo, em vez de pouco lhe ter sido permitido opinar.

– Fico surpreendido por ter adivinhado de que se tratava – retomou Sebastian. – A Audrianna diz que nenhuma de vocês sabe a história completa das outras. Que há uma regra que desencoraja perguntas.

– Eu sei mais do que a maioria. Afinal, trata-se da minha casa. Eu as trago para aqui. É uma boa regra, embora me pareça que Lord Sebastian não a aprova.

– Como mostram os desenvolvimentos, é uma regra com riscos. Podia pelo menos ter avisado a Audrianna.

– Quer dizer, avisado a você, não é? Era muito provável que ninguém viesse a descobrir. Mais do que lhes dever uma explicação, tinha para com a Celia a dívida da discrição.

Ela parou para examinar uma rosa que trepava pela parede do conservatório de plantas. Murmurou algo para si mesmo sobre a necessidade de podá-la e retomaram a marcha.

– Há mais alguma surpresa a caminho? – perguntou ele. Havia ali mais duas mulheres com histórias pouco claras, incluindo a que estava agora ao lado dele.

– Possivelmente. Nunca se sabe. As mulheres muitas vezes deixam os seus passados para trás por muitas boas razões. Se o passado as encontra apesar dos seus esforços... – devolveu ela com um encolher de ombros.

– Desde que nenhuma de vocês seja assassina ou pirata, suponho que a reputação da minha mulher sobreviva a mais revelações.

Ela não achou graça no comentário.

– Vou contar-lhe uma história que explica a razão pela qual nem eu sei tudo. Quando cheguei a esta casa, tinha uma criada. Depois contratei outra. Esta segunda mulher era nova aqui e a sua história era imprecisa. Parecia honesta mas muito submissa, por isso a empreguei. Passou a ser uma irmã para mim. Pode-se dizer que ela iniciou o Flores Preciosas. A estufa que vê deve-se em grande parte ao conhecimento de horticultura que ela tinha e ao que ela me ensinou. Também aprendi com a amizade daquela doce mulher que uma mulher sem família não precisa ficar só.

– Foi simpático da sua parte acolhê-la e ambas se beneficiaram. No entanto, uma experiência feliz não significa que todas tenham o mesmo resultado.

– Ouça-me, senhor. Ela ganhou amizade com a outra criada e um dia confiou-lhe o que já haviam me dito. Que ela fugira de um marido que batia nela. Revelou o nome verdadeiro. A outra moça não foi discreta. Não foi a intenção dela prejudicar, mas deixou de ser segredo. O bruto do marido veio até aqui e a arrastou daqui para fora, como era seu direito por lei. – O rosto dela se contraiu. – Nunca esquecerei o terror que vi nos seus olhos. Eu me vi impotente, nada podia fazer para ajudar.

Daphne respirou fundo e travou a emoção que se introduzira na sua voz.

– Bateu nela uma vez, duas, na minha frente mesmo. Com o punho, e no rosto dela. Fez sangue e... seja como for, agora, quando uma das minhas irmãs não quer falar no passado dela eu respeito, Lord Sebastian, e conto que as outras mulheres daqui façam o mesmo.

Não havia nada a dizer em resposta a uma história como aquela. Confirmava, porém, a sua convicção de que as ambiguidades daquela casa seriam potencialmente perigosas.

– Espero que a sua bondade e generosidade sejam sempre retribuídas na mesma moeda, Mrs. Joyes.

– Chegará o dia em que não serão, acho eu. Porém, até o momento, a minha avaliação de caráter me protegeu. – Ela olhou para além dele, na direção da estufa. – Aí vem a Audrianna. Parece estar prestes a chorar. Devo confortar a Celia. Deixo a mágoa da sua mulher ao seu cuidado, Lord Sebastian.

* * *

O tempo de Sebastian depressa foi absorvido pelo governo e pelo início das sessões parlamentares. O tempo de Audrianna foi ocupado com as exigências de uma agenda social cada vez mais preenchida.

Começou a receber visitas. Escolheu as terças à tarde, pois sabia que Lady Wittonbury se ausentava de casa. Recebia os curiosos e os cruéis, os amistosos e os oportunistas. Havia uma quantidade mais do que apreciável de pessoas com a ilusão de que a mulher de Lord Sebastian podia influenciá-lo para benefício dos seus maridos e da sua família.

A maioria era de mulheres, mas alguns eram homens. Os últimos conseguiam ser muito diretos, mas as primeiras confiavam na lisonja e no tempo para conquistá-la. Perguntava-se o que pensaria Sebastian se ouvisse algumas das apreciações poéticas que lhe eram dirigidas durante as visitas.

Por outro lado, podia não ver estranheza nenhuma naquilo. Talvez ele visitasse a mulher de algum lorde ou membro do parlamento quando não estava em casa, aplicando os seus encantos para conquistar favor para um dos seus projetos de lei.

Duas semanas após a visita a Airymont, Audrianna levou um livro para a sala de visitas para aguardar os cartões e os visitantes. Lá fora, havia grande movimento nas ruas de carruagens e grandes carroças. O influxo anual das melhores famílias a Londres havia começado com força.

Fez deslizar uma carta de dentro do livro. Celia escrevera. Tinham combinado continuar com aquela comunicação, assim como com as visitas de Audrianna. Olhou para a caligrafia familiar da amiga e pensou no encontro em que perguntara a Celia se a história de Lady Ferris era verdade.

Celia não mostrou qualquer embaraço. Nenhuma vergonha. Foi um alívio. E ela soube imediatamente o peso que aquilo tinha na amizade delas. Nenhum ressentimento. Nenhuma mágoa que fosse visível. Audrianna foi quem chorou e Celia quem reconfortou.

Agora Celia escrevera uma carta e por sinal uma bem crítica. Talvez pensasse que Sebastian a poderia ler e não se atreveu a escrever claramente.

"*Tenho razões para acreditar que as suas perguntas receberão em breve algumas respostas.*" Referia-se às perguntas sobre Dominó. Até o momento não tinham chegado cartas para ela ao escritório de Mr. Loversall, o advogado que ela empregara como receptor de correio. Os empregados dos hotéis e teatros que ela abordara também não a tinham contatado com informação.

Era improvável que Celia tivesse se encontrado ela mesma com Dominó, por isso a sua misteriosa alusão não fazia grande sentido.

Desejou que ela tivesse escrito sobre outras coisas, como o estado de saúde de Lizzie e a ressurreição do jardim com a chegada da primavera. Audrianna deu por si visitando as floristas com quem o Flores Preciosas trabalhavam, e comprando ramos que a deixavam nostálgica.

– Senhora. – A voz a arrancou subitamente dos seus pensamentos. O mordomo estava à sua frente, de salva na mão.

Audrianna leu o cartão e ficou logo incomodada. Roger viera visitá-la. Aquilo é que era descaramento.

Ela aceitou vê-lo e preparou-se para sentir os ecos da velha dor. No entanto, quando ele entrou na sala, não sentiu nada a não ser uma pequena irritação por ele não ter o bom senso de não procurá-la.

Ele estava de uniforme e estava com uma aparência boa. O seu olhar percorreu a sala de estar, para se deter na figura solitária dela. Os olhos dele brilhavam com uma familiaridade que ele já não devia mostrar, mesmo estando os dois sozinhos.

– Vindo de Brighton, outra vez? – indagou ela.

– Sim, uma curta licença. Acho que conseguiremos todos passar grande parte da temporada aqui. Não há muito que fazer lá embaixo, a não ser nas visitas do príncipe regente. Os franceses não vão invadir agora, não é?

– Com certeza haverá convites em abundância em ambas as cidades. As anfitriãs gostam sempre de contar com a presença de jovens de uniforme.

Conversaram sobre os bailes e festas que estavam chegando.

– É minha esperança travar conhecimento com pessoas do governo que possam me orientar na minha carreira em tempo de paz – explicou ele. – O país tem necessidade de muito menos oficiais e não tenho talento para viver com metade do salário.

Audrianna reconheceu a abordagem. Fingiu que não.

– Talvez possa dar a eles uma palavrinha por mim – acrescentou ele ao ver que ela não se oferecia.

– Roger, só uma idiota pediria ao marido para ajudar um homem com o qual já esteve comprometida. Não é um rival, mas homens são homens.

A resposta dela o surpreendeu verdadeiramente.

– O seu marido? Lord Sebastian? Nunca pediria a você uma coisa dessas. Era minha esperança que pudesse interceder por mim junto do marquês.

– Wittonbury é inválido. Nunca sai de casa. Atualmente não tem influência.

– Não é nenhum eremita, certo? Disseram-me que exercia influência considerável antes de ir para a guerra e granjeia ainda mais simpatia agora. Uma carta bem dirigida da parte dele cairia nas graças do receptor, o qual quereria por sua vez prestar-lhe um serviço. Era amigo do exército e ainda é, e o Gabinete de Guerra não desvalorizaria a recomendação que fizesse de algum oficial.

– Ele nem sequer o conhece. Por que o recomendaria?

– Mas conhece você, não conhece? De que outra forma você pensa que isso se faz? Alguém conhece alguém que conhece alguém que faz um favor – explicou com ar divertido e matreiro. – Dizem que ele tem afeto por você. Se for assim, não terá problema em escrever a carta.

– Dizem? Quem?

Ele encolheu os ombros.

– É de conhecimento geral. Ouvi dizer que ele deu a conhecer a sua afeição por você para abrir o caminho a você, para não atingi-la tanto desdém por ter sido apanhada com o irmão perto de Brighton.

Ela subestimara o marquês. Podia ser um prisioneiro daqueles aposentos, mas, como Roger dissera, não era nenhum eremita. Ainda recebia alguns amigos e escrevia cartas. Tocou-a, que ele tentasse lhe facilitar o caminho.

– Se Wittonbury me favorece, sinto-me lisonjeada. Acho, no entanto, que não devo exagerar na avaliação da minha boa sorte. Só poderei beber água desse poço uma vez ou outra, acho.

Roger identificou a rejeição do seu pedido incluída naquela consideração. O seu rosto assumiu uma expressão de grave passividade. Disfarçou a sua desilusão com formalidade, e pouco depois se retirou.

Decidindo que esperara tempo suficiente pelas possíveis visitas, Audrianna subiu ao apartamento do marquês. Nas últimas semanas não o visitara tanto quanto antes. Em parte devia-se ao aumento das suas obrigações sociais, mas os dias dele também tinham se alterado.

Um dos médicos que foram chamados detectara alguma sensação nas pernas de Wittonbury. Sebastian ordenara que se retomassem os exercícios. Na maior parte das tardes, se alguém passasse por aqueles aposentos, ouviria Wittonbury praguejando enquanto o Dr. Fenwood forçava músculos flácidos a se moverem.

Quando entrou na biblioteca do apartamento, o esforço físico terminara. O marquês estava sentado à janela, com o rosto virado para a fresta de ar fresco.

– Ah, querida irmã. Fico aliviado por estar aqui. O Fenwood não se atreverá a se meter comigo agora.

Ela não conseguiu evitar olhar para as pernas dele. A manta nunca as cobria agora, a não ser que tivesse convidados. Parecia que mostravam mais volume. Já não se assemelhavam a rolos de trapos enfiados em calças.

– Não pergunte – diz ele. – Não passa de uma maluquice e estou farto de falar nisso.

– Então não falemos. Quer que leia para você, ou prefere um jogo de xadrez?

* * *

— Pettigrew & Eversham. P & E. – Mr. William Holmes, tesoureiro do Gabinete do Material de Guerra, murmurava repetidamente o nome enquanto examinava os livros de contas no seu escritório da Torre.

Sebastian precisara de duas semanas e considerável capital político para ter acesso àquela reunião. Mr. Holmes, como o resto do Gabinete, dependia diretamente da Coroa e não sentia nenhuma obrigação de atender a um mero membro da Casa dos Comuns. Só quando o primeiro-ministro dera a entender que a Coroa podia ser persuadida a reconsiderar a sua recém-adquirida posição e o bom salário que lhe correspondia, é que Mr. Holmes decidiu que podia afinal dispor de algum tempo para a averiguação.

– Ah, aqui está. Uma fábrica pequena, ao que tudo indica. Uma entrada bastante tardia. Parece que lhes foi comprada pólvora desde o início de 1811. Talvez se tenham pagado umas setenta mil libras ao todo. Pode parecer uma soma considerável, mas para um negócio industrial é bastante pequena. É de espantar que nos tenhamos relacionado com eles, mas a necessidade de reservas era severa.

– E o último pagamento?

Mr. Holmes correu a página com o dedo grosso.

– Maio de 1814. Provavelmente pensaram que a guerra duraria para sempre. Pergunto-me se terão sequer recuperado o investimento em três anos.

Talvez não tivessem. Aquele pensamento abriu um novo caminho na mente de Sebastian.

– Sabe quem detinha a P & E?

– Os registos não dizem. Provavelmente conseguiria descobrir o nome a quem foi enviado o dinheiro, mas pode não ser o dono. O próprio nome da firma implica uma parceria, embora nem Pettigrew nem Eversham me sejam nomes familiares. O meu predecessor, Mr. Alcock, talvez os conhecesse. Mas, claro, não está disponível.

– Se conseguisse descobrir a quem foram enviados os pagamentos, eu ficaria grato. Aguardarei a sua carta.

Sebastian voltou à cidade. Visitou um dos seus advogados. Encarregara o homem de descobrir o que conseguisse sobre a P & E, e agora ele tinha uma data de possível formação da empresa, o que, por si só, deveria tornar a investigação mais produtiva.

Capítulo 20

— Aquele sujeito está outra vez tentando seduzir a sua mulher. – Hawkeswell fez questão de não olhar na direção de Audrianna enquanto falava.

– Está mesmo? – Sebastian também não olhou para aquele lado. Ainda assim, andava vigilante.

– Confio que as semanas decorridas tenham atenuado a novidade do casamento e que não irá querer ser um asno dessa vez.

Isso ainda estava para se ver. O sujeito visitara Audrianna na semana anterior, segundo o seu criado pessoal, que recolheu a informação do mordomo. Parecia que os amigos que o sujeito tinha lhe garantiam o convite para mais festas do que seria esperado. De que servia ter um regimento em Brighton se os oficiais nunca ficavam lá?

– O nome dele é major Roger Woodruffe. Eu me informei sobre ele por você – disse Hawkeswell. – As apresentações dele vêm através de uma tia da mãe. A tia é casada com um baronete e ali o Roger explora a ligação tanto quanto pode.

Hawkeswell fizera uma pesquisa bastante completa. O que significava que provavelmente sabia que o major Woodruffe e Audrianna já tinham sido noivos.

– Prevejo então que passemos a temporada inteira tropeçando nele – concluiu Sebastian. Não se importava tanto assim com aquilo. Audrianna dissera que já não amava o major Woodruffe. Ele se sentia inclinado a acreditar nela, não fosse não querer ser um asno, nas palavras de Hawkeswell.

A presença de Woodruffe, no entanto, lhe recordava os estranhos caprichos do destino. Sebastian presumira que se não fosse a desgraça do pai de Audrianna, um anúncio crítico no *Times* e um desastroso primeiro encontro que resultou em escândalo, ele nunca a teria conhecido.

Só que o mais provável seria que a conhecesse, ao que tudo indicava. Ele podia ter ido a uma festa como aquela e tê-la visto depois de ela ter se casado com aquele oficial do exército.

E se ela o encantasse agora? Ele se veria forçado a seduzir a mulher de outro homem. Visto que não gostava muito do major Woodruffe, pelo que já conhecia, aquilo não iria incomodá-lo. Infelizmente, a Audrianna que ele conhecia podia muito bem recusar-se a ser seduzida.

– O Lorde Infame chegou, acho – disse Hawkeswell com ar sonhador.

Explicava a agitação que percorria a festa. Cabeças viraram-se e murmúrios soltaram-se quando Castleford fez a sua entrada. Ele sorria como um homem divertido com toda a atenção, embora a considerasse também um direito seu. As mães chamaram as filhas virginais para admirarem a obra do Flores Preciosas na outra ponta da propriedade.

– Pelo menos não está bêbado – comentou Sebastian.

– Não podia desfrutar da fama se estivesse. Não há nada como ser um patife dissoluto para ganhar popularidade. Quando se escrever o livro do escândalo, ele ficará com um capítulo inteiro, enquanto eu e você ficaremos reduzidos a notas de rodapé, apesar dos esforços concertados para deixarmos a nossa marca. E assim, mesmo moderada, a discrição resulta em obscuridade.

Enquanto as moças eram levadas dali para fora, os jovens gravitavam para Castleford como se ele fosse um ímã.

– Tem o dom de fazer uma pessoa se sentir velha e entediante, isso lhe concedo. Eu mesmo talvez vá me banhar na glória da sua infâmia ultrajante – disse Sebastian.

– Não é preciso. Parece que ele vem até nós. Promete me impedir de bater nele se ele começar com aquela veia sarcástica dele. Eu mesmo faço isso por você.

— Deixe-me desculpar, Audrianna. Fui atrevido demais na sua casa quando a visitei.

– Está sendo atrevido demais agora. Já não deve se dirigir a mim com tanta familiaridade. Especialmente quando outros possam ouvir.

Roger olhou ao redor e corou.

– Claro. É só que... – Lutou com as palavras, sempre com um olho nos corpos que circulavam à sua volta. – Devia ter imaginado que não podia falar livremente ali. Fiquei aliviado ao ver o seu anúncio.

– Anúncio?

– O do *Times* – sussurrou ele. – Não recebeu a minha resposta. Deixei-a segundo as instruções.

De repente ela percebeu. Vinha deixando anúncios para Dominó. No seu esforço de ser crítica, talvez tivesse sido demais. Roger concluíra, estupidamente, que a mensagem era para ele.

Não ia ao receptor do correio há dias. Fosse o que fosse que Roger tivesse escrito, ainda estava lá.

– Não sei a que se refere. Não escrevi nenhum anúncio para você. – Nunca mentira tão descaradamente na vida, mas não viu alternativa. E não tinha deixado nenhum anúncio para ele realmente.

– A.K. pede reunião com D para discutir assunto confidencial. Enviar resposta ao cuidado de Mr. Loversall, Portman Square 7. Não era você?

– Evidentemente que não. O que deu em você para pensar que era para você?

Ele corou.

– Você sabia que me chamavam Dumpfry na escola. Presumi que... – Olhou de relance na direção de Sebastian. – Dificilmente poderias usar R.W., não é? Seria flagrante.

– Deve haver milhares de A.K. em Londres. Lamento que tenha entendido mal.

– Céus! Ele está vindo aqui – sibilou Roger.

Sebastian avançava resoluto pelo túnel de flores concebido por Daphne, em direção a eles. Hawkeswell estava com ele e outro homem que ela reconheceu como sendo o duque de Castleford.

Roger deu meia-volta.

– Eu vou...

– Vai ficar aqui mesmo – ordenou ela. – Será apresentado. Se evitar o meu marido, ele pode interpretar mal o seu interesse e a nossa amizade, e eu não vou ficar explicando para ela a sua covardia pelo resto da vida.

Sebastian vinha apresentar-lhe Castleford. Alto e atlético, o duque fora abençoado com uma estatura elegante, e um rosto belo. Não obstante, apesar da sua postura quase obsequiosa, emanava algo que alarmou os seus instintos femininos. Quando se curvou para beijar sua mão, soaram campainhas de alarme.

Mau. Perigoso. Confusão e corações partidos, advertiam. Só uma mulher muito idiota não fugiria ao sentir os olhos dele em cima dela. O sorriso do duque sugeria, contudo, que o mundo estava cheio de mulheres muito idiotas.

— Fui negligente na minha amizade com o seu marido e não fiz a minha parte para a acolher no meio – disse Castleford a Audrianna. – Que beldade apanhou, Summerhays. Compreendo a sua prontidão para ser domesticado, se esta doce jovem era a cilada.

Sebastian percebeu que Audrianna olhava Castleford com um ceticismo velado, mas o elogio não deixou de fazê-la corar. Como sempre, ela se saiu bem na troca de cortesias que se seguiu.

O sujeito não tinha ido embora e fora também apresentado a todo mundo. Não pareceu notar que Castleford deixara de reparar que ele estava lá. O major Woodruffe continuava reagindo às tiradas do duque como se ele o observasse.

Sebastian se afastou e se dirigiu a Woodruffe.

– É um velho amigo da minha mulher, ela me disse.

– Sim, de muitos anos.

– Amigos de infância?

– Não faz tanto tempo assim, mas bastante tempo já.

Enquanto conversavam, Sebastian foi afastando Woodruffe dos outros, para terem alguma privacidade.

– Diz que o seu regimento está em Brighton. Sendo assim, nós o veremos mais vezes durante a temporada.

O idiota alegrou-se com o comentário, que interpretou como uma aproximação amigável.

– Espero que sim. Será um prazer.

Claro que sim, o velhaco.

– Peço que me desculpe, major Woodruffe. Sou novo no casamento e mais dado ao ciúme talvez do que alguns dos maridos mais experientes que conhecerá. É possível que procure apenas amizade com a minha mulher. Se, contudo, tem algum outro...

– Asseguro que não podia pensar menos em tal coisa.

– Então, major. Somos os dois homens. Ideias dessas nunca andam longe da nossa mente. Mas se fizer alguma coisa que me leve a pensar que a sua cabeça se demora nessa ideia em particular, vou ter que dar uma lição, acabo com você e provavelmente o mato.

Woodruffe limitou-se a olhar para ele, chocado com a audácia da ameaça. Sebastian sorriu.

– A carta foi um erro, senhor, asseguro, se ela a tem e você a descobriu – apressou-se ele a dizer. – Eu percebi mal o anúncio dela. Não voltará a acontecer. – Woodruffe não demorou a se despedir.

Carta? Anúncio? Que coisa curiosa e interessante para sair da boca de Woodruffe.

Hawkeswell reparara na conversa privada. Deixou Audrianna se desenvencilhar com as atenções do Lorde Infame e foi até Sebastian.

– Ele foi embora num instante.

– Foi, não foi?

– Parecia um pouquinho maldisposto.

– Acho que não se dá bem com bolos. As coberturas de creme são de evitar quando os dias ficam mais quentes.

Hawkeswell olhou o sobretudo vermelho que se afastava.

– Você foi um estúpido, não foi?

Sebastian suspirou.

– Sim, receio que tenha sido.

E sabia mesmo.

Audrianna disse ao cocheiro para parar na esquina de Portman Square. Caminhou depois até o edifício onde se localizavam os escritórios de Mr. Loversall.

Não era uma estrutura imponente, mas Mr. Loversall também não era um advogado imponente. Os poucos xelins que ganhava para disponibilizar a morada provavelmente eram importantes para ele, por isso desempenhava aqueles deveres com toda a discrição.

Ela cumprimentou o escrivão que organizava o correio. Entrara vezes suficientes nos escritórios nas últimas semanas para não ter de se identificar como A.K.

O empregado viu os ficheiros e abanou a cabeça.

– Continua a não ter nada, minha senhora.

– Passaram quatro dias desde a minha última visita. Tem certeza de que não há aí nenhuma dos primeiros dias? Estou muito certa de que deve ter pelo menos uma.

Ele verificou novamente e abanou a cabeça.

Era estranho. A carta do Robert devia ter chegado logo depois de sua última visita. Talvez ele tivesse endereçado errado.

– Não estive aqui na segunda-feira – informou o empregado. – Posso perguntar a Mr. Loversall se arrumou correspondência em outro lugar na minha ausência.

– Poderia fazer isso? Sei que houve uma resposta.

O escrivão entrou no escritório do advogado. Mr. Loversall apareceu em pessoa, aparentemente confuso. Olhou bem para Audrianna.

– Esta é A.K.? – perguntou ele ao empregado. – Foi ela que pagou o serviço? Tem certeza?

O empregado confirmou a sua identidade secreta.

– É altamente irregular – alvoroçou-se Mr. Loversall. – Ontem apareceu outro A.K. e levou o que havia. Presumi apenas que, se ele sabia do acordo, era realmente A.K. O A.K. correto, quero dizer.

– Ele? – Parecia que Roger resgatara a sua irrefletida carta de amor. – Era um homem alto, bonito, jovem, de cabelo ruivo?

Mr. Loversall acenou com a cabeça em cada ponto, exceto no último.

– Cabelo escuro, senhora. Muito escuro. As minhas humildes desculpas pela confusão e pelo erro. – Olhou furioso para o empregado. – Se puder oferecer alguma reparação, por favor, diga. Asseguro-lhe que não será entregue mais nenhum correio a ninguém além da senhora.

Ela mal o ouviu depois de pronunciadas as duas primeiras palavras.

Sebastian tinha a carta de Roger.

Audrianna preparou-se para uma reprimenda na melhor das hipóteses, ou suspeitas, na pior. Em vez disso, Sebastian portou-se tão normalmente nos dois dias seguintes, tão desprovido de ciúme, que ela começou a se perguntar se não poderia teria sido outra pessoa que tinha levado a carta de Roger.

Ocorreu-lhe que, tendo interferido com um eventual encontro secreto, ele tivesse dado o assunto por terminado. Ou podia ter descarregado o seu ciúme ou raiva em Roger, poupando-a. Embora pudesse ser muito justo, ela não gostava de pensar que Roger pudesse pagar caro demais o seu equívoco, por mais arrogante e presunçoso que fosse.

Ela se cansou de esperar que a espada tombasse. Portanto, quando davam um pequeno passeio em Hyde Park três dias mais tarde, juntando-se às centenas de outros que procuravam ver e ser vistos durante a hora da vaidade, Audrianna abordou o assunto.

– Tem uma carta minha?

Ele pareceu ficar perplexo com a pergunta.

– Uma carta dirigida a mim – explicou ela. – Tem alguma que eu não tenha visto?

– Não tenho nenhuma carta dirigida a você. Não roubo as suas cartas dos criados. Que sugestão tão imprópria.

Ficou mais descansada e procurou imaginar que outro homem alto e de cabelo escuro pudesse ter interferido. Mas voltou a ouvir as palavras dele.

– Não estava dirigida exatamente a mim. Não como seria esperado. Só figuravam as minhas iniciais.

– Ah! – Acenou a um amigo que o cumprimentou. – Essa carta.

– Sabia a que carta me referia, acredito.

– Sabia. Tem certeza de que quer falar sobre isto aqui e agora?

Ela percebeu uma advertência. Deixou-a suficientemente preocupada para que a decisão de adiar a conversa durasse apenas alguns minutos.

– Está muito ruim? Muito indiscreta?

– Ruim o bastante para desafiá-lo e acertar contas, se...

– Um duelo! Não pense nisso!

– Ia terminar dizendo se pensasse que ele era um verdadeiro rival. Havia dito que não é. Escolhi acreditar em você.

Saiu de cima dela um peso de dois dias.

– Obrigada. Estou grata pela sua confiança. Receei perguntar, mas é evidente que é um homem razoável que não se dá a reações precipitadas.

Ele recebeu o elogio dela com um sorriso pouco pronunciado.

– Audrianna, se tivesse concluído que era um rival, não teria sido tão razoável. Só para que saiba.

– Não é minha intenção nos desviar do assunto, mas, lembro você que havia concordado que aceitaria rivais e seria razoável. Muito especificamente. Quando nascesse uma criança. Foi parte do acordo, se assim se pode dizer.

Ele parou de caminhar e virou-se para ela. Fez aquele sorriso deslumbrante.

– Disse realmente que podia ter amantes. Mas nunca prometi que não os mataria.

Devolveu o cumprimento de uma senhora que passou por eles. Continuaram a caminhar. Audrianna considerou que devia repreendê-lo por negociar de má-fé, mas aquele momento não era mesmo o mais adequado.

– Como ficou sabendo da carta?

– O próprio major Woodruffe me disse, e disse também que era tudo um mal-entendido.

– Foi o Roger que disse? – Mas que homem estúpido.

– Sim, no dia da festa. De que outra forma saberia onde encontrá-la?

De que outra forma, realmente? Ela decidiu que tudo estava bem, quando acabava bem, e ficou por ali.

As circunstâncias da história da carta não a deixaram sossegar durante o resto do dia. A conversa reproduziu-se na sua mente no teatro e na festa que se seguiu. Depois de ele sair da cama dela à noite, e passado o enlevo da satisfação, algumas ambiguidades no que ele dissera revelaram-se, tornando obrigatória uma explicação.

Na manhã seguinte, ela esperou até as onze horas, momento em que ele terminaria o café da manhã com Wittonbury, e se apresentou à sua porta. Aguardou que o criado acabasse e pediu ao homem para se retirar.

– Gostaria de ver a carta – declarou ela.

– Eu a queimei. Posso recitar as passagens poéticas, se desejar. Esqueci o resto, a parte em que combina um encontro secreto.

Novamente a advertência. Por mais humor que mostrasse, ele não gostara do que lera.

– Acho estranho ele lhe ter dito onde encontrar a carta. Se lhe parecesse que alguém devia resgatá-la, poderia tê-lo feito ele mesmo. Não estou vendo ele dando indicações a você para o escritório de Mr. Loversall.

– Ele apenas aludiu a anúncios nos jornais. Encontrei a morada num deles.

O que significava que ele lera o anúncio e que, por causa de Roger, sabia quem o pagara.

– Havia mais alguma carta que não a do Roger à minha espera?

Ele olhou para ela, exasperado, divertido e aborrecido, tudo ao mesmo tempo. E ela ficou sabendo.

– Havia, não havia? Como se atreve a não me dizer? Paguei pelos anúncios e pelo serviço de Mr. Loversall com o meu dinheiro, e se respondeu alguém além do vaidoso e tonto major Woodruffe, tenho direito de saber.

– Havia mais uma – disse ele com resignação. Foi rapidamente até o quarto e voltou com uma carta. Colocou na mão dela.

– Ainda está selada – comentou ela.

– Sim.

– Por quê?

– Estava decidindo o que fazer com ela. Dar a você, ficar com ela ou queimá-la sem a abrir.

– Queimá-la por abrir? Que opção tão sem sentido.

– Mesmo assim, ponderei.

Ela partiu o selo simples e se aproximou da janela.

– É dele! Olha, identifica-se com um desenho de dominó, para eu ter certeza. – Audrianna leu a mensagem escrita às pressas. Sebastian aproximou-se atrás dela e também a leu, por cima do seu ombro.

Covent Garden. Pórtico da igreja. Duas horas, daqui a uma semana.

Audrianna verificou a data que estava no topo.

– É amanhã. Graças a Deus que não adiei perguntar a você sobre o assunto, ou teria faltado ao encontro.

– Você não vai.

– Mas claro que vou.

Ele arrancou a carta das suas mãos.

– Não, não vai. Ele é perigoso. Não sabemos nada sobre ele. Pode querer silenciar a sua curiosidade, e não satisfazê-la. Eu que vou e lhe conto como foi.

– Não é justo. E também não é prático. A última vez que ele tentou marcar um encontro, a sua presença afastou ele. Ele pensa que você é o homem que o aguardava no Duas Espadas com uma pistola. A praça está cheia de gente e dificilmente ele consegue me levar dali em segredo. Bastaria eu gritar para ter cem homens prontos para me socorrer.

– Você não vai.

A insistência dele a tirou do sério. Às vezes os maridos conseguiam ser muito inconvenientes.

– Se não fossem os meus anúncios, não haveria encontro nenhum. Só está com ciúmes por eu ter me lembrado de fazer como ele, e por ter constatado que um homem que coloca anúncios provavelmente lê.

– Não estou com ciúmes. Sinto admiração. Você publicou anúncios tão ambíguos que um antigo amante pensou que procurava marcar um encontro secreto com ele. Ainda assim, o nosso amigo não deixou de compreender e aqui estamos nós. Bravo! – Enfiou a carta na sobrecasaca e cruzou os braços. – Não vai.

Discutir não levava a lugar nenhum. Ela não queria acusá-lo de querer esconder a verdade dela. Não queria acreditar naquilo. No entanto, não se tratava de um encontro com um empregado de uma fábrica. Tratava-se do Dominó e ela precisava ouvir o que ele tinha a dizer.

Sebastian assumira um ar muito austero. Tinha uma expressão inflexível. Ela foi para perto dele. Muito perto.

Ergueu os olhos para ele.

– Quer apenas me proteger, eu sei. No entanto, estarei segura se for comigo. Eu sabia que tinha de levá-lo. Era minha intenção, encontrá-lo para podermos nós dois falar com ele e ver se conseguia se fazer alguma luz.

– Tinha planejado me levar com você? – Parecia incrédulo, e também se sentir insultado por ela pensar que ele era estúpido a ponto de acreditar naquilo.

– Claro. – Enlaçou-o com os braços.

– Pretendia ser uma boa esposa e me dar a carta para nós dois podermos ouvir o que ele tinha a dizer?

– Com certeza.

Ele lhe mostrou um cenho franzido. Que ela retribuiu com um sorriso. Ele se sentiu vacilar, o que o deixou ainda mais irritado.

– Falamos mais tarde. Tenho de ir para Whitehall*. – Sebastian libertou-se do abraço dela e saiu.

Ela foi para o quarto, sentou-se à escrivaninha e começou a escrever a lista das perguntas que era necessário fazer ao Dominó.

Sebastian iria permitir que fosse com ele. Ela trataria de fazê-lo mudar de ideia.

Ela não mentira. Teria mostrado a ele a carta e teria pedido para acompanhá-la. Ela precisava da proteção dele.

Também contava que o Dominó pedisse muito mais dinheiro do que ela tinha.

---

* Rua do centro de Londres onde se situam várias instituições governamentais. *(N. da T.)*

Capítulo 21

De manhã, Sebastian admitiu para si mesmo que a mulher o derrotara.

Primeiro, a lógica que usou era tão boa que o encurralou. Dominó marcara o encontro com ela, não com um homem, e desapareceria se ela não estivesse lá. Além disso, era ela quem saberia se o homem que apareceria era mesmo o Dominó.

Depois de esmagá-lo com o seu bom senso, derramara os seus encantos femininos sobre ele. Fora arrancada uma promessa no momento de derrota, quando ele estava tão preocupado com o prazer que não queria saber do amanhã.

– Seria melhor se não estivesse comigo no início – disse ela quando a carruagem se aproximou de Covent Garden. – Ele pode desaparecer se o vir.

Ele não se importava nem um pouco que o homem fugisse. Ela estava entusiasmada e otimista e certa de que o dia terminaria com o nome do pai resgatado. Ele não estava nada convencido de que as coisas correriam assim.

Ele se arrependeria por não ter queimado a carta, como todos os instintos o incitavam. Podia arrepender-se ainda mais de tê-la autorizado a estar ali naquele dia. Mas ela queria saber o que ele soubesse, na totalidade, porque continuava a não confiar que ele desse o peso apropriado à prova da inocência do seu pai quando a ouvisse.

Não fora realmente a carta que ele quisera destruir. Desejara erradicar o episódio inteiro dos seus passados.

– Deixo-o falar com você primeiro, mas não estarei longe. – A praça e as bancas do mercado estariam muito movimentadas à tarde. Tão movimentadas que Audrianna não conseguiria examinar todos os homens. Tinham de contar que Dominó a encontrasse.

A carruagem parou e eles saíram. Sebastian percorreu com ela a parte lateral da igreja. Antes de chegarem ao fim e entrarem na praça, ele explicou o plano.

– Coloque-se no lado oeste do pórtico, perto da segunda coluna. Não saia dali. Mesmo se ele chamá-la, mesmo que ele queira mais privacidade, não deixe aquele lugar sem mim ao seu lado.

Ela assentiu com a cabeça e se afastou. Ele gritou que parasse. Olhou para a bolsa dela.

– Trouxe uma pistola? Juro que se fez isso eu...

– Não seja bobo. Está em Cumberworth. A pistola é da Daphne, não minha. Nem cabia numa bolsa. Contava que você trouxesse a arma desta vez.

Quando ela dobrou a esquina, um homem atraente entrou na praça, vindo de oeste. Caminhava como alguém com tempo para gastar, à procura de uma diversão. Acenou com a cabeça na direção de Sebastian. Este lhe devolveu o cumprimento e depois deu meia-volta para contornar o edifício e entrar no pórtico frontal pelo outro lado.

Audrianna colocou-se ao lado da segunda coluna a contar da que ficava mais a oeste no pórtico de St. Paul. Esperava que Sebastian fosse discreto. Se estivesse visível demais, o amigo deles podia desaparecer.

Uma massa humana movimentava-se na praça. Vendedores de fruta e de cestos, flores, e até roupa usada, apregoavam mercadorias ao abrigo dos telhados de madeira das suas barracas toscas. Mulheres de todos os lugares faziam compras sozinhas ou com cavalheiros de chapéu alto. Crianças sujas e cães corriam entre as pernas de todo mundo.

Comparativamente, o pórtico estava calmo. Só ela se encontrava lá. Dominó escolhera bem. Podia observá-la entre a multidão e aguardar até ter a certeza de que era seguro para se aproximar. Mesmo se não a reconhecesse do Duas Espadas, a mera presença dela fazia-a anunciar-se como A.K.

Um cavalheiro passou pelas bancas mais próximas, de aspecto mais refinado do que a maioria dos presentes mas não mais do que todos eles. Reconheceu-o, era Lord Hawkeswell. Ele a viu e levantou o chapéu para cumprimentá-la, depois continuou.

Ela não via Sebastian em lugar nenhum.

– Pardon, madame. – A voz dirigia-se a ela com palavras e sotaque franceses. Ela se sobressaltou e olhou por cima do ombro.

Um homem entrou no pórtico pelo lado do arco. Estava de botas altas e calças justas, com uma capa por cima da casaca castanha. Viam-se cachos ruivos por baixo do chapéu largo e baixo. O seu rosto era mais cheio do que ela se lembrava e bastante rosado, ali à luz do dia.

Era esquisita, a capa. O dia estava quente demais para se usar uma. Dava-lhe um ar dramático, assim atirada para trás. O forro branco no tecido preto tinha um aspecto teatral e, com o chapéu e as calças justas, parecia saído de um drama de época.

Então percebeu que a capa era o seu cartão de visita.

Ele colocou-se à direita dela e abarcou a praça com o olhar.

– Desculpe o atrevimento, mas é uma capa muito bonita – disse ela. – Preta e branca, como a de um Dominó.

Ele ficou radiante.

– Dizia-se que tinham sido capas como estas, usadas pelo clero de França, que inspiraram o nome das peças.

Deram nota do reconhecimento mútuo mais pelo olhar do que por palavras.

– O homem com quem queria se encontrar no Duas Espadas era o meu pai. Faz algum tempo que ele morreu. Eu fui no lugar dele, assim como vim agora.

– Eu sei que ele está morto. Agora sei. Na época eu não sabia.

– Por que queria se encontrar com ele?

– Ouvira dizer que ele estava com dificuldades. Achei que talvez pudesse ajudar.

– Conhecia-o?

Dominó balançou a cabeça.

– Nunca nos encontramos.

O sotaque dele deixara de ser francês. Ficara mais germânico.

– É da Holanda? – perguntou ela.

– Madame, não é do meu interesse me identificar.

– Claro. Mil perdões. O meu pai continua necessitando da sua ajuda, se ainda se sentir disposta a dar. – Enquanto falava, viu Sebastian entrando pelo lado oposto do pórtico.

Dominó flagrou-a olhando para lá. A sua cabeça virou-se logo para trás. Os seus olhos ficaram alerta. Começou a andar para o arco oeste mas imobilizou-se.

Audrianna olhou naquela direção. Viu Lord Hawkeswell, emoldurado pelo arco.

– Preparou uma armadilha para o Dominó, madame.

– Não. Trouxe proteção, é verdade. Sou mulher, afinal. – Falou depressa para tentar que ele não fugisse. Enquanto o fazia, apareceu outro rosto familiar.

O duque de Castleford entrou cambaleante na praça, a esfregar os olhos e a apertar o casaco. Com todo o aspeto de quem acabava de sair da cama. Atendendo à infame ocupação que povoava muitas das ruas adjacentes, o mais provável era tratar-se exatamente disso.

O duque semicerrava os olhos, parecendo incomodado com o sol que batia na praça. Recompondo-se, pôs o chapéu sobre o cabelo desalinhado e caminhou através das pedras em frente a Audrianna.

Viu Sebastian e acordou. Parou para examinar o pórtico. Deteve o olhar nela e no Dominó.

– Lady Sebastian, um bom dia para si. Passa-se alguma coisa? Esse ator importuna-a?

O Dominó olhou para ambos os lados, espreitando a seguir o novo jogador. Ela conseguia vê-lo a calcular uma forma de se esquivar e se misturar na multidão.

– Queríamos que este sujeito ficasse onde está – gritou Sebastian, caminhando na direção dela mas tentando não assustar mais o Dominó. – Se ele for na tua direção, Castleford, ficaria agradecido se o desencorajasses de partir.

– Queres dizer, apanhá-lo? Impedi-lo?

– Sim.

– Não querias mais nada. – O duque bocejou. Começou às apalpadelas por baixo do casaco. A sua mão surgiu segurando uma pistola. Apontou-a direitinha ao Dominó.

– Eu não me mexeria se fosse o senhor. Sou um excelente atirador, mas dói-me tanto a cabeça neste preciso momento que provavelmente lhe apontaria à perna mas acabaria por lhe arrancar os tomates.

O homem tinha o ar de estar encurralado. Examinou Sebastian dos pés à cabeça quando ele se aproximou. – Você.

– Sim, eu. Não fique preocupado. O meu braço está curado e não procuro vingança. Nem sequer tenho arma e não o deterei se escolher partir depois de nos ouvir. – Olhou Castleford. – Não posso falar por ele, contudo.

– Se conseguir que ele aponte a pistola para outro sítio qualquer, ouvirei o que tem a dizer.

– Estamos bem agora, Castleford. Aprecio a tua ajuda – gritou Sebastian. Procurou Hawkeswell com o olhar. – A tua também, Hawkeswell.

Lord Hawkeswell olhou Audrianna e levou a mão ao chapéu, rodou nos calcanhares e foi-se embora. O duque de Castleford deixou cair o braço e a pistola ficou a apontar para o chão. Esquecendo que a segurava sequer, passou os olhos pela praça como se nunca a tivesse visto antes. Afastou-se, murmurando alguma coisa.

– Foi uma estratégia elaborada – cumprimentou o Dominó.

– Atendendo a que desapareceu depois de me ver na livraria, da última vez, considerei que devia desencorajá-lo de o fazer novamente.

– Pertence às autoridades? Militares, ou fiscais da alfândega?

– Pertenço ao governo, mas não estou interessado em si. Apenas no que sabe.

– Acho um risco excessivamente grande. Não quereria que aquilo que sei me pusesse na prisão.

O que significava que podia. O que significava que era importante. Audrianna olhou para Sebastian desesperadamente. Ali estava ela, cara a cara com o homem que poderia limpar o nome do pai, e ele ia escapar.

– Não existe risco – garantiu ela. – Fico grata por ter visto o meu anúncio e ter reconhecido que era para você. Há muito tempo que alimento a esperança de conhecê-lo.

– Não foi por acaso que vi o seu anúncio. Foi-me indicado.

Sebastian achou aquilo bastante mais interessante do que ela desejava.

– Foi-lhe indicado? – perguntou.

O Dominó sorriu como um rapazinho e corou.

– Estava num... – olhou para Audrianna e corou ainda mais. – ... Num lugar de entretenimento, e alguém me perguntou se não era o Dominó. Imagine a minha surpresa. Disseram-me para procurar um anúncio do meu interesse no jornal. Acho que agora seria melhor ir embora.

Fez uma reverência, preparando-se para partir. Ela quis gritar por Castleford, que voltasse com a pistola.

– Cem libras – disse Sebastian. – Fale livremente e são suas.

O Dominó estacou no meio da reverência. Olhou para cima, impressionado. Endireitou-se. Olhou em volta da praça.

– Temos de fazer isto onde eu disser. Não aqui.

– Onde preferir – apressou-se a dizer Audrianna.

Ele os chamou com um gesto e começou a andar.

Saíram os dois da praça atrás do Dominó e seguiram para o sul, pelas ruas de Covent Garden.

– O que quer dizer, não trouxe pistola? – sussurrou Audrianna a Sebastian.

– Ele nunca acreditaria que eu a usasse em plena luz do dia na cidade. Seja como for, não precisava de uma arma para protegê-la.

– Ele acreditou que Castleford a usaria.

– Isso é porque o pouco juízo de Castleford é por demais evidente. Cheira a imprudência.

– E você não é nada precipitado. Cem libras? Ele teria se contentado com cinquenta.

– Fala comigo de imprudência? Não faltava mais nada. Não ficou só nos anúncios nos jornais, ao que parece. Pagou a pessoas para ficarem de olho por você. E o que fez, entrou nos lugares acenando com notas de libra e perguntando quem queria se fazer de espião?

– Não foi nem um pouco assim. Foi muito discreto. E funcionou. Ele disse que contaram a ele dos meus avisos num lugar de entretenimento. Provavelmente algum espião o encontrou num teatro.

– Não me parece que ele soubesse do seu anúncio num teatro. De tão vermelho e hesitante que ficou em falar disso na presença de uma senhora, suspeito que se tratava de um estabelecimento com um tipo diferente de entretenimento. Existem em abundância neste bairro.

Ela parou de andar.

– Seguramente que não.

– Certamente que sim.

– Mas eu não contratei observadores em bor... – Dois pensamentos travaram suas palavras na garganta. Celia recomendando precisamente observadores desses, e a sua carta recente informando que as suas indagações poderiam dar fruto brevemente.

Sebastian pegou o seu braço e a apressou, para alcançarem o líder.

– Fico lhe devendo uma longa reprimenda. Mas cada coisa na sua vez.

Dominó os levou para uma das pequenas docas do rio, onde estavam atracados os barcos privados. Subiu em um dos veleiros. Sebastian o seguiu e depois agarrou-a pela cintura e puxou-a para bordo.

– É seu? – perguntou Audrianna. Não houve qualquer reação à pergunta, quanto mais uma resposta.

Dominó tirou a capa e esticou-a em cima de uma caixas, para ela ter onde se sentar. Sebastian instalou-se num barril.

– Cem, você diz. Seja o que for que ouvir de mim.

Sebastian assentiu com a cabeça.

– Tem procurado vender informação. Eu estou preparado para comprá-la.

O Dominó sentou-se numa caixa.

– Não quis encontrar-me com o pai desta senhora apenas para lhe vender informação. Tinha igualmente intenção de vender o meu silêncio. Por cem libras, incluo isso também.

Capítulo 22

Sebastian não sentiu surpresa pela insinuação de chantagem. Audrianna, contudo, parecia que levara uma bofetada.

Ele viu uma objeção se formando. Lançou a ela um olhar para avisá-la para engolir.

– Por que seria o seu silêncio valioso para Kelmsleigh? – inquiriu ele. – E embora compreenda que não queira nos dar o seu nome, podemos tratá-lo por outro que não Dominó?

– Podem me chamar de Frans. É um nome tão bom como qualquer outro.

– Preferia que tivesse usado Frans desde o início – comentou Audrianna. – Por que Dominó?

– Como sugestão do que me levara a solicitar o encontro, madame. É uma brincadeira comum de criança enfileirar as pedras em linhas compridas e depois... – Atirou o dedo contra o ar. Uma linha invisível de dominós começou a cair depois do primeiro. – Quis dar a entender que os restantes envolvidos ajudariam o seu pai a reunir dinheiro para me pagar, se compreendessem que a exposição dele também os ameaçava. – Apontou para Sebastian. – Quando, no Duas Espadas, vi a pistola na mão dele, achei que tinha sido escolhido um meio diferente de obter o meu silêncio.

Tirou o chapéu de aba larga. O cabelo ruivo brilhou ao sol.

– Então agora sou só Frans. Menos importante do que quem sou é o que sou. Pratico uma profissão que não é bem-vista pelos governos nem agentes alfandegários, mas o meu negócio dá a ganhar às bolsas de todos os envolvidos.

– É contrabandista – concluiu Sebastian.

– Chame do que quiser. Como em qualquer negócio, o lucro é maior se o barco transportar carga em ambos os sentidos. Vinho para um lado, lã para o outro. Orgulho-me do uso eficiente que dou a todas as embarcações de que disponho.

– Deve ter prosperado durante a guerra.

– Prosperamos sempre durante as guerras, mas sim, Napoleão abriu caminho para uma idade dourada. Não me parece que volte a ver algo semelhante antes de morrer. O que a tornou especialmente lucrativa foi o tamanho do exército francês. Precisavam de muitas coisas em muita quantidade, e os mercadores deles não conseguiam obter tudo de nações amigas. Tecido. Comida. Ferro.

– Pólvora.

Frans assentiu com a cabeça.

– Pode imaginar o meu deleite quando descobri que podia levar mercadoria francesa de luxo para a Inglaterra e sair de lá com pólvora para vender aos franceses. Em ambos os casos, primeiro levaria a mercadoria para casa a fim de que a fonte inimiga não fosse tão óbvia. A pólvora, o meu irmão vendia a um francês que tinha amigos no exército deles. – Suspirou de satisfação. – Pareciam barris de ouro.

– Só que continham pólvora de má qualidade – objetou Audrianna.

– Madame, eu nunca venderia falsa mercadoria. Uma má reputação me afastaria do negócio. O que levei destas águas era de boa qualidade. Havia sido retirado, umas medidas aqui e outras ali, de barris de pólvora fabricados segundo os padrões mais rigorosos, para venda ao exército inglês.

Sebastian levantou-se e começou a andar de um lado para o outro enquanto reorganizava os pensamentos. Suspeitara de uma conspiração, mas nada daquilo. Presumira que a pólvora ruim fora feita a baixo custo. Que materiais inferiores tinham redundado em custos menores, mas os barris seriam vendidos ao preço definido.

Em vez disso, alguém pegara em pólvora perfeitamente boa e subtraíra alguma. Olhou para Frans.

– Os barris que foram violados... teria que ter sido misturada alguma substância, para ficarem com o peso completo. Foi isso que estragou a pólvora?

– Exatamente. Durante o transporte para o arsenal, os vagões e embarcações eram desviados e os barris, abertos.

– Era um esquema muito perigoso. Abrir os barris, mexer nos conteúdos... Foi uma sorte não ter havido nenhuma grande explosão.

– Foi perigoso de várias formas. Muito complexo, também. Eu presumi que tinham roubado os barris de um arsenal. Quando me relataram o esquema elaborado, fiquei chocado. Seria apenas uma questão de tempo, disse, até sermos todos descobertos. Os exércitos não enviam uma coisa qualquer para as tropas a que chamam pólvora. Há procedimentos para garantir a sua qualidade. Eu vi a mim mesmo encontrando-me com os meus contatos uma noite para recolher os barris e estando à espera um regimento para me matar. – Bateu no joelho para enfatizar. – Eu estava pronto para pôr fim, ali mesmo, quando compreendi os riscos na sua totalidade.

– E, contudo, não fez aquilo – concluiu Audrianna, com censura no tom de voz. Ouvira atenta e silenciosamente. Via-se nos seus olhos uma boa dose de apreensão.

Ela sabia aonde aquilo ia dar. Sebastian se amaldiçoou por ter permitido ir com ele. Lamentou duplamente que Frans tivesse começado por falar em chantagear Kelmsleigh. Não fosse isso e poderia ainda haver uma forma de protegê-la do que estava para vir.

– Eu não pus fim, madame. Eles me convenceram de que nada seria descoberto. Explicaram-me que os barris adulterados só seriam descobertos quando fossem abertos no campo, e nessa altura quem se importaria? Um barril está estragado, abrem outro. As provas seriam diluídas pela chuva.

– Quem eram eles? – perguntou Sebastian, tanto para evitar a próxima pergunta lógica como para obter as identidades. – Os administradores da fábrica?

– Se os meus contatos tivessem sido indiscretos a ponto de informá-lo, não teria transacionado com eles. Não prosperei fazendo negócio com homens estúpidos. Eu me encontrava com intermediários. Transportadores. Mas não poderia acontecer sem que alguém com autoridade daquela fábrica estivesse ao corrente. Não era um esquema engendrado por ladrões e contrabandistas.

– Como é que o convenceram? – disparou Audrianna. – Disse que o tinham convencido explicando-lhe por que razão não seriam descobertos.

Frans a olhou longa e duramente. Provavelmente viu o que Sebastian via. Ela se preparou para ouvir a resposta com uma expressão consternada.

– Eles me disseram que os barris deles passavam por um arsenal, madame. Tinham lá um homem, dos que faziam a verificação da qualidade. Tinham pagado eles para deixar passar todos os barris provenientes daquela fábrica. Quando ele às vezes não conseguia tratar dos barris e outro homem o fazia, e encontravam pólvora, tinham pagado uma soma simpática a um funcionário aqui de Londres para se certificarem de que os relatórios desapareciam.

Ela quase não reagiu. Sebastian percebeu que ela deixara de ver o pequeno veleiro e os dois homens que estavam com ela. Mantinha a compostura, mas o ar estava saturado da sua tristeza.

– Chegou aos meus ouvidos que um tanto daquela pólvora tivera consequências imprevistas – continuou Frans, falando apenas para Sebastian agora. – Ouvi o suficiente para saber que o governo daqui tinha suspeitas de que um funcionário de Londres responsável por garantir a qualidade das munições estava sendo investigado. Então, quando os meus negócios voltaram a me trazer à você, tentei me encontrar com esse homem. – Fez um gesto largo. – Já sabem o resto.

– Ia esfolá-lo.

– Ia informá-lo, por um preço, de fatos dos quais podia ou não estar consciente. Se ele escolhia ignorar os fatos ou usá-los para de alguma forma se redimir, não era minha preocupação. No entanto, depois de ele comprar os fatos, deixavam de ser meus e deixava de poder vendê-los em outro lugar. Teria sido muito semelhante ao meu acordo agora com vocês, não?

Sebastian tirou cem libras em notas do bolso. Trouxera mais. Esperara pagar caro pela informação. Acabaria tendo que fazer, mas não com libras.

Colocou as notas na mão de Frans.

– O barco é seu?

Frans sorriu evasivamente.

– Se for, faça isso discretamente. Se não for, volte pelo mesmo caminho que veio. Deve evitar prosseguir a sua atividade na costa inglesa durante um bom tempo.

Frans fez uma mesura para acusar a ameaça.

– Há mais uma coisa que pode achar interessante. Digo isso pensando no bem da senhora.

– O que é?

– Saí da Inglaterra logo depois do nosso desafortunado encontro perto de Brighton e só voltei há duas semanas. Nunca desapareci de nenhuma livraria. Nunca fui a nenhum encontro em nenhuma. Não faço ideia de onde fica a livraria nem de que encontro estão falando.

Audrianna mal reparou no caminho que tomaram de volta à praça. Os sons daquela parte movimentada da cidade pareciam uma algazarra distante. Sentia-se como se alguém tivesse violentado seu coração e ele sangrasse no peito, inchado e dolorido.

Summerhays a conduziu. Não disse nada durante o caminho todo. Manteve-se muito próximo, contudo, com um braço atrás das costas dela como se adivinhasse que ela podia não se lembrar de pôr um pé à frente do outro.

Colocou-a na carruagem e sentou-se ao lado dela. Rumaram para oeste em silêncio.

O seu torpor se desvaneceu lentamente. Baixou os olhos e viu a sua mão na dele. Tocou-a que ele tentasse reconfortá-la. A garganta ardia e ela continha a emoção com dificuldade.

– Quanto acha que lhe pagaram? – perguntou.

– A quem?

– Ao funcionário do gabinete de Londres que compunha os relatórios. Qual é o custo dessas coisas nos dias de hoje?

– Não faço ideia. É uma pergunta curiosa, Audrianna.

– Tanto quanto pagou a Frans? Se procurasse comprar um homem desses, o que ofereceria?

– Audrianna...

– Por favor, diga-me.

Ele expirou profundamente

– Provavelmente ofereceria pelo menos metade do seu salário anual, e talvez outro tanto.

– Então menos do que acaba de pagar a Frans. – Refletiu sobre o assunto. – Imagino que, se esse homem tivesse uma mulher e uma família sempre querendo coisas, sempre pedindo vestidos e entretenimento, ele pudesse se sentir tentado até por uma soma pequena. Imagino que se a sua mulher achasse humilhante não ter uma carruagem, e a filha mais velha precisasse de um dote para o bom casamento que esperava fazer, e a mais nova cobiçasse roupas da moda, ele pudesse se convencer de que era uma coisa sem importância.

Ela tentou imaginar o pai fazendo aquele raciocínio. Não conseguia. Mais difícil ainda era vê-lo dando aquele passo. No entanto, não teve dificuldade nenhuma em vê-lo atormentado pela culpa, quando veio a saber que a chuva não levara a pólvora naquela situação terrível. Se ele tinha feito aquilo... nunca se perdoaria.

Um homem que tivesse nascido ladrão, como Frans, poderia viver aquela vida com desassombro. Um homem que soubesse que vendera a sua integridade, o seu bom nome e causara a morte de outros nunca conseguiria.

Os seus pensamentos tornaram-se caóticos e horrivelmente tristes. Estivera tão certa da inocência do pai até na menor das acusações. Agora dava por si temendo que a verdade pudesse ser muito pior do que ela sequer achara possível.

A mão de Sebastian apertava a sua.

– Nunca deram nome nenhum a Frans. Ele não sabia quem era o funcionário de Londres. Só partiu do pressuposto de que era o seu pai quando a nossa atenção se virou para ele. Não deve presumir o pior.

A visão dela se turvou. Comoveu-a que ele fingisse que as provas não eram condenatórias, para atenuar a desilusão que ela sentia.

Audrianna encontrou algo a que se agarrar, para manter sua compostura, e aguentou. Já era mau ele ter se sentido obrigado a casar com a filha de Kelmsleigh. Não devia se sentir na obrigação de defender um criminoso por causa dela, mesmo que fosse dentro dos limites daquela carruagem.

– Falemos de outras coisas – declarou ela, forçando um sorriso. – Fale da sua juventude desperdiçada e dos sarilhos em que se meteu com o Hawkeswell e o Castleford.

Ele a regalou com histórias de três moleques pouco dados ao decoro e ao bom senso. Ela parecia prestar atenção, chegando a rir de tempo a tempo, mas ele duvidava que ouvisse realmente.

No entanto, Audrianna manteve a compostura e o aprumo.

Durante toda a viagem de volta, e quando entraram em casa e subiram as escadas, só os seus olhos revelavam as profundezas do seu triste espanto. A bravura dela o impressionava e partia o coração.

A porta da biblioteca abriu de rompante à passagem deles.

Saiu a mãe dele.

– Voltou. Graças a Deus. Deve ir imediatamente até ele. Deve vê-lo. Tem que fazer com que admita e chamar os médicos e...

– Acalme-se. O que aconteceu?

Ela inspirou profundamente.

– A perna do seu irmão se mexeu quando eu estava lá. Nitidamente. Estávamos tendo uma... conversa e quando ele defendia agitadamente uma opinião, a perna direita se mexeu para o lado. Foi muito claro. Não deixou margem para dúvidas. Ele nega, contudo, apesar do Dr. Fenwood ter dito que os médicos vieram na semana passada e descobriram de fato que ele tinha alguma sensação. Deve subir imediatamente e falar com ele.

Audrianna tocou no seu braço.

– Vou me retirar para o meu quarto e descansar. Vai até ele.

Continuou a subir as escadas. Sebastian ficou vendo-a partir enquanto a mãe esperava com impaciência.

– A perna do Morgan se mexeu há algumas semanas – disse ele. – O Fenwood anda forçando-o a se exercitar. Fico contente por saber que há mais sinais de que ele possa recuperar um dia.

– Por que é que ninguém me disse que tinha havido essa alteração? Acho que tinha direito de saber.

– Só se ele escolhesse lhe dizer é que teria direito de saber. Aparentemente, a escolha dele não foi essa.

– Bem, agora sei. Anda, vamos juntos até ele e convencê-lo a se esforçar mais. Vamos fazê-lo se empenhar mais. Precisa de nós mais do que nunca.

Ele olhou para as escadas e imaginou Audrianna subindo. Costas direitas e cabeça erguida, graciosa e digna, fizera uma bela representação.

– Visitarei Morgan ao final da tarde. Neste momento, há outra coisa que quero fazer.

Sebastian deixou a mãe de boca aberta pelo pouco caso que fez das suas exigências. Subiu aos seus aposentos e entrou no quarto. Parou atrás da porta que dava para o quarto de Audrianna, para ouvir. Não houve nenhum som no início. Depois ouviu vozes femininas num burburinho suave e uma porta fechando. Ela devia ter mandado Nellie embora.

Em seguida, silêncio. Talvez ela estivesse exausta do drama do dia e adormecesse.

Deu meia-volta, para procurar o seu próprio silêncio e poder pensar no que tinham descoberto, e decidir o que fazer com isso.

Ou se devia fazer alguma coisa sequer. Queria ponderar particularmente as implicações da última coisa que Frans dissera.

Se Dominó não colocara o anúncio para aquele último encontro na livraria Musas e Audrianna também não, quem tinha feito?

Um som atravessou subitamente a parede. Um estrondo musical, como porcelana partindo, acompanhado por um impropério angustiado numa voz feminina. Depois soluços abafados, estrangulados.

Abriu a porta. Viam-se cacos de porcelana espalhados pelo chão. As cortinas estavam corridas para impedir a luz do sol de entrar. Audrianna estava deitada na cama com o roupão branco, com a cara enterrada numa camada protetora de almofadas.

Chorava violentamente. A intensidade da emoção despedaçou o coração de Sebastian. Ouvia-se raiva nos seus soluços, e uma desilusão tão forte que era impossível de suportar.

Aproximou-se dela. Se ela quisesse privacidade, deixaria que soubesse, mas ele só conseguiria deixá-la assim se o mandasse embora.

Ela sobressaltou-se quando o sentiu ao lado da cama. Só a fez chorar mais, como se ele a recordasse de outra dor. Ele pegou nela e sentou-se na cama, segurando-a no colo com ela aninhada no seu abraço, para expulsar todo o choro que tinha no coração.

O abraço dele libertou-a. Ela parou de combater a horrível desolação que sentia e deixou manifestar-se. A certa altura ficou meio enlouquecida, tão perdida na dor que nada mais existia. Ele a segurou com mais força e deu-lhe um beijo na fonte que lhe devolveu a sanidade. Um gesto pequenino, na verdade. Um pequenino gesto de cuidado. Que originou, porém, uma brisa de paz que lhe deu vida e afastou as nuvens negras da tempestade.

Ela encontrou calma naquela brisa e no reconforto que lhe trouxe. Espasmos sacudiram-na quando o pior da emoção se dissipou. Ele deu o seu lenço e aproximou-a de si, aconchegando-a.

– Fiz uma cena, não fiz? – perguntou ela quando conseguiu por fim voltar a falar. – Até parti alguma coisa. Nem sequer sei o que atirei.

– Estava revoltada.

– Não sei por quê, nem com quem.

– Talvez estivesse revoltada com ele. E comigo.

– Com você não. Por favor, não pense isso. – Não era mesmo com ele, apesar de ele não estar longe das suas emoções na loucura que sentira. Ela detestara a presença daquela ferida no casamento deles e o efeito doloroso que provocava mencionar ou pensar no pai dela.

– Com ele, principalmente – admitiu ela. – E comigo, por estar tão segura e ter pensado o pior de você.

Ela também libertara o resto de um tipo diferente de raiva, percebeu. O tipo que nascia da certeza absoluta de que o pai fora injustiçado. Enterrara nela a sua dor e agora, naquele dia, essa dor fora finalmente libertada e tivera o seu momento. A dor tornara-se mais trágica, porém, e terrivelmente confusa nas suas memórias.

A certeza desaparecera, mas ela não conseguia deixar completamente de acreditar no pai. Não conseguia aceitar que ele fora responsável pelos jovens soldados mortos e mutilados. Não conseguia suportar pensar no medo que ele sentira se semelhante pecado o tivesse acossado. Uma verdade terrível procurava espaço na sua mente, mas o seu coração não ia, não podia, reconhecê-la.

Sebastian não fez nenhum movimento para libertá-la. Limitou-se a segurá-la num abraço reconfortante enquanto ela fungava e limpava os olhos com o lenço.

– Deveria estar com o seu irmão – murmurou ela.

– Não, o meu lugar é aqui. Enquanto me quiser.

Ela inclinou o rosto e beijou-o na face. Encostou a cabeça ao corpo dele e deixou que a sua força contivesse emoções que ainda queriam explodir.

Naquele silêncio apaziguador, ela se sentiu preencher por uma nova emoção, confiante e doce, em vez de frágil e furiosa. Libertada também pelo fim da certeza que ela sentira, a emoção tocou seu coração com memórias da intimidade das noites deles. Forçou-a a reconhecer a importância daquele abraço.

Ela ergueu os olhos para ele. O velho deslumbramento regressou, só que agora enchia seu coração com o ardor do afeto crescente, comovendo-a de tal maneira que ela suspeitou ser impossível de negar a partir daquele dia.

Beijou-o novamente, porque tinha de fazer. O seu espírito estava tão maltratado que ela não conseguia fingir que não precisava que ele a segurasse como segurava. Ela acabaria por ser capaz de enfrentar todas aquelas verdades sozinha, mas queria se esconder na proteção do seu cuidado por bastante mais tempo.

Ele olhou para ela, tão profundamente que ela se perguntou onde andariam os seus pensamentos.

– Não vai me devolver o beijo? – perguntou ela.

– Esperava para ver se esperar a faria me beijar mais algumas vezes.

Ela achou graça no comentário, achando-o de uma leveza adequada à disposição e à proximidade deles. Então percebeu que não era realmente uma brincadeira.

Outra verdade. Quase tinham sido em excesso naquele dia. Ela intuía que havia mais naquela verdade do que ela compreendia. Ouviu um convite para exprimir a dor bela e calorosa que sentia no coração.

Deixou-se escorregar do colo dele e depois voltou a subir, ficando de frente para ele, com os joelhos apoiando-a. Pôs os braços à volta do pescoço e o beijou outra vez. Mais longamente. A gratidão pelo carinho dele, a mágoa pelo pai, a vulnerabilidade de se reconhecer naquele amor... O beijo a comoveu profundamente porque todas as emoções do seu coração se derramaram no momento em que encostou os lábios aos dele.

Ela desapertou o roupão e deixou-o deslizar pelo corpo, para ele saber o que ela queria. Ele fez correr levemente as pontas dos dedos pela sua pele, pelo pescoço, os seios e o peito, enquanto ela o puxava pela gravata.

– Tem certeza? – perguntou ele. – Está muito triste.

– Não estou só triste. Estou muito certa. Preciso disso agora. – Ela se desembaraçou da gravata dele e começou a desapertar os botões da sua camisa. – Me toca e me beija enquanto faço isso. Pouquinho, para eu não me descontrolar.

Ele obedeceu. Os seus dedos e a sua boca instaram uma delicada excitação a fluir como água cálida, que a preencheu docemente enquanto ela tirava sua roupa para acariciá-lo.

Ela fechou os olhos para melhor sentir o calor e a textura com as mãos. Saboreou cada toque, cada centímetro físico. Depois inclinou para a frente, fazendo-o cair de costas na cama, e colocou-se em cima dele para ver o movimento das mãos.

Acariciá-lo era tão bom. O amor irradiava de cada pedacinho de prazer que lhe dava. Ela percebia que a ele agradava aceitar aquele afago lento. Ela inclinou-se e beijou sua boca, depois o pescoço e o ombro. Provou, provou e pasmou com a forma como as sensações do seu corpo tocavam as do seu coração.

Ele pegou nela e rolou e fez nela o que ela acabava de fazer nele, beijando seu corpo com cuidado, acariciando docemente. Uma excitação mais agitada começou a querer se impor, mas ela impediu sua progressão. Não queria se deixar perder. Não queria que nada obscurecesse a comoção profunda que as suas emoções criavam naquele preciso momento.

Ele despiu o resto das roupas, beijando-a.

Ela pegou no falo dele e acariciou-o tão cuidadosamente como ele a acariciara, para ambos partilharem a intimidade intensa que ela experimentara.

Reconheceu que não queria nada além dele. No seu corpo e nos seus braços. Disse. Pediu para tomá-la ali mesmo, para poder se unir a ele e conhecer a plenitude daquela emoção que inundava sua alma.

Ele inseriu-se nela profundamente. De forma perfeita. Ela permitiu que preenchesse tudo o mais dela também, todos os seus sentidos, e perdeu-se finalmente, nele e no seu odor e na sua força. E, agarrada a ele, aceitando tanto a necessidade como o cuidado dele, sentiu-se tão profundamente comovida que de novo chorou, só que desta vez não foi de tristeza.

Capítulo 23

— Mostre-lhes. É um pequeno pedido de amigos que têm afeto e preocupação com você – incentivou Sebastian. Morgan olhou-o furioso.

– Não sou nenhum animal selvagem em exposição, fazendo truques para a multidão.

Kennington reagiu com surpresa.

– Animal? Truques? Apresento as minhas desculpas. Não quero insultá-lo. Se na minha alegria com a notícia mostrei desrespeito, fico desolado.

– Não é culpa sua – declarou Sebastian. – É minha, por ter sido indiscreto. Não fazia ideia de que o meu irmão não os tinha informado do seu progresso.

– Terminemos o jogo e não falemos mais no assunto – disse Symes-Wilvert.

Todos pegaram as cartas. Kennington e Symes-Wilvert espiaram silenciosamente as suas, tentando parecer indiferentes, mas comunicando mágoa com os ângulos submissos das suas cabeças loiras.

Morgan atirou as cartas para a mesa.

– Arruma lá o raio da mesa – disse, exasperado.

Sebastian pôs-se de pé e puxou a mesa. As pernas de Morgan já não pareciam tão sem vida dentro das calças. Os exercícios tinham devolvido a massa. Não fora a imobilidade completa, podia-se nem sequer reparar na sua debilidade, vendo-o assim.

– Não esperem que me levante e comece a dançar – disse ele bruscamente. – É uma coisa muito pequena, o que o meu irmão celebra, e provavelmente nunca será mais do que isso.

Os amigos assentiram com a cabeça, mas os seus olhos continuavam postos nas pernas dele.

Morgan fechou os olhos. Os seus dentes cerraram-se de concentração. A perna direita flexionou ligeiramente por baixo do tecido das calças e moveu-se ligeiramente para a direita.

– Meu Deus, é milagre – sussurrou Symes-Wilvert. Virou-se para Kennington. – Viu aquilo? Viu?

– Vi, sim. A-ah! Maldição, como pôde manter isso em segredo? É espantoso. Um milagre, como aqui o Symes disse.

– Não façam disso mais do que é. Também não vão contar ao mundo inteiro. Não ficarei fazendo truques para sacanas curiosos que de repente se lembraram de que eu ainda estou vivo.

– Claro. Com certeza. Mas então, o que dizem os médicos? Quando é que aconteceu? – perguntou Kennington. – Somos todos ouvidos e deve nos relatar o sucedido.

Esquecido o jogo de cartas, Sebastian saiu discretamente, para tratar de assuntos privados na cidade. Mandou vir o cavalo, montou e rumou até ele.

O segredo de Morgan sobre a melhora na sua condição era peculiar. Quase como se se recusasse a acreditar que estava acontecendo.

A negligência em informar a mãe era compreensível. Visitava Morgan todos os dias desde que soubera a verdade, e qualquer homem pode ser desculpado por evitá-lo durante tanto tempo quanto possível. Kennington e Symes-Wilvert, contudo, eram amigos, e Sebastian acreditara mesmo que eles sabiam.

Quando chegou à cidade, visitou os escritórios do advogado, perto do Colégio de Lincoln. Mr. Dowgill não era o advogado da família. Sebastian fizera-se cliente de Mr. Dowgill quando, ainda jovem, concluíra que a existência de privacidade em certos assuntos requeria os serviços de outro advogado que não aquele que não se cansava de bajular uma Lady Wittonbury demasiado curiosa e impiedosa.

Dowgill mostrara-se mais do que competente nesses deveres juvenis. Homem insípido e pálido de aparência desinteressante, tinha uma habilidade particular para convencer até a amante mais obstinada de que o acordo de separação proposto por Sebastian era o melhor que ela alguma vez conseguiria.

Dowgill o cumprimentou com o comedimento habitual. Sentaram-se no gabinete interior. Dowgill pousou alguns papéis na mesa pequena que os separava.

– Investiguei a P & E, como pediu. Tive dificuldade de saber mais informação do que aquela que já tinha me dado. Construíram uma fábrica em 1810 e começaram a fabricar pólvora no ano seguinte, que era vendida ao Gabinete do Material de Guerra. Depois de a guerra terminar, encerraram a atividade.

– Encontrou alguma informação acerca dos proprietários da P & E?

– A princípio, quase nada. Daquilo que pude apurar, era uma sociedade, não um consórcio. Comuniquei com um colega do condado, astuto, e ele indicou que, embora não tendo particular conhecimento sobre o negócio, ficara com a opinião de que os proprietários não se chamavam Pettigrew e Eversham, apesar do nome da fábrica.

– Isso é realmente intrigante.

Mr. Dowgill pressionou as pontas dos dedos de uma mão contra os da outra. Olhou pensativamente para o edifício lá fora.

– Claro que é impossível saber o porquê da ocorrência deste esquema. Ninguém do condado chegou a conhecer os donos. Não beneficiaram da hospitalidade de que poderiam desfrutar por serem proprietários de um negócio tão relevante. Dei por mim ponderando sobre essa peculiaridade, pois com certeza poderia ser a chave das respostas que procura. A explicação mais lógica seria os donos serem fidalgos e não quererem os seus nomes relacionados com um local de comércio.

Sebastian conseguia pensar numa explicação ainda melhor. O dono ou donos tinham o esquema da pólvora em mente desde o início, e esconderam as identidades para tentar salvar a pele na eventualidade de se vir a descobrir.

– E aí confirmei que a fábrica fora vendida, como me disse que tinha ouvido – prosseguiu Dowgill. – A solução tornou-se óbvia e simples. Não se pode usar um nome fictício para comprar nem vender propriedade. A assinatura tem de ser feita e testemunhada. Escrevi, então, para Mr. Skeffley, o pisoador que comprou a propriedade, perguntando-lhe de quem a obtivera. – Olhou detidamente para os papéis que colocara em cima da mesa.

– Tem um nome para me dar?

– Tenho, senhor.

Sebastian aguardou. Mr. Dowgill bateu com o dedo indicador nos papéis.

– Lord Sebastian, encontro-me numa situação delicada. Sou seu criado, mas não deixo de ser advogado. Não sei por que razão queria esta informação. No entanto, a não ser que os seus objetivos sejam completamente benignos, aconselho-o a reconsiderar agora se devo revelar este nome.

– Estou muito certo de que deve.

Embora não fosse a resposta que ele queria, Dowgill resignara-se à certeza de ouvi-la.

– Pois bem. Sendo assim, devo pedir-lhe que não mencione o meu nome em nenhuma discussão que possa ter com o indivíduo em questão. Não só o meu nome, mas o meu envolvimento, incluindo qualquer referência ao seu advogado. Há quem esteja a par de que lhe prestei alguns serviços no passado.

Dowgill fazia uma negociação esmiuçada, o que, por si só, espicaçou a curiosidade de Sebastian.

– Claro, se assim pede. Limitou-se, contudo, a cumprir o seu dever comigo, como meu advogado.

– Qualquer pessoa sensata veria dessa forma. Lamentavelmente, este indivíduo não é conhecido por ser assim. Pelo contrário.

– Conhece-o, então?

– Sei da sua existência. Os seus círculos são mais elevados do que aqueles a que alguma vez acederei. Repare, ele não é apenas um cavalheiro, como eu suspeitei. É nobre.

O longo preâmbulo e a cautela do advogado subitamente fizeram mais sentido.

– Ele nunca saberá por mim que o investigou a meu pedido. Se descobrir de outra forma, me certificarei de que nada de adverso lhe aconteça por essa razão.

Dowgill exprimiu uma gratidão silenciosa com o rosto.

– Devo lhe parecer um covarde, e a aconselhá-lo a comportar-se como um também. Fosse qualquer outra pessoa... Ele envolve-se em duelos, sabe. É sabido que ele faz isso, e...

– O nome dele, Mr. Dowgill. Gostaria que me dissesse, agora.

Mr. Dowgill tirou um papel do meio dos outros. Estendeu-o.

– Senhor, como pode ler, Mr. Skeffling informa que comprou a fábrica ao duque de Castleford.

Sebastian não fez uma visita matinal a Castleford. Escreveu e solicitou uma reunião privada para um assunto de grande importância. Visto que se conheciam há muito tempo e tinham sido bons amigos outrora, incluiu a sugestão de que ajudaria em muito se Castleford estivesse sóbrio e não houvesse por perto traseiros bonitos para distraí-lo.

A resposta chegou dois dias depois:

Se faz questão de ser maçante, vem a minha casa na terça às duas da tarde. Visto ser esse o dia reservado para a mi-

nha sessão de tédio semanal, não terei de me esforçar muito para ser maçante também.

Quando Sebastian chegou, foi conduzido para a biblioteca, onde encontrou Castleford tratando de assuntos com o secretário. As pilhas ordenadas de documentos e as ordens firmes que bombardeavam o jovem ocupante da escrivaninha revelavam que, desde a sua sessão de tédio, o duque conseguia ser tão maçante como qualquer homem com responsabilidades significativas.

– Descobri que se esticasse bem um dia, podia mandar tudo para o diabo nos outros seis – disse, quando a presença de Sebastian o interrompeu. – Deixe-nos Edwards, mas não vá para longe.

O jovem desculpou-se. Castleford sentou-se num divã e esticou as pernas.

– Espero que não seja sobre nenhum projeto de lei. Se for, os seus amos pedem vezes demais para vir beber ao poço.

– Não é sobre nenhum assunto parlamentar.

– Graças a Deus que é assim. Gosta tanto desse jogo que há quem pense que não levará muito para que seja primeiro-ministro. Aposto o meu dinheiro em como algum escândalo assinalável dá cabo de você primeiro. Um com o qual não possa se casar. Aquela doce mulher sabe com o que conta?

– O governo não é um jogo. Nem a lei.

– A política é. Parte xadrez, parte falcatrua, parte corrida de cavalos, parte loteria. Não teria se dado tão bem com ela se não fosse assim. Mas então, o que quer de mim?

Sebastian passara a maior parte da noite debatendo sobre a forma de abordar o assunto. Existira alguma angústia na sua vigília, assim como uma dose considerável de raiva. Ele e Castleford já não enfrentavam o mundo lado a lado como haviam feito nos velhos tempos, e entrara alguma aspereza na relação que ainda mantinham, mas ser obrigado a fazer aquela acusação o perturbava.

– Como sabe, andei investigando aquela questão da pólvora ruim. Encontrei a fonte e soube como foi adulterada. Sei que foi responsável.

Castleford mal reagiu. Apenas olhou para ele.

– Senti que devia isso a você, fazer-se saber que todo foi revelado.

– De que diabos está falando?

– A pólvora veio da sua fábrica. Quero acreditar que os seus administradores engendraram o resto, a remoção da pólvora e a sua substituição nos barris por outra substância que a tornava inútil. Se disser que foi assim que se passou, que não sabia nada do esquema, é tudo de que preciso.

– Tudo de que precisa? Uma desculpa é tudo de que eu preciso. Agora, ou juro que o desafio! – Castleford levantou-se e começou a andar, furioso. Passou a mão pelo cabelo, girou sobre seus pés e fulminou-o com o olhar. – Enlouqueceu? Sou eu. Eu não tenho fábricas. Por que raio quereria uma? Muito menos uma que fosse pelos ares. Quanto à remoção da pólvora e o que mais for que você pensa que eu fiz, por que me daria ao trabalho?

– Pela diversão? Você também gosta dos seus jogos.

– Se acredita que poria as vidas daqueles soldados em perigo, é um idiota. Podia comer as irmãs deles, mas não faria nada disso.

– Você era dono da fábrica. Vi a escritura que documentava que a vendera recentemente. É a sua assinatura.

Castleford estacou, estupefato. Avançou para a porta a passos largos e abriu-a completamente. Berrou o nome de Edwards.

O jovem entrou numa corrida. Castleford imobilizou-o com um olhar contundente, atirando um dedo na direção de Sebastian.

– Edwards, explique-lhe que eu não tenho, nem nunca tive, nenhuma fábrica.

Edwards parecia um homem encurralado por um leão. Os seus olhos muito abertos e temerosos voaram para Sebastian. Depois tirou as medidas ao duque e ficou branco.

– Então, diga-lhe – rugiu Castleford.

– Hã... senhor... na verdade... – Edwards engoliu em seco. – Já foi dono de uma fábrica, por um breve período. Lembra-se? Foi-lhe atribuída como pagamento da dívida de um cavalheiro. Recordo-me de escrever a carta ao seu advogado indicando-lhe que a vendesse por qualquer valor.

Castleford voltou uma expressão ameaçadora para o jovem, que recuou um passo.

– Posso procurar a cópia da carta se desejar, meu senhor.

– Quem é que me deu essa fábrica, raios?

– Não sei. Só me lembro da carta ao advogado.

– Vai procurar a cópia da carta.

Edwards executou a ordem prontamente.

– Estaria no escritório. Vou procurá-la de imediato.

Castleford atirou-se novamente no divã.

– Falarei com o meu advogado e o enviarei tudo o que ele tem, Summerhays. Se o lugar estava na minha posse durante a altura em questão, ele provavelmente sabe o nome dos administradores e tudo o mais. – A sua expressão mostrou certo grau de consternação. – Se este esquema que descreve aconteceu enquanto a fábrica estava na minha posse, assumirei, evidentemente, toda a responsabilidade.

A ironia não escapou a nenhum dos dois. Todos os dias Castleford provocava a sociedade com o seu comportamento. Dedicava a sua vida a transgredir o que era aceitável. Os seus excessos eram tão indiscretos que já nem sequer se fazia escândalo por eles. Contudo, este defensor da rebelião calculada poderia finalmente ser derrubado por força de um incidente que desconhecia completamente.

– Não há pressa – afirmou Sebastian. – Aguardarei notícias do seu advogado, ou suas, sobre os particulares.

– É muito generoso. – O tom sarcástico trouxe à lembrança de Sebastian um Castleford mais jovem, feito da mesma cepa mas menos fascinado pelo pecado.

Sebastian teve de sorrir ao sentir entre eles a memória da velha amizade.

– Espero não ter sido maçante demais desta vez.

– De jeito nenhum. Não é que me importasse, contudo, de não me ver confrontado com um xeque-mate num jogo que eu nem sabia que jogava.

* * *

— Decidi que não vou ter amantes – afirmou Audrianna. Disse aquilo de noite, no pacífico rescaldo da paixão, no momento exato em que o êxtase se converte em contentamento, e falar já não destrói o fascínio sagrado que suspende o tempo.

O cérebro preguiçoso de Sebastian deu voltas ao que ela dissera.

– Não sabia que pretendia ter.

– Não pretendia, de uma forma específica. Combinamos, porém, que podia fazê-lo, mais tarde, se assim escolhesse.

– E agora decidiu que não o escolherá?

– Não se preocupe. Já sabe que eu não sou como a sua mãe, e não o bombardeio com perguntas e ressentimentos ciumentos.

Ele analisou as suas reações. Uma alegria infantil, claro, por se eternizar a posse única dele sobre ela.

Alívio por ela compreender o veneno que o ressentimento e o ciúme podem introduzir num casamento.

Dominante, porém, era um aborrecimento inexplicável pelos pressupostos a que ela aludia.

– Não é, talvez, uma decisão que se possa tomar – contrapôs ele. – Daqui a dez anos pode...

– Não, não terei. – Ela olhou-o nos olhos. – Não terei.

Ele não ia discutir a certeza dela. Se ela decidira ser fiel, não era do seu interesse convencê-la do contrário. No entanto...

– É porque disse que os mataria?

Ela riu.

– Claro que não. Sei que não mataria realmente.

Mais uma vez, não era do seu interesse explicar que seria bem provável que sim. O mais certo era ela ter lhe poupado um duelo ou dois com aquela decisão. No total, ele não via ali nenhuma desvantagem que pudesse atingi-lo. No entanto...

– O que quer dizer, que eu já sabia que não é como a minha mãe no que toca a ciúmes e ressentimentos?

– Não é óbvio? Não mostrei nem um nem outro até hoje, ou mostrei?

– Não. Mas... – Ele partira do pressuposto de que ela sabia que não tinha razões para tais sentimentos. Mas, ao que parecia, ela pensava que tinha.

Ele deu por si oscilando num estranho precipício. Podia dizer que até então não havia razão para ela sentir ciúmes e que, portanto, ainda não fora realmente testada no que dizia respeito a ele. Ou podia se sentir grato por a sua mulher, numa fase tão inicial do casamento, ter aceitado as indiscrições tão típicas dos homens.

O senso comum dizia-lhe que, a bem da paz e da harmonia dos anos vindouros, devia deixar o assunto em paz. Definitivamente.

Por outro lado...

– Por que pensa você ter alguma razão para revelar ciúme até agora? Dificilmente a negligenciei. Maldição, mulher, não durmo uma noite inteira há mais de um mês!

Ela ficou quieta, depois se sentou. Olhou para ele, deitado.

– Estou perplexa. Ganho finalmente coragem para dizer que decidi ser fiel e agora está irritado.

– Não estou irritado.

– Parece irritado. Não vejo por que razão haveria de ficar. De certa forma, isto não tem nada a ver com você.

– Claro que tem a ver comigo. Vai ser fiel a mim, não é?

– Preferia que não fosse?

– Claro que não. Só quero saber por que pensa que já fui infiel.

– Por que não pensaria? Um homem não deixa de ser um libertino por causa de um casamento por obrigação. Há quem diga que não deixa nunca de ser, independentemente do tipo de casamento que faça. Quando só volta a esta casa de manhã, não diz aonde vai nem eu pergunto. Sou capaz de tirar algumas conclusões, porém. Não sou tão inocente que não saiba como corre esse tipo de casamento.

Ele a puxou para baixo e ergueu-se nos braços para olhar para o rosto dela.

– Tirou as conclusões erradas. Não estou com mais ninguém há muito tempo. Meses. – Não muitos meses, mas pelo menos não desde que eles se conheceram. No entanto, não havia necessidade de esmiuçar excessivamente o assunto.

– De verdade? – perguntou ela, surpreendida, fascinada e incrédula. Sebastian notou também alguma hesitação, como se a resposta fosse muito importante para ela.

– Sim. Quanto a esse tipo de casamento e à forma como corre... – Parte dele ordenou silêncio agora, antes que se dissesse algo que pudesse vir a ser lamentado. Ignorou a voz e seguiu em frente. – Por que me disse que queria romper com a norma?

– Queria que soubesse.

– Por quê? A não ser por uma promessa idêntica, porque queria que eu soubesse?

Ela deteve os olhos nele.

– Era importante para mim dizer isso, é tudo. Para você saber, e poder estar certo quanto a mim, se alguma vez importou quando se questionou.

Se alguma vez importou quando se questionou. A sua irritação esvaziou como um balão. Que coisa triste para ela dizer ou pensar.

Na realidade ela fora muito sensata. Não esperara nada daquela união a não ser os termos previamente acordados entre eles, e o direito dele de se comportar como entendesse ficara igualmente explícito e implícito em tudo.

O "se" dela ficou ali pairando, porém. Se o fato de ela ter um amante não importava, então ela não importava. Incomodava-o profundamente que ela partisse do princípio que não.

– Seria de grande importância se alguma vez me questionasse, por isso me deu um presente ao me dizer isso – declarou ele. Ela tinha realmente direito de saber aquilo.

Ele ficara com ciúmes, afinal. Até se comportara como um idiota por causa dela. Beijou-a, e sentiu uma umidade levemente salgada no seu rosto.

– Teve importância para você quando se questionou?

Ela anuiu com a cabeça, mas não falou.

Você a beija, dá prazer e fica em silêncio agora, seu tolo piegas. Ele sabia perfeitamente que devia pôr um fim à conversa. Não gostava, contudo, de deixá-la pensando com os seus botões e presumindo que não podia sequer perguntar sem considerarem-na uma intrometida insistente e pouco sofisticada.

Supunha-se que os votos que tinham trocado tratassem daquela questão, mas, claro, habitualmente não o faziam.

– É mais do que justo que troquemos presentes, acho eu. Eu também não terei amantes.

Ela ficou com um ar tão espantado, tão absolutamente abismado, que ele quase riu. Mas outra coisa que viu em seus olhos o tocou profundamente, e ele nunca esqueceria a expressão dela naquele momento.

– Será muito agradável não ficar quebrando a cabeça daqui para frente – observou ela, com voz suave. – Se um dia, porém, você...

Ele tocou nos seus lábios para silenciá-la. Não queria que ela o desobrigasse da promessa antes até de ele descobrir se conseguia mantê-la.

– Se algum dia um de nós se arrepender da escolha, falaremos sobre isso, Audrianna, e tentaremos nos lembrar de quando importava.

E por quê.

Capítulo 24

Ainda era de manhã cedo quando Audrianna desceu da carruagem. No entanto, um dia cheio a esperava e não podia adiar aquela visita. Felizmente, uma mulher não precisava se preocupar tanto assim com horas adequadas para visitas quando ia para a casa da própria mãe.

A mãe ficou contente por vê-la. Quando entravam na sala, Audrianna reparou na nova alcatifa vermelha da biblioteca. Perguntou-se se Sebastian ainda fazia penitência.

A mãe falava com boca cheia sobre amizades renovadas e parentes redescobertos. A sua prontidão para esquecer desencontros passados tanto animava como entristecia Audrianna.

Desde a conversa com o Dominó que a estoica reação da mãe à desgraça do pai vinha assumindo outros significados potenciais, como tantas outras coisas na memória de Audrianna daquele tempo longo e terrível.

– A Sarah tem um jovem que está lhe fazendo a corte – confiou finalmente a mãe. O seu olhar brilhava de deleite. – Um cavalheiro.

– Que maravilha, mãe. Ele vive em Londres?

– Claro, não é? Embora tenha propriedade no Yorkshire. A profissão dele requer a sua presença aqui, porém. É advogado.

– É realmente notável.

– Prometi obter um convite para visitar Lord Sebastian. Eu sabia que não iria se importar.

– Claro que não.

A mãe não era estúpida. Ouviu a resignação. Provavelmente também viu a prova do ressentimento que Audrianna sentia por ser tão "útil", apesar das suas tentativas de esconder.

– Estou com grandes esperanças quanto a isso. – A mãe baixou os olhos e falou como quem pede desculpa, como um peticionário que pisasse na linha que circundava a rainha. – Talvez mais do que o devido. Podemos adiar se quiser, até as intenções dele serem mais explícitas.

– Não, não é necessário. Tratarei da apresentação para quando quiser. Será um prazer fazer isso. – Era pouco provável que as intenções do advogado ficassem mais explícitas enquanto a utilidade dela não se revelasse. Era por essa razão que tinha se casado, não era? Não devia deixar que as novas descobertas do seu coração turvassem esse fato.

Tinham sido aquelas novas descobertas que a levaram lá. Isso e a sua recente falta de certeza sobre o pai, e a confusão emocional a respeito dele que não a largava a não ser quando a paixão a bania por um curto período. Olhou para o rosto da mãe, suave e doce, tão bem enquadrado pela touca branca debruada a renda, e reuniu coragem para abordar um assunto nunca antes discutido.

– Tenho pensado no meu pai recentemente – avançou ela. – E sobre aquelas acusações que fizeram a respeito da negligência dele.

A mãe não disse nada, mas foi tomada por uma nova imobilidade, mesmo que antes ela não se mexesse. Continuou com os olhos baixos, como tantas outras vezes na presença do pai naqueles derradeiros meses.

– Acha que ele esteve envolvido de alguma forma, mãe? Nunca deu motivos para que pensass assim e, eu sei, mas as atenções voltaram-se para ele por uma razão. Ele era a pessoa que via todos os relatórios sobre a qualidade da pólvora. Ele deu aval para que fosse distribuída. A mãe o defendeu, eu sei, mas...

A mãe de Audrianna suspirou profundamente, como se um fardo do qual tivesse se libertado recentemente voltasse a ser imposto ao seu espírito. Ergueu os olhos, mas não era o olhar de uma mãe. Era muito mais honesto do que isso.

– Ele se preocupava. Notava-se que aquele escândalo todo deixava marcas. Ele definhava a olhos vistos – principiou. – Sempre fora dado a períodos de melancolia. Escondia de você e da Sarah, mas não conseguia esconder de mim. A guerra havia feito aquilo com ele. Era uma disposição que se instalava nele e daquela vez não foi embora. Ele deixou de falar comigo, por causa daquela escuridão.

– Nunca lhe disse que era inocente?

– Ele receava não estar, acho eu. Muito cedo, mesmo antes de se começarem a ouvir as histórias, o exército soube e ele passou semanas esquadrinhando a memória comigo, tentando se lembrar se tinha cometido semelhante erro. O erro deve ter sido no arsenal, não parava de dizer. O meu gabinete não aprovou pólvora ruim para distribuição.

– Então ele negou. – O coração de Audrianna ficou mais leve adiante da pequena prova. A mãe não lhe descrevia um homem culpado, com receio de ser descoberto num crime, mas um homem honesto que se preocupava com a possibilidade de ter cometido um erro.

– Ele não estava certo do que sabia, Audrianna. A preocupação não foi embora. A melancolia veio e ficou.

– Ele estava sendo perseguido e desonrado. Claro que ficaria melancólico. Acredita certamente na sua inocência em tudo isso.

Aguardou, o coração batendo com força, que a mãe enveredasse pela velha defesa do pai. O peso que sentia no peito tornou-se doloroso, e a sua compostura, um pouco desesperada quando o silêncio se prolongou.

– Acredita nisso, não acredita, mãe?

Os olhos da mãe de Audrianna ficaram evasivos, como se olhasse para dentro da sua mente e do seu coração para ver aquilo em que acreditava. Depois ganharam mais vida e o seu olhar voltou a ser o de uma mãe que olha para uma filha.

– Claro que acredito. Afinal sou mulher dele.

* * *

— Não devia ter feito isso – repreendeu Daphne, enquanto revolvia o solo em redor de uma roseira com uma enxada. – O que tinha na cabeça, Celia?

– Ela disse que resultou – replicou Celia enquanto podava, do outro lado do canteiro. – Deve-me dez libras, Audrianna, para me reembolsar o que paguei à minha mãe.

– A sua mãe pagou dez libras àqueles bordéis para procurarem pelo Dominó?

– Eu não sei o que ela pagou a eles. Isso é o que temos de pagar a ela.

Daphne parou de trabalhar e observou Celia por baixo da aba da touca de palha. Audrianna suspeitou que Daphne estava pensando naquilo que ela mesma se perguntava.

– Onde conseguiu as dez libras, Celia? – perguntou Daphne.

A atenção de Celia foi absorvida pelo exame dos caules da roseira.

– Espero que não tenha pedido emprestado – continuou Daphne. – Sabe a regra. Não contraímos dívidas.

Celia suspirou com dramatismo.

– Não se contraem dívidas com uma mãe. Ela pagou e eu pago a ela. Ficou tão feliz em saber de mim que não se importou minimamente.

Voltaram à jardinagem. Audrianna fora visitá-las naquele dia glorioso, sabendo que seria passado trabalhar assim. Calçara umas botas velhas e pusera um vestido simples, pedindo um avental emprestado ao chegar.

Precisava da companhia das amigas naquele dia, em que a sua cabeça revia a conversa que tivera no dia anterior com a mãe. Dissera a si mesma que iria se encontrar com a mãe para ouvir a verdade, mas constatava agora que fora em busca de um novo reforço para a sua certeza. Só que agora, apesar das conscienciosas últimas palavras da mãe, Audrianna suspeitava de que a única pessoa que alguma vez tivera verdadeira certeza de que Horatio Kelmsleigh não podia ser culpado de nada a respeito daquela pólvora era ela mesma.

Agora, a atitude do seu pai não estava assim tão certa. Muito pelo contrário, por mais que desejasse estar. Tampouco seria uma resolução para o seu coração aceitar a culpa dele.

Pelo menos, havia outra parte do seu coração que já não se encontrava confusa. Isso era muito reconfortante.

O sol irradiava bom calor e todas entre os canteiros se debruçavam sobre o trabalho, protegidas por toucas e luvas. Uma fila populosa de grandes tulipas ladeava o canteiro de rosas onde elas podavam e tiravam ervas. As corolas aveludadas mostravam a exuberância que as flores atingem logo antes da queda das pétalas.

Via-se Lizzie do outro lado do vidro da estufa, fazendo a sua magia com um tabuleiro de plantas jovens que ela chamara à vida. Não demoraria a vir para fora e elas deixariam de poder falar livremente sobre o assunto, pois Lizzie ainda não sabia da mãe de Celia.

– Lamento que o que soube do Dominó tenha a desanimado, Audrianna. – Daphne continuava trabalhando o solo com pequenos golpes. – Sei que escolheu acreditar no seu pai.

Era mesmo típico de Daphne saber o que ocupava a sua mente. Reparou, porém, que Daphne abordava uma lição importante no que dizia respeito ao espírito humano. Por mais que fossem os instintos e emoções, impunha-se escolher aquilo em que acreditar sobre os outros. Talvez a pior parte da desilusão fosse nos fazer sentir idiotas por acreditarmos em coisas boas. Talvez fosse essa a razão pela qual ela ainda não conseguia aceitar os fatos por aquilo que pareciam revelar.

A porta da estufa abriu. Lizzie saiu com o tabuleiro nas mãos. Aproximou-se de um viveiro colocado ao sol, abriu-o e pôs o tabuleiro lá dentro. Estava na altura de endurecer as plantas a serem plantadas em meados de maio.

Lizzie foi então até elas, adorável na sua touca simples, lilás, e o vestido de musselina azul. Havia várias semanas que as dores de cabeça a deixavam em paz e tinha um aspecto saudável e muito fresco.

Audrianna olhou para as amigas. A marquesa estava certa e algumas jovens matronas do seu novo mundo haviam-na procurado. Ela começara a ser absorvida por alguns círculos. Às vezes ria sem se perguntar se devia ou não.

Mas nunca seria como ali. Amigas nenhumas poderiam substituir aquelas.

Curvou-se para arrancar um intrusivo pedaço de relva do canteiro.

– Acho que me apaixonei. – Dizer aquilo, colocar em palavras, arrepiava-a e assustava-a ao mesmo tempo. Só conseguia dizer aquilo àquelas mulheres, claro. Nunca se atreveria a fazer tal revelação a mais ninguém.

O silêncio instalou-se à volta delas até se ouvirem apenas o chilreio dos pássaros e o restolhar das folhas caídas do outono. Ergueu os olhos e se deparou com três pares de olhos nela.

– Oh, Céus... – disse Lizzie. – Parece ser pouco sensato.

– Considerando as circunstâncias pouco promissoras que deram origem ao casamento, provavelmente tem razão. No entanto, é assim – disse Audrianna.

– Não é pouco sensato. Não necessariamente – refutou Daphne.

– Só é insensato se esperar que o amor seja correspondido – completou Lizzie. – E o casamento não é isso, se formos honestas. E o nome dele não deixa de estar ligado a mulheres nos pasquins. Se está preparada para aceitar um casamento desigual nessa área, a vida continua a ser tolerável, imagino.

– Eu acho que nos apaixonarmos é uma coisa boa – interveio Celia. – Mesmo que doa, pelo menos sabe que não está morta. Por isso fico feliz por você. Digo para ter cuidado com as urtigas e amar apaixonadamente e perder nove décimos do seu coração. – Tirou uma parte morta da sua roseira com um corte seguro. – Só não perca a cabeça também e fica com o último décimo para você. Dizer para nós está bem, mas não diga a ele, senão faz de você escrava.

Audrianna preferia não ter sabido da ascendência de Celia. Não conseguia evitar pensar que era Mrs. Northrope falando, ensinando à filha as realidades mundanas. Infelizmente, sendo uma mulher que servia de amante a maridos de outras mulheres, era provável que Mrs. Northrope possuísse uma sabedoria acerca dos homens que poucas delas conseguiriam reproduzir.

– Eu me sinto muito velha – rematou Daphne com uma risadinha. – Ou muito nova. Não tenho certeza de qual das duas. Sou a única, parece, que acha que é muito bonito ter se apaixonado, Audrianna, especialmente por existirem boas razões para isso não acontecer. Apele à otimista que há em mim, suponho.

Celia examinou os arbustos à sua volta.

– Terminamos. Mais prontos do que isso é impossível. Venham as flores. Vamos entrar.

Entraram todas na casa, tirando luvas e aventais pelo caminho. Lá dentro, desembaraçaram-se das toucas e das botas.

– Tenho uma canção nova – anunciou Audrianna. – Trouxe para a Celia cantar para nós.

– Deu esta a Mr. Trotter? – perguntou Lizzie.

– Não me atrevi. Quereria publicá-la com o meu nome e não me parece uma opção sensata, em vista do meu casamento e da infâmia da "O meu amor inconstante". Não quero reavivar o escândalo de forma nenhuma.

– Provavelmente ele colocaria outra gravura, com você e Lord Sebastian na cama fazendo amor. – Foi o comentário de Celia. – Me dê. Eu canto e imaginamos a imagem que ele escolheria.

Audrianna tirou a folha da bolsa e lhe entregou. Sentaram-se na saleta de trás enquanto Celia se familiarizava com a canção e as notas.

– É a sua melhor até agora, acho – disse ela enquanto os olhos desciam até o final da página. – Pediria uma imagem muito terna, acho eu.

– Obrigada. Acho que saiu bem. Acho que vou chamá-la de "Coração e alma".

Celia olhou para ela com aquela expressão madura que assumia de vez em quando. Ergueu a folha bem alto e começou a cantar.

Era muito especial para Audrianna ouvir as suas canções serem cantadas por outra pessoa, e não apenas na sua cabeça. Escrevera aquela um dia depois de se encontrar com Frans, o Dominó, enquanto o seu coração ainda parecia exposto a emoções tão dolorosas quanto belas. Encontrara consolo na melodia, e libertação, ao dar expressão à intimidade que experimentara nos braços de Sebastian.

Daphne e Lizzie ouviam, quietas. A voz límpida e jovem de Celia emprestava comoção às palavras. Soava muito melhor do que Audrianna alguma vez esperara.

O silêncio prolongou-se durante vários segundos depois de Celia terminar a última nota. Daphne sorriu com alguma melancolia.

– É linda. É mesmo uma pena que não arrisque dá-la a Mr. Trotter.

Lizzie limpava os olhos com o lenço.

– Receio que tenha perdido todo o seu coração, se essa canção revela as suas emoções. Quem consegue, porém, não a ouvir sem desejar conhecer a doçura dessa dor? Me faz me lamentar não estar apaixonada.

Celia olhou longa e seriamente para a música.

– É errado não voltar a ser apresentada. Merece um público grande.

– Estou satisfeita por ter ouvido você cantá-la. Se nunca tiver maior público do que nós quatro, estou bem com isso.

– Posso ficar com ela, para cantá-la depois? Quando não estiver aqui, a trará até nós em espírito.

– Essa cópia é sua e pode usá-la como bem entender. Talvez uma noite dessas a ouça mais uma vez na minha cabeça e saiba que você está cantando novamente. – Pôs-se de pé e beijou uma de cada vez. – Agora tenho de deixar vocês, por mais que desejasse ficar mais tempo. Lady Wittonbury dará um jantar esta noite e precisarei de horas para me preparar para a sua inspeção.

* * *

No dia seguinte ao jantar, Audrianna visitou o marquês. A agenda da temporada levava a que o visitasse com menos frequência, e quando o fazia, tinha uma longa lista de festas e bailes para descrever.

Para sua surpresa, Sebastian foi se encontrar com eles meia hora depois. Sentou-se na biblioteca para ouvir ela e o irmão, como se não tivesse uma dúzia de outros lugares para estar.

– As suas descrições são tão vívidas que parece que estive lá – afirmou o marquês, a título de elogio. – Teria gostado de ver a cara do Halliwell quando a cera de abelha do lustre aterrou mesmo na luneta dele.

Imitou o susto que imaginava e todos deram umas boas risadas.

– Gostaria? – perguntou Sebastian. – De ter visto?

A alegria de Wittonbury desapareceu. Pela maneira como os irmãos se entreolharam, parecia que Audrianna acabava de interromper uma discussão.

– Pergunto porque resiste a todos os esforços capazes de lhe permitirem um dia. Os médicos dizem que deve tentar pôr-se de pé e contudo se recusa.

– Se conseguisse me pôr de pé, eu faria. Não consigo, por isso não faço.

– Não é assim. Já foi explicado a você que se os músculos não forem trabalhados, nunca se recuperarão.

– Está se tornando tão cansativo quanto a nossa mãe. Eu lhe disse que não pode vir aqui a não ser que eu a convide. Devia ter seguido o seu conselho a esse respeito há meses.

– O Kennington e o Symes-Wilvert também foram banidos, ouvi dizer. Portanto a única visita a que se dispõe agora é a da minha mulher, porque ela é boa demais para fazê-lo se sentir um covarde.

Audrianna levantou-se para se retirar da conversa, que tomara um rumo muito particular. O marquês objetou.

– Não, vai ele, não a Audrianna.

– Eu não vou a lugar nenhum, até você tentar se pôr de pé.

– Então pode ficar aí sentado até ir para o inferno.

Sebastian cruzou as pernas, como se aquilo lhe servisse perfeitamente.

– Não tentará por você mesmo, pela nossa mãe nem por mim. Tenta por ela? – Inclinou a cabeça na direção dela. – Se ela pedir, você fará?

Wittonbury lançou-lhe um olhar fulminante.

– Pede, Audrianna.

Wittonbury deixou escapar uma risada triste e resignada.

– Seu idiota.

– Pede. Ordeno-lhe.

Ela desejou que ele não a tivesse ordenado. Não era justo usar daquela forma a amizade que ela tinha com o irmão dele. Nem ela queria saber das partes não verbalizadas da conversa, as partes que não compreendia.

– Poderia tentar? – perguntou ela calmamente. – Seria maravilhoso poder sair destes aposentos um dia. É verdade que me preocupo com você. Se houver um incêndio... Se não conseguir não será pior, e as tentativas, até agora, só o fizeram melhorar.

Ele não disse nada. Não culpava a ela, via-se. A raiva dele dirigia-se toda a Sebastian.

Wittonbury agarrou-se aos braços da cadeira. Forçou o corpo a se erguer uns centímetros. Depois, a força dos seus braços não suportou o peso e ele caiu pesadamente.

Sebastian levantou-se, aproximou-se dele, curvou-se e enfiou os braços por baixo dos do irmão. Endireitando-se, ergueu o marquês até segurá-lo em pé, direito, com duas botas firmemente apoiadas no chão. Aconteceu tudo tão rápido que Audrianna se sobressaltou com a abrupta atividade.

Depois Sebastian recuou e deixou o irmão sem apoio nenhum. A boca do marquês escancarou-se de choque. Depois voltou a cair sobre a cadeira.

– Está louco?! – gritou.

– Elas se aguentaram, que raio. Brevemente, antes de darem por si, aguentaram. Não me diga que não sentiu os músculos se recusarem e cederem.

O marquês fechou os olhos e se recompôs. A raiva deixou de desfigurar seu rosto.

– Foi indecoroso fazer isto na frente da Audrianna.

– Preciso de uma testemunha que você saiba que é solidária com você. Pergunte a ela se se aguentaram ou não.

Não perguntou. Compreendeu então que o marido tinha razão e que o irmão resistia a fazer o que devia para resgatar a vida dele.

Ela se aproximou dele e o beijou no rosto. Os olhos dele ainda estavam fechados, como se ele se resguardasse deles e também da verdade.

– Vou me retirar agora. Virei sempre contar-lhe dos bailes da temporada, o tempo e as vezes que quiser – declarou ela. – Confesso, todavia, que preferia dançar num baile com você um dia.

Passaram duas semanas sem que Sebastian tivesse notícias do advogado de Castleford. Não era um bom sinal. Talvez a informação tivesse sido desenterrada em outro dia que não terça-feira. Tristan poderia concluir que afinal não tinha de arcar com responsabilidade nenhuma, se o dever não fosse conforme ao seu prazer.

E assim, três semanas a contar do dia em que tivera a reunião, Sebastian ficou surpreendido quando uma carta do duque foi entregue por mensageiro.

Esteja aqui esta tarde antes das cinco ou espera até a próxima terça-feira.

Significava ter que enviar notas de cancelamento a dois homens com quem havia combinado se encontrar, mas, às três horas, Sebastian pôs-se a caminho do palácio de Castleford, no lado oeste de Piccadilly Street.

Quando Sebastian entrou na biblioteca, Castleford atirava ordens ao pobre Edwards. Apontou para o divã, como forma de dizer ao convidado para se sentar e aguardar.

Quinze minutos mais tarde, depois de ditada uma carta ao seu administrador, Castleford dignou-se a falar com Sebastian.

– Vem comigo. Ele está na sala.

Sebastian foi atrás dele.

– Quem está na sala?

– Mr. Goodale. Um dos meus advogados. Trata de assuntos pessoais para mim, inconvenientes, à semelhança do seu Mr. Dowgill.

– Você o fez esperar a tarde inteira?

– Se tem bebidas e livros e o bom ar do jardim, pode me extorquir o dia todo. Não se importa, estou certo.

Parecia que Mr. Goodale não se importava com nada. Assentara o corpo roliço e baixo no cadeirão maior, puxara um apoio de pés e lia à luz da janela aberta com um copo de brandy na mão. Era de admirar que não tivesse tirado os sapatos. Mostrou aborrecimento com a interferência quando a porta abriu, mas levantou-se imediatamente quando viu Castleford entrar.

Castleford se sentou na poltrona que Goodale desocupara, deixando o advogado meio calvo à frente dele como um rapazinho.

– Conte ao Summerhays da tal fábrica.

– Vossa Excelência vendeu a fábrica a Mr. Skeffley em outubro de 1816.

– Ele sabe essa parte. Conte-lhe da minha aquisição da fábrica.

Goodale pigarreou para começar o relato:

– A fábrica tornou-se propriedade de Vossa Excelência como pagamento de uma dívida de jogo no valor de sete mil libras. O cavalheiro e eu realizamos demoradas negociações, pois segundo ele a propriedade valia bem mais do que isso, na expectativa, acho eu, de que a diferença lhe fosse paga. Sua Excelência não esteve neste processo, desnecessário dizer.

– Razão pela qual não me lembro de nada sobre isso – esclareceu Castleford.

– Sua Excelência apenas assinou os documento após eu os elaborar, juntamente com outros documentos que lhe levei naquele dia.

– Foi uma sexta-feira – acrescentou expressivamente Castleford. – Aqui o Goodale tem fama de faltar às terças.

Goodale corou.

– As minhas renovadas desculpas, Vossa Excelência, mas devo me encontrar com advogados e eles são igualmente zelosos do seu tempo.

– Limito-me a deixar claro que se tivesse trazido os documentos em uma terça eu me lembraria de tê-los assinado. – Castleford marcou a posição dele por causa de Sebastian.

– Quando foi esta aquisição, Mr. Goodale? – perguntou Sebastian.

– Naquele mesmo ano. Em maio de 1816.

Sendo assim, depois da guerra.

– Goodale, pode ir embora – ordenou o duque.

O advogado partiu imediatamente.

– As minhas desculpas por ter insinuado mais envolvimento da sua parte do que aquele que poderia ter existido – disse Sebastian.

– Desculpas aceitas. Não o desafio nem mato.

– Demorou para encontrar a informação.

– De jeito nenhum. Deu na minha mão na noite da sua última visita. Só a dei hoje porque as minhas outras terças-feiras estavam tomadas com outros assuntos.

– Claro. Afinal todas as terças-feiras têm um número de horas limitado. Vai me dizer quem pagou sua dívida com a fábrica? É importante.

Castleford olhou para o decantador de brandy, mas claramente pensou melhor no assunto.

– Por sinal, esse era o assunto que ocupou as outras terças. Não gostei que alguém tenha usado o meu nome para encobrir os seus crimes desta forma. Sem dúvida que essa pessoa presumiu que quando as provas apontassem para mim seria o fim de qualquer investigação. Essas considerações especiais são o tipo de injustiça que torna tão agradável ser duque, mas é deselegante nos aproveitarmos dessa vantagem se não o formos. – Abafou um bocejo. – Sente-se por favor. Você me lembra o meu antigo tutor, aí plantado.

Sebastian sentou-se.

– O nome dele?

– Não é nada querido no gabinete das munições. Sabia disso? Usam linguagem forte quando falam de você. O Oakes me deixou com as orelhas fervendo e o Mulgrava não confia nada em você.

– Passou as últimas terças-feiras falando com os funcionários superiores do Gabinete do Material de Guerra?

– Uma coisa não fazia sentido e me pareceu que eles podiam esclarecê-la. Agrada-me que as coisas façam sentido à terça-feira.

– É o que faz a sobriedade.

– Daí o tédio. – Castleford inclinou-se para a frente com os cotovelos apoiados nos joelhos e olhou muito sobriamente para Sebastian. – Aqui está. Ao que parece, e eu não me lembro de nada, recebi a fábrica como pagamento de uma dívida de jogo por parte de Percival Kennington.

– O Kennington?

– Estranho, não é? Quem adivinharia que ele se dedicara ao negócio? E segundo Goodale, não foi sozinho. O Symes-Wilvert, o amigo, também estava metido nisso. Dois insuspeitos filhos de barões, dando o corpo ao manifesto juntos, literalmente, para produzir pólvora para a grande causa.

Sebastian estava tão surpreso quanto Castleford desejara. Nunca pensara que Pettigrew e Eversham fossem dois homens que eles conhecessem. Maldição! O que eles teriam na cabeça? Fossem quais fossem os ganhos financeiros, não valiam o risco. E agora, viver sabendo que causaram a morte de homens inocentes... Céus! Ele quisera dar a Morgan o presente da justiça, mas agora os seus amigos mais chegados...

– Você se dispôs a ser um anjo vingador, mas, aparentemente, encontra-se no caminho do demônio, Summerhays.

Castleford o observava de perto. Não com alegria. Os seus olhos eram os de um amigo de há anos que acabava de ler seu pensamento, e que mandara sair Goodale por uma razão.

– Qual foi a razão real que o levou a falar com os funcionários do Gabinete do Material de Guerra?

– Para exprimir o meu profundo desagrado. Todo mundo sabe que aqueles dois são uns idiotas. Por que comprar-lhes pólvora? Raios, não lhes comprava uma palha se a vendessem. Não me interessa que eles tentassem ser espertos e dessem o nome de tias-avós ou de cavalos prediletos à fábrica. Os homens do gabinete tinham de saber de quem era a fábrica. No entanto, ainda assim contrataram o serviço. – Reclinou-se na cadeira. – É de uma pessoa se perguntar por quê.

Castleford não disse mais. Aquela última frase revelava a sua opinião. A sua expressão mostrava a preocupação de um velho amigo.

Ambos sabiam que não havia como Kennington e Symes-Wilvert obterem um contrato com o Gabinete do Material de Guerra sozinhos.

Alguém intercedera por eles.

Uma mulher sabe quando a atenção do homem não está nela. Especialmente quando se encontram na cama.

Ainda que as carícias de Sebastian fossem as mesmas e os seus beijos tão apaixonados como sempre, uma parte essencial do seu marido não lhe prestava atenção, reparou Audrianna.

Consequentemente, sentiu o próprio desejo refluir. Pôs a mão em cima da dele e segurou-a contra o peito.

Ela nunca o detivera antes, mas não conseguia fingir que não existia mais presença nenhuma no quarto além da excitação do prazer mútuo.

Ele não pareceu se importar. Deixou-se ficar no abraço durante um bom tempo, com a mão por baixo da dela. Depois se sentou e pegou o robe.

– Desculpa.

Partiu. Ela ouviu sons no quarto, na porta ao lado. Levantou--se e foi espiar. Ele se vestira e calçava as botas.

Reparou nela.

– Preciso pegar um ar para clarear as ideias.

Parecia triste e resignado. Ela nunca o vira assim.

– O que é que o preocupa tanto?

Ele forçou-se a sorrir, foi até ela e beijou a sua testa.

– Vai dormir.

Era coisa que não aconteceria agora. Ela nem sequer tentou. Voltou para o quarto e instalou-se atrás das cortinas para olhar para lá fora. Não demorou até verve-lo no jardim, de pé, à luz do luar. Talvez fosse da noite, ou do estado de espírito que sentira nele, mas parecia tragicamente solitário ali embaixo.

Enrolou-se no xale e calçou os chinelos. Pegou uma vela para ter luz, desceu as escadas e saiu para o jardim.

No início ele nem sequer reparou nela, de tão absorto que estava nos seus pensamentos. Ela duvidava de que ele soubesse que não saía do mesmo lugar há uns bons quinze minutos.

Finalmente, a viu. Esticou um braço e ela se aproximou dele. Ele a envolveu nos braços e o seu estado de espírito também a contagiou. Tornou-se evidente o seu pesar, e o coração dela também se entristeceu.

– O que aconteceu? – insistiu ela.

Ele beijou sua nuca.

– Estou perdido num dilema. Pela primeira vez não sei o que fazer. Nunca esperei... Fiz uma interpretação tão errada de uma coisa que devia ser fuzilado por estupidez.

– Não sobre mim, espero.

– Não sobre você. Você é só bondade e honestidade. É sobre o meu irmão. Acho... Não queria suspeitar disso, mas... Acho que ele sempre soube a verdade acerca daquela pólvora. Receio que... acredito que o interesse que sempre mostrou pelo assunto não era de um homem à procura de justiça, mas de um homem à procura de confirmação de que o seu próprio papel não seria descoberto.

Ficou mais tenso ao falar, mas se acalmou depois de terminar, o que teve mais importância para ela do que o choque que sentiu pelo que ouviu.

– Deve ter boas razões para pensar assim, ou não pensaria. No entanto, é quase inconcebível.

Ele a incitou a seguirem um caminho por entre as plantas. A umidade da noite avivava os odores da primavera, que zombavam da sua disposição invernal.

– A pólvora era produzida numa fábrica cujos donos eram Kennington e Symes-Wilvert, os dois amigos que o visitam todas as semanas. Conhecem-se todos desde rapazes. Deus me valha, agora até questiono a dedicação que eles têm a você.

– Se os amigos fizeram isso, ele pode não estar a par.

– Pode não ter certeza, mas não o desconhece. Há tantas coisas que recordo agora. As perguntas dele, até a preocupação dele com você... Acho que ele sabe, e isso não o deixa sossegado.

– Acha que ele investiu? Que lhes deu dinheiro? Certamente que não planejou o contrabando e o resto. Recuso-me a acreditar nisso.

– Acho que ele usou a influência dele para garantir que a pólvora da fábrica fosse comprada. O resto, espero, não foi obra dele. – Caminhavam lentamente. – Mas acho que ele sabe. Acho que há muito tempo que ele sabe.

Ela compreendeu o caos dentro dele, porque agora também o sentia. E talvez compreendesse também as próprias oscilações do marquês e a melancolia que se abatia sobre ele.

– O que vai fazer?

– Não sei. Talvez não faça nada. Ou tente obter certeza. Abordar o assunto com ele... não posso fazer isso, a não ser que esteja completamente certo. O que quero é esquecer o assunto. Sinto-me tentado, mas...

Ela não disse nada. Não lhe cabia encaminhá-lo para nenhuma decisão.

– Mas não estaria correto, nem seria justo – prosseguiu ele, mas sem grande convicção. – Não seria justo para os homens nem para o artilheiro mutilado que finalmente apresentou a chave da verdade. Nem para você.

Qual seria o peso daquela última parte para ele? O nome do pai dela arcava presentemente com a inteira responsabilidade pelo escândalo, e se havia outros, não era justo.

Ela não queria, porém, imaginá-lo confrontando o irmão com as suas suspeitas, ou mesmo com a verdade, pois destruiria algo entre os dois que nunca seria substituído. Receava que também destruísse algo dentro de cada um deles.

– Com toda a probabilidade, procurou apenas ajudar os amigos – disse ela. – Não há nenhum crime nisso.

– É verdade que não há nenhum crime nisso se ele não tiver feito mais nada. No entanto, se eu trouxer tudo à tona, ele será envolvido, independentemente do papel que tiver tido. Acho que ele sabe disso. E receia que aconteça.

Ele ainda estava atormentado, mas já não parecia perdido. Ela parou e o abraçou.

– Você parece você mesmo, agora. Ainda perturbado, mas não tão sombrio. Parece que o ar fresco o ajudou mesmo.

– Não foi o ar, mas o seu bom coração e a sua solidariedade. – Olhou ao redor. – Sabe onde estamos?

Ela olhou por cima do ombro. Tinham ido parar no lugar resguardado onde ele a levara na primeira vez que ela visitara a casa.

– Acho que tenho coisas por terminar com você aqui – disse ele. – Acho que vou tratar disso e escapar do inferno por um tempo.

– Tem certeza de que consegue se abstrair?

– Desta vez terá a minha atenção completa. – Conduziu-a para o banco.

– Talvez deva me certificar disso. – Ela pôs a mão na prova de que já tinha a maior parte da sua atenção. – O que seria preciso para se abstrair completamente esta noite? Para eu transformar o inferno em céu, como você fez por mim quando eu estava perdida?

– Se se sentar naquele banco e levantar essa camisa, eu levo nós dois ao céu num instante, prometo.

– Isso pode esperar. Estou gostando disto. Quero comandar, não quero só seguir. Tenho permissão para cuidar de você às vezes, não tenho? Quando está triste, ou com dilemas.

Ela se sentou no banco para lhe desapertar as calças. Libertou--o e tomou o seu comprimento nas mãos e acariciou. Levou o seu tempo, para ele ter o maior prazer e se esquecer do mundo agreste.

Ele a deixou tomar conta dele. Não tentou impedi-la, nem sequer devolver suas carícias. Ficou ali em pé enquanto as mãos dela deslizavam e acariciavam, os seus olhos intensos observando-a.

Aquilo também a excitou, apesar de estar só dando. Beijou timidamente seu membro para mostrar a ele. O corpo dele enrijeceu--se todo em resposta. Beijou a ponta de modo provocador. Ele deixou sair um suspiro grave e abafado e tocou levemente na sua nuca.

Ela percebeu, então. Soube. Lambeu a ponta com a língua. Envolveu-a corajosamente com os lábios.

Os vestígios da preocupação dele desapareceram. Entregou-se a ela. Atirou a cabeça para trás e permitiu que ela o levasse ao êxtase.

Capítulo 25

O som da confusão subiu pela escada. Ouviu-se a voz de Lady Wittonbury, sobrepondo-se a todo o resto. A seguir uma voz mais alta, de Sebastian, ordenando à marquesa que fizesse silêncio.

Audrianna desceu para ver que desastre acontecera. Deparou com Sebastian a executar táticas que impressionariam um marechal.

Wittonbury estava sentado numa cadeira de madeira de braços no alto das escadas, cercado por quatro criados. Havia mais dois no meio da escada, de frente para ele.

Lady Wittonbury foi logo até ela.

– Ele pediu para o levarem para o jardim. Não sei se fico entusiasmada por ele desejar a mudança ou preocupada por poder adoecer.

– Não acho que o ar fresco lhe faça mal. Devemos ficar entusiasmadas, acho eu.

– Sim, claro. Ainda assim... – Observou os preparativos com ar preocupado.

Os criados mexiam-se como uma unidade. Agarraram a cadeira em vários lugares determinados por Sebastian e, ao seu sinal, pegaram nela e começaram a transportá-la para baixo.

– Tem certeza absoluta de que as criadas foram embora? – quis saber Wittonbury. – Pareço um idiota e não quero que essas moças deem com a língua nos dentes por aí com as criadas de outras casas.

– Trataram todas de ficar a milhas de distância – jurou Sebastian. – Colocamos você lá fora num instante, e o trazemos para dentro ainda mais rápido, quando quiser voltar.

Audrianna admirou o cuidado que Sebastian mostrava com a expedição. Mostrava-se, como sempre, muito cioso da saúde e do orgulho do irmão.

Eles não tinham voltado a falar do dilema a respeito da pólvora. Ela sabia, contudo, que Sebastian não abordara o assunto com Morgan. Ainda sentia preocupação nele, e no dia anterior, enquanto passavam alguns minutos com o marquês, vira Sebastian olhando para o irmão de uma forma pensativa, que refletia o quanto a decisão o angustiava.

A cadeira chegou a um patamar e fez uma curva. Agora Wittonbury via a mãe e a ela.

– Venham, então – chamou ele. – Não pretendo contemplar a natureza sozinho.

Lady Wittonbury voltou expeditamente ao cimo da escada. O marquês reparou.

– Você também, irmã. Vamos fazer uma festa ao ar livre.

Seguiram a cadeira pelo terraço até um gramado ladeado por dois caminhos de pedras. Os criados pousaram-na. O Dr. Fenwood pôs uma manta à volta do marquês e afastou-se, posicionando-se a uns bons cinquenta metros.

Criados e jardineiros apressaram-se a transportar algumas cadeiras de ferro. Uma pequena mesa veio da casa. Sebastian andava com dois livros e pousou-os no colo.

Olhou para o relógio de bolso.

– Apesar do aparato, mal levou quinze minutos. No futuro consegue fazer mais rápido e eles conseguem colocá-lo no quarto em menos de dez hoje mesmo. Só tem de dizer a Fenwood que os chame.

Wittonbury assentiu com a cabeça. A mãe sentou a sua pessoa de ferro numa cadeira de ferro, com um radiante sorriso de aprovação. Audrianna caminhou lentamente para a casa com o marido.

– Foi ideia do marquês? – indagou ela.

– Ele estava à janela admirando o jardim. Eu disse que devia descer e não o ouvi objetar.

– Parece bastante satisfeito.

– Sabe que a antiga vida está ao alcance dele. Consegue sentir. Recusa-se a ter esperança, sem que isso consiga impedi-lo de começar a tê-la. – Entreouviu conversa calma entre mãe e filho.

– Seria um inferno se o que o aguardasse quando finalmente pudesse sair da casa fosse o desprezo.

– Decidiu o que fazer?

Ele balançou a cabeça.

– A coragem falha sempre que tento falar com ele.

Saiu para tratar dos assuntos dele. O marquês a chamou para uma das cadeiras. Lady Wittonbury a incitou a se sentir uma intrusa, com o sorriso forçado de clemência que mostrou.

Audrianna sentou-se como observadora, não como participante. Seguiu as expressões e a conversa animada do marquês, deliciado por se encontrar no exterior. Talvez até excitado. No entanto, ela sentia nele, como sempre sentira, uma melancolia profunda que era demasiado rápida aceitando o destino.

– Foi bom ter podido me acompanhar durante este tempo – disse ele à mãe meia hora depois. – Sei que tem visitas a fazer, e deve fazê-las. A Audrianna me faz companhia mais um pouquinho antes de eu voltar a entrar.

Outra mulher poderia não ter sido sensível ao pedido para se retirar. Lady Wittonbury não. Tinha o poder de emanar uma graça acutilante e despediu-se com uma irritação invisível mas incisiva.

Wittonbury inclinou a cabeça para o rosto receber o sol por inteiro. Fechou os olhos.

– O calor é apaziguador. Me deixa deliciosamente preguiçoso.

– Descanse se quiser. Eu fico aqui com você.

Pareceu que ele o fazia, mas, alguns minutos depois, falou:

– Está feliz, Audrianna? Fez amigas?

– Estou feliz. Tenho algumas amigas novas.

– Fico contente por saber que está feliz. O meu irmão tem andado preocupado com alguma coisa ultimamente. Fico satisfeito por não ter a ver com você.

– Na verdade, acho que tem. Ele ficou sabendo mais algumas coisas acerca daquela pólvora. Descobrimos que o meu pai provavelmente foi cúmplice, mas que houve outros envolvidos também, de maneiras piores.

Ele não se mexeu. Os olhos continuaram fechados. Ela o sentiu mais alerta, porém.

– É interessante. Que mais descobriu ele?

Ela lhe contou do jovem artilheiro e das marcas nos barris e da descoberta do nome da empresa. Descreveu o esquema para tirar pólvora dos barris para vendê-la a um contrabandista, e que um homem no arsenal e outro em Londres tinham sido pagos para se certificarem de que os testes cobriam a pólvora ruim ou que relatórios acerca de pólvora ruim fossem desviados.

Não foi mais longe. Não disse que Sebastian sabia quem tinham sido os donos da fábrica durante a guerra. Contudo, o que revelou era suficiente para ele adivinhar o resto, se já soubesse a verdade.

Ele abriu os olhos e olhou para o jardim. Com alguma tristeza, mas também um ar pensativo.

Wittonbury inspirou profundamente.

– Então em breve saberá tudo, se já não o sabe. – Protegeu os olhos com uma mão. – Graças a Deus.

A compostura dele vacilou e protegeu ainda mais o rosto. Recompôs-se e olhou para ela. Parecia verdadeiramente aliviado. E assustado e desesperado.

O coração dela se compadeceu dele.

– Ele soube recentemente acerca dos seus dois amigos. Agora não tem certeza se quer saber a história toda.

– Não, claro que não. Mas decidirá que deve. É a escolha honrada. – Wittonbury desceu o olhar para o colo e as pernas. – Acreditei que esse fosse o meu castigo. Quando soube o que o Kenny e o Symes tinham feito, e como eu os tinha ajudado... Um homem não manda os amigos mais antigos para a prisão, ou pior. Por isso fui à luta, para ajustar contas. Quando o destino decidiu que se impunha um preço mais alto, aceitei que a minha perda era justa.

– É por essa razão que tem resistido ao tratamento? Porque pensou que o destino lhe exigiria um preço ainda maior?

– Não, minha querida. Eu merecia este castigo, por isso desde logo não acreditei que pudesse existir tratamento.

Ela estendeu o braço por cima da mesa. Ele pegou na mão dela.

– Os seus amigos sabem que sabe?

Ele abanou a cabeça.

– Acharam que eram muito espertos, mas quando se conhece um homem a maior parte da vida, consegue-se ver quando se passa alguma coisa. Foi assim que aconteceu com eles. Poucos comentários entre os dois, e defasados. Uma carruagem nova que Kennington dificilmente poderia pagar. Jogo desenfreado, quando antes não havia nenhum. Suspeitei que estivessem em algum esquema com a fábrica. Havia um terceiro sócio, um homem que eu não conhecia. Aliciara-os com promessas de grandes riquezas. Nenhum dos dois é rico, por isso se encantaram com o investimento e insistiam que ganhariam uma quantia exorbitante.

– Talvez ganhassem. O fato de eles terem sorte não era razão para o marquês saber o que andavam fazendo.

– E foi isso que disse a mim mesmo. Mas eu sabia. Na alegria de terem aquele dinheiro todo para gastar havia também medo e culpa. Eu sentia. Estava preocupado, porque intercedera a favor deles. Foi o meu nome que obteve o contrato, não o deles. E depois, os primeiros relatos referiram-se àquele massacre... Muito antes de a guerra terminar, muito antes da primeira palavra nos jornais, o exército soube que alguma coisa tinha corrido muito mal naquele monte com aqueles homens. E eu fiquei sabendo, como muitos homens influentes ficam muitas vezes sabendo.

Desviou o olhar e balançou a cabeça. Ela sentiu a mão dele agarrar a sua com mais força. Quase lhe disse para não falar naquilo, de tão óbvia que era a sua angústia. Tendo começado, contudo, parecia determinado a terminar.

– Contei ao Kenny e ao Symes que tinha havido um revés horrível com alguma pólvora e perguntei-lhes como podia acontecer, com todas as verificações de qualidade. Apelei ao conhecimento deles. Afinal, tinham uma fábrica que produzia aquilo. Não era possível, juraram. E contudo acontecera. – Ele olhou para ela, com olhos tão intensos como os do irmão conseguiam ser. – E eu soube. Simplesmente soube que era a pólvora deles, da fábrica deles. Estava no rosto e nas vozes deles, quando fingiam ignorância. Nem um nem outro são dissimulados por natureza, ou bons em mentir. Eu convencera o exército a comprar munições a dois idiotas que tinham feito alguma coisa que matara homens bons. E soube também que nunca me perdoaria.

E assim aceitara o cárcere da invalidez quando ele chegou como uma forma de justiça. Ela o imaginou passando os últimos anos à espera de que a verdade viesse ao de cima, esperando que o irmão descobrisse tudo mas temendo ao mesmo tempo esse dia.

O que tinha dito Sebastian? Faço por ele. E fez, mas de formas que nunca adivinharia.

– Diga ao Sebastian o que eu acabo de dizer, quando souber que ele decidiu avançar – declarou Morgan. – Não quero que ele me faça perguntas sobre o assunto. Merece melhor do que ter de interrogar o próprio irmão sobre uma coisa destas. Nem eu suportaria encará-lo nessa situação. Mais vale acabar isso em covardia moral, como comecei, imagino.

– Não foi covarde. O crime não foi seu. Foi enganado por dois bons amigos.

– Devia ter adivinhado que estavam tramando alguma. O Kenny e o Symes investindo numa fábrica? O meu irmão teria sido cético, como seria de esperar, e como eu deveria ter sido. Eu devia ter dito que queria conhecer o homem que lhes propôs o negócio.

Devia ter dito ao Sebastian onde procurar quando ele iniciou a investigação, em vez de temer que o pouco que me restava da minha dignidade me fosse levado pela desgraça.

– E, contudo, não o deteve. Incentivou-o. De outra forma, ele nunca teria persistido.

– Imagino que os assassinos tenham igualmente esperança de serem apanhados, para o medo de a captura terminar. Tais são as contradições da alma. Passei a conhecer as minhas bem demais. – Levantou a mão dela e a beijou. – Lamento que o nome do seu pai tenha sido arrastado para isso, Audrianna. Quando foi, perguntei-lhes se sabiam se era o tipo de homem que podia ser comprado. Ambos disseram que não, e tenho certeza de que falaram a verdade.

– O meu pai dava a aprovação final antes da pólvora ser distribuída. Se chegaram relatórios de pólvora ruim do arsenal, ele teria visto. Gostaria de acreditar que pode se basear na opinião dos seus amigos acerca da honra dele, mas as suspeitas recaíram sobre o meu pai por alguma razão.

Ele abanou ligeiramente a cabeça.

– Fosse qual fosse o homem deles no Gabinete do Material de Guerra, não era o seu pai. Foi talvez essa a pior parte, ver outro homem bom sofrendo e morrer por causa da minha fraqueza. Nunca pensei que ele fosse se matar. O Kenny e o Symes provavelmente também não. Foi assim que três idiotas covardes magoaram a sua família.

Ela não ousou acreditar nele. Ele mentia para que resultasse dali alguma coisa de bom para alguém; era tudo. Ele não tinha nada a perder, agora. No entanto, o coração dela se encheu de esperança, e afeto por ele ter contado, mesmo se não fosse verdade.

Ele largou sua mão. Procurou o lenço dele e limpou o rosto.

– Os católicos dizem que a confissão é boa para a alma. Talvez tenham razão.

Chamou o Dr. Fenwood e lhe disse para chamar os criados.

* * *

Naquela noite ela deu a Sebastian todo o amor que conseguiu a par do prazer. Deixou que o seu carinho queimasse em cada beijo que deu ao seu corpo e que o cheiro e o toque dele lhe marcassem a alma. Tomou-o finalmente em si, absorvendo-o profundamente, agarrando-se a ele intimamente, e moveu-se ao ritmo cru que permitiria aos dois a evasão última.

Ela se desfez nele, o coração rebentando com as emoções que trouxera para a cama. Veio uma memória, nada remota, de querer fazê-lo admitir que se enganava acerca do pai dela. De culpá-lo pela sua dor. Depois outra memória, da sua doce atenção quando ela percebeu que ele não se enganara completamente.

Deixou-se ficar no abraço que a segurava contra o corpo dele. Virou o rosto, aproximando a boca da sua orelha.

– Tenho pensado no seu dilema. Acho que é melhor deixar morrer a investigação.

O abraço dele se estreitou. Ele rolou, para ela ficar de costas e conseguir ver seu rosto.

– Deseja que eu desista, agora que toca na minha família?

Ela desejou que ele não o visse daquela forma, apesar de ser exatamente aquilo que ela dissera.

– Seja o que for que o seu irmão tenha feito, já pagou, não acha?

– São duas coisas distintas. A condição dele é trágica e ele sofreu, é verdade. Mas não foi como pagamento pela sua negligência.

Ele pensa que sim. O marquês dera-lhe permissão para transmitir a confissão dele, mas ela preferia não fazer isso. Se Sebastian estivesse seguro do envolvimento do irmão, poderia ser impossível para ele deixar tudo morrer.

– Se lhe perguntar sobre o assunto, se o acusar, criará um abismo, por mais honesto que seja e diga ele o que disser.

– Droga! Acha que eu não sei disso? – Ele voltou a rolar, sem ela. Para longe dela. Ficou de costas, com o perfil delineado pela luz do candeeiro da mesa do outro lado.

– Não seria melhor, então, simplesmente não saber?

– Achei que queria saber tudo. Saber a verdade. Não há como redimir o seu pai, se ele era inocente, se eu encerrar isso agora.

– O Frans disse...

– O Frans encontrou um nome num jornal – interrompeu ele. – Agora que conheço o esquema, o planeamento e os perigos, não estou convencido de que o seu pai tenha participado. Muito pelo contrário.

Então aquilo também lhe ocupava o espírito, enquanto pesava e contrabalançava o dever e o irmão que ele amava. E, contudo, a opinião dele custava-lhe apenas porque a colocava no centro da dor que poderia se abater sobre a família dele.

– Eles recorreriam a alguém que conheciam, da confiança deles, não abordariam um estranho. Seria arriscado demais – declarou ele. – Podemos, realmente, ter atirado um homem inocente para a sepultura com a nossa perseguição, como sempre pensou. Não pode haver compensação para isso, certamente que não para ele, nem mesmo para você, mas pelo menos o nome dele pode ser limpo. O constrangimento do meu irmão será um preço pequeno a pagar por ser feita justiça.

A ferida ainda magoava ao ser remexida, ainda que já não sangrasse. Uma boa dose de culpa ensombrava-a ao decidir o que fazer, especialmente desde que o marquês dissera que o pai dela seria de fato redimido. Mas a sua velha demanda parecia muito pequena quando via a angústia que a decisão provocava em Sebastian.

– Recordarei do meu pai como ele era. Não preciso que venha outra vítima ocupar o lugar dele. Tome a decisão que tomar, por favor, não faça por minha causa.

Ele virou a cabeça, para vê-la de frente. Ficou olhando para ela durante muito tempo. Começou a se instalar entre eles o tipo de intimidade que existe normalmente após o êxtase da paixão que desnuda a alma.

A mão dele procurou a dela entre os dois corpos.

– Às vezes você me faz sentir pequeno. Oferece-se de formas que...

Colocou-se em cima dela e ficaram pele com pele desde o peito até as pernas. Ele olhava para ela tão pensativo, com tanta intensidade, que ela receou o que ele pudesse perceber.

– Por que me darias isso quando a verdade era tão importante para você?

A garganta dela queimava. O seu coração encheu-se da mais bela das dores.

– Porque você é mais importante agora.

– É um presente de amor, então? – perguntou ele calmamente. Foi um convite inesperado, e mais difícil de aceitar do que ela imaginava. – Sim. É um presente de amor, Sebastian.

Ainda pensativo. Ainda intenso. Mas com aquele sorriso, agora, que a entorpecia.

– Então aceito com amor, Audrianna. Mais amor do que imagina. Tanto que me deixa sem palavras.

A dor dela transformou-se em alegria ao ouvir as palavras dele. Uma alegria beatífica, radiante, como ela jamais experimentara. Derramou-se através dela e de dentro dela e a fez rir de prazer. Ele também riu, pela surpresa dela e a sua própria surpresa, e trocaram o beijo mais doce.

Ele se mexeu ligeiramente. Ela abriu as pernas para aceitá-lo. Ele entrou nela para os seus corpos imitarem os seus corações.

Ele voltou a ficar pensativo.

– Estou me decidindo se a sensação é diferente, agora que sei que me ama. Acho que talvez seja. Interessante.

– Como? Como é que é diferente?

Ele ponderou.

– Um desejo insustentável, é certo. Só que há também um... contentamento perfeito. – Ele se mexeu um pouco e ela riu. – E também uma felicidade inesperada dentro do desejo. E também... – Fechou os olhos, saboreando e nomeando. – E também a satisfação vaidosa de estar completamente seguro de possuí-la absolutamente e por inteiro.

– A última parte não parece muito romântica.

Ele se curvou para chegar com a boca ao peito dela.

– Posso estar perdido de amor, mas continuo a ser um homem, Audrianna.

A língua dele contornou seus mamilos, num caminho torturante. Não demorou muito até ela ficar à beira do delírio. Deixou o seu amor jorrar em gritos pelo prazer. Não refreou nada, para ele saber e ficar completamente seguro de tê-la, como tanto ansiava.

Rapidamente, só senti-lo dentro de si importava. A satisfação que ali encontrava o seu centro, nas sensações maravilhosas do movimento dele. Estocadas longas e profundas a preenchiam, completavam-na, e faziam o prazer se intensificar lentamente, até pequeníssimos e indizíveis frêmitos pulsarem para o resto do seu corpo.

Ela não se rendeu ao abandono. Permaneceu atenta o tempo todo, sentindo-o, amando-o. Até no fim, quando aquelas correntes se juntaram e apertaram e gritaram, permaneceu atenta.

Ele estava igualmente com ela, no reconhecimento claro de que tinha de ser daquela maneira, que não podiam nunca esquecer aquela noite de amor, nenhum momento. Ainda maravilhados com a beleza e pureza do seu amor inesperado, olharam-se nos olhos, no auge perfeito da sua paixão, e na felicidade do clímax, no qual se uniram completamente.

— Eu não lhe disse? Ele não me disse nada. Está aqui no café da manhã como se ignorasse tudo – inquiriu o marquês vários dias depois. Chamara-a mesmo só com aquele propósito.

– Não lhe disse – revelou ela, sincera. – Acho que ele decidiu tratar o assunto de outra forma.

O marquês fez careta. Ela se perguntou se as complexidades da sua alma fariam com que lamentasse ver-se só com a sua culpa privada. Talvez desejasse verdadeiramente a desgraça pública.

– Seja o que for que ele tenha decidido, não aceitará o seu sacrifício. – Apontou para a cadeira. – Ele vai brigar com você, porque acredita que conseguirá voltar a andar um dia.

– Se algum dia o fizer, irá diminuí-lo.

– Nenhum outro homem pode diminuí-lo. Ele não quer a sua vida, seja como presente ou devido à sua invalidez. Devolverá alegremente o que é seu assim que estiver pronto para voltar a assumi-lo.

Não pareceu convencido.

– Ele lhe disse isso?

– Não precisou. Eu sei.

Ele abriu um sorriso cético.

– Eu sei – repetiu ela com firmeza, e algum aborrecimento.

Foi apanhado de surpresa. Deu o assunto por terminado pegando no relógio de bolso.

– O Kennington e o Symes-Wilvert chegarão em breve. Chame o Dr. Fenwood para eu me sentar à janela durante algum tempo antes de eles chegarem. Não vá embora. Volte quando ele tiver terminado.

Audrianna foi à antessala e disse ao Dr. Fenwood para entrar. Quando ele regressou, ela voltou para junto do marquês. Estava sentado perto da janela aberta.

– O mundo é tão belo – murmurou ele. Ela pôs-se ao seu lado e olhou pela janela, para o jardim com as suas erupções de cor entre as plantas e as árvores verdes e as pedras cinzentas dos caminhos.

Enquanto as admiravam, uma cabeça ficou à vista. Três homens entraram no jardim e enveredaram por um dos caminhos. Pararam e puseram-se a conversar.

Os olhos do marquês se estreitaram.

– O que ele está fazendo? Por que chamaria o Kenny e o Symes para falar com ele?

Ela não sabia. Mesmo não conseguindo ouvi-los, Sebastian era o que falava mais. Os outros dois homens só escutavam. Com ar sério.

– Parece que estava enganada – comentou o marquês. – Afinal o meu irmão sempre exigirá que a justiça cobre o que lhe é devido.

* * *

Kennington e Symes-Wilvert não tinham nada a dizer. Nem sequer tentaram se defender ou se desculpar. Limitaram-se a pregar os olhos no chão, com ar de desalento.

– Não imaginamos... – começou Kennington. O que quer que fosse dizer deve ter parecido pobre ao seu próprio espírito, por isso parou.

– Tenho certeza de que nunca imaginaram que podia haver soldados no campo de batalha a quem só restava pólvora adulterada – disse Sebastian.

– Exatamente – apressou-se Kennington. – Os barris misturavam-se todos no transporte, nos disseram. Haveria sempre pólvora boa quando se encontrasse um barril de pólvora má.

– Quem lhes disse isso? Não acredito que o esquema fosse obra de vocês. – Não era no caráter deles em que ele se baseava. Sebastian só não acreditava nem por um minuto que aqueles dois tivessem esperteza suficiente para engendrar e executar um esquema tão elaborado.

Symes-Wilvert olhou para Kennington com algum medo.

Kennington mordeu o lábio inferior.

– Um tipo abordou a ideia de uma fábrica de pólvora. Ele tinha tudo planejado. Eu tinha aquele pedaço de terra perto do rio, no Kent, e seria perfeito, disse ele. Aqui o Symes, pela parte dele, investiu algum dinheiro. Pediu emprestado ao irmão.

– No início pensamos que ia ser só uma fábrica normal – confessou Symes, desesperadamente.

– Só que não foi – rebateu Sebastian.

Ficaram ambos olhando para as botas, com ar deplorável.

– Quem era esse homem? Esse terceiro sócio? – insistiu.

Kennington limpou a garganta.

– O nome era Patterson. Tinha trabalhado na fábrica de Waltham Abbey e sabia como se fazia. Foi o contributo dele.

– Não o vemos há mais de um ano – murmurou Symes. – Ouvimos dizer que ele pegou nos lucros e rumou para a América.

Eis a história. Dois tolos ludibriados por alguém muito mais esperto do que eles. Aquele Patterson escolhera bem os parceiros. Talvez por o melhor amigo deles ser um marquês com ligações com o Departamento de Guerra e o Gabinete dos Materiais de Guerra.

– Apareceu um anúncio há algum tempo, de um encontro na livraria Templo das Musas. A minha mulher pensou que fosse para ela. Acho agora que foi uma tentativa dos dois localizarem o homem que disparou em mim em Brighton.

Kennington ficou muito vermelho.

– Fiquei chocado ao vê-la lá. Achei que o anúncio estava muito bem escrito e só ele conseguiria...

– Só souberam daquele episódio em Brighton, e a razão da minha presença lá, por causa do meu irmão. Ele o descreveu e tentaram encontrar o Dominó antes de mim, para comprar o silêncio dele ou o que ele pudesse saber.

– O Wittonbury pode ter mencionado alguma coisa – disse Symes-Wilvert. – Mas logo que o escândalo rebentou e vimos que era o senhor e a filha do Kelmsleigh que estavam envolvidos, pensamos que seria sensato saber o que vocês sabiam. – Pigarreou. – E foi.

– Usaram o meu irmão da forma mais ignóbil. Quero acreditar que as visitas de vocês tenham sido por amizade e não apenas para se manterem informados sobre o que ele ficava ou não a saber acerca do crime, ou por culpa de terem traído a amizade dele de forma tão ignóbil.

– Existiu culpa o bastante, mas não ouvirei insinuações de que a nossa amizade não é honesta – redarguiu Symes-Wilvert com algum ressentimento.

Sebastian contemplou os dois homens. Tinham confessado com bastante rapidez. Provavelmente aguardavam há anos a oportunidade de fazer aquilo. E o instigador, o tal Patterson, provavelmente vivia luxuosamente na América.

– Acho que não servirá o país, nem o exército, tornarmos isto... – Foi interrompido por alguma agitação. Muito pouca, mas impossível de ignorar.

Quatro criados chegavam ao terraço, carregando uma cadeira na qual Morgan estava sentado, como um rei no seu trono real. O Dr. Fenwood e Audrianna caminhavam atrás deles.

Kennington e Symes-Wilvert foram interrompidos pelo espetáculo. Morgan gesticulou na direção do jardim e disse algo aos criados. A cadeira desceu os degraus do terraço. A comitiva percorreu o caminho de pedra onde Sebastian estava. Os quatro criados pousaram a cadeira.

Kennington sorriu de satisfação por ver o amigo sair da sua prisão.

Morgan não lhe devolveu o sorriso.

– O meu irmão está contando a vocês o que descobriu sobre a sua pólvora, acho eu. Decidi que é tempo de parar de fingir que não aconteceu, e que eu não sabia nada a respeito disso.

Ninguém se mexeu. Kennington ficou com uma expressão aflita.

– Você estava a par disso? Oh, meu Deus!

– Sim, estúpido. Estava a par. E me arrependi por deixar a amizade me impelir a fazer uma coisa que o meu bom senso me dizia que não devia fazer, e depois a me impelir ainda mais para me manter em silêncio quando devia ter falado. – Enxotou os criados. – Audrianna, por favor, chegue aqui. Peço a sua ajuda, se me permitir.

Ela olhou para Sebastian com ar inquiridor, mas aproximou-se da cadeira.

– Mais perto, querida irmã.

Ela avançou mais.

Morgan olhou para os amigos. Depois, a sua concentração voltou-se para dentro. Mexeu-se na cadeira, pôs as mãos nos seus braços, e lentamente, dolorosamente, se levantou.

As pernas quase dobraram ao arcar com o peso. Ele se agarrou ao ombro de Audrianna para se equilibrar. Rosto tenso, olhos inflamados, sustinha-se nas próprias pernas e encarava os amigos estupefatos.

– Pareciam ambos aliviados quando eu saí da casa. O meu irmão nos oferecia absolvição? Que generoso da parte dele. Lamentavelmente, não cabe a ele dá-la.

Kennington e Symes-Wilvert baixaram novamente os olhos. Os rostos coraram. Sabiam que não era um amigo quem lhes falava agora. Morgan era todo marquês, erguido por força de vontade e pouco mais. O perfeito Lord Wittonbury.

– Disse a esta querida senhora que o nome do pai dela tinha caído em desgraça por erro. Que não foi culpa do meu irmão, nem dos jornais, nem de mais ninguém a não ser nossa. A morte dele mancha apenas as nossas mãos. Eu lhes direi agora a verdade, qualquer que seja, para que ela finalmente saiba.

Sebastian olhou para Audrianna. Ela tentou evitar o seu olhar, mas acabou por lhe corresponder.

Ela sabia. Quando oferecera o seu presente de amor, ela sabia de tudo. Falara com Morgan e ficara sabendo da verdade. E também ficara sabendo que a verdade podia limpar o nome do pai dela.

Sebastian estava contente por ser o irmão a falar agora. Ele não conseguiria fazê-lo sem revelar as suas emoções. Comovia-o profundamente que ela tivesse tentado protegê-lo do inferno de expor o próprio irmão, a ponto de sacrificar a própria justiça que procurava.

– Havia um homem na Torre que recebia pagamento. Tratava dos registros e dos armazéns. Não era o seu pai, mas um funcionário que estava abaixo dele e que conseguia retirar relatórios de pólvora ruim se chegasse algum sobre a nossa fábrica, e que conseguia também mudar coisas nos relatórios depois de o seu pai dar a aprovação – revelou Kennington, calmamente.

– As nossas sinceras desculpas, senhora – balbuciou Symes-Wilvert.

– As desculpas são devidas, isso é certo, a ela e a muitos outros. Mas não é suficiente. Sabem que não é – interveio Wittonbury. – Irão dar o nome do outro homem ao meu irmão, juntamente com os nomes de todos os homens que conspiraram com vocês. – Olhou para Sebastian. – Depois ele e eu faremos o que tem de ser feito.

Kennington e Symes-Wilvert tinham o aspecto de quem levara uma sova. Não se atrevendo a falar, fizeram uma mesura e se retiraram apressadamente.

Wittonbury levantou a voz e lhe disses para parar. Não podia voltar-se para vê-los, por isso falou para o ar.

– Não importa o que acontecer, serão sempre meus amigos.

Não viu a perplexidade deles. Perfeitamente intimidados, deram meia-volta e saíram do jardim.

Morgan fez um esgar. O seu equilíbrio vacilou.

– Ajude-me a sentar, Sebastian. Rápido, antes que dê com o nariz no chão e leve a sua querida mulher comigo.

O jardim estava silencioso, à exceção dos sons da primavera e do movimento leve dos passos dela. Audrianna perambulava pelos caminhos de pedra enquanto absorvia o drama que tão inesperadamente acabara de se desenrolar. Sebastian entrara com o irmão. Provavelmente falariam em particular durante um bom tempo.

Ela também precisava ter algumas conversas particulares. Visitaria a mãe amanhã. A mãe merecia saber que a lealdade que mantivera para com o pai não tinha sido em vão.

Audrianna deixou as velhas memórias virem ao de cima enquanto caminhava. Não lhe causavam raiva, agora, nem medo. Não queria chorar. Imaginou o pai em tempos melhores e isso lhe trouxe alegria, não medo. Instalara-se nela uma paz preciosa desde a confissão dos amigos de Wittonbury. O marquês tinha razão quando dizia que os homens não eram bons mentirosos. Haviam dito a verdade quando redimiram o seu pai, tinha certeza.

Viu o rosto do pai com clareza, nítido como não via há meses. Pareceu a ela que os seus olhos escuros se tornavam ternos de gratidão. Depois ele sorriu e acenou com a cabeça, e a imagem dele começou a tomar formas na sua imaginação.

Sentiu botas ao seu lado, acompanhando o seu passo. Não notara que Sebastian voltara ao jardim. Ele pegou sua mão e caminharam os dois, desfrutando juntos daquela nova paz.

– O seu presente, naquela noite, foi ainda mais despojado do que eu imaginava – disse ele. – O Morgan confiara tudo a você, não confiara?

Ela fez que sim com a cabeça.

– Ele queria que você soubesse. Queria que eu lhe dissesse. Eu não consegui. Tive esperança de que achasse um caminho que lhe poupasse a desgraça. Se tivesse certeza, talvez a honra não lhe permitisse.

– Eu ia tentar. Ele não permitiu. – Fez um sorriso meio conformado. – Perguntou pelo médico alemão. Quando o levávamos para cima, falou de ir para fora, depois do assunto estar tratado. Depois mandou chamar a nossa mãe.

Audrianna olhou para a janela da biblioteca de Wittonbury. Ficaria Lady Wittonbury encantada por ver o herdeiro do marido reclamar a vida e a autoridade dele? Ou aturdida com a desgraça que diminuiria a sua influência juntamente com a dele?

– Eu acho que ele foi muito corajoso – declarou ela. – E muito bondoso para os amigos no fim, com aquilo que disse.

– Eles ficaram com ele quando ele foi esquecido. Ele não os abandonará. – Parou e puxou-a para os braços dele. – Fico feliz pelo seu pai estar inocentado. Feliz por você e por mim, e pelo nosso amor. E estou grato por ter acreditado nele quando mais ninguém acreditava.

– Grato?

– Se não fosse a sua determinação, nunca terias ido ao Duas Espadas naquela noite. Podia nunca a ter conhecido, nem ter roubado aquele primeiro beijo.

– Você teria roubado de outra mulher, e ficado bem satisfeito – provocou ela.

– Não teria sido a mesma coisa.

– É um sedutor, meu amor. Mas longe de mim desencorajar os seus elogios.

Ele sorriu aquele sorriso encantador. Enquanto ela se deixava deslumbrar e entontecer, ele ficou mais sério.

– Você deixou bem transtornado naquela noite. Foi... inesperado. Ocorreu-me, enquanto esperávamos o juiz de paz, que se fosse degredada, aquele beijo poderia na verdade ter de me suster para sempre, como, segundo dizem os poetas, é da natureza dos beijos importantes.

Aquilo não era lisonja. O tom de voz dele indicava que não. Ela não riu e também não tratou aquilo como se fossem meras palavras bem-dispostas.

– Perdi-me naquele beijo – admitiu ela. – Foi muito difícil detestar você depois disso.

– Por mais que tentasse?

Ela riu.

– Sim.

– Bom, pelo menos nunca me achou entediante.

Ela enrolou seus braços à volta do pescoço.

– Isso nunca. E agora a amo tanto que não contenho. Beija-me, para eu dar vazão a algum amor antes de rebentar.

Ele a beijou, e foi um beijo digno das vozes dos poetas, um beijo que ela recordaria a vida inteira.

O Sedutor

Diane Albret é órfã e passou a maior parte da sua vida num colégio interno. Sem mais família, está habituada a receber apenas uma visita: Daniel St. John, o seu irresistível tutor. Ao longo do tempo, ele a visitou sempre uma vez por ano. Mas o seu mais recente encontro reserva-lhe uma surpresa: Daniel esperava encontrar uma menina e Diane é já uma bela e carismática mulher. Ele aceita retirá-la da clausura do colégio e levá-la consigo para Londres. Porém, ambos têm planos que preferem manter em segredo.

Diane está decidida a descobrir o que se passou com a sua família, que nunca chegou a conhecer. Só Daniel pode revelar o que ela tanto deseja saber, mas ele tudo fará para que o passado permaneça secreto, pois os seus efeitos representam uma ameaça fatal para a vida de ambos. Por seu lado, Daniel está subtilmente a usar a inocência da sua protegida para uma vingança que planeja há mais de uma década.

Mas a crescente proximidade entre ambos ameaça dificultar-lhes os planos e, pouco a pouco, eles percebem que têm mais em comum do que julgavam. Poderá um novo amor triunfar sobre ódios antigos?

Mil Noites de Paixão

Eles não têm absolutamente nada em comum.

Lady Reyna é uma mulher virtuosa e erudita, que preferia morrer a quebrar uma promessa ou voto.

Ian de Guilford é um sensual mercenário, um cavaleiro errante cujo temperamento fogoso lhe valeu a alcunha de Senhor das Mil Noites.

Ela não conhecia a sua fama quando, fazendo-se passar por cortesã, transpôs as linhas inimigas com um plano desesperado para salvar o seu povo. Agora que está frente a frente com o guerreiro a cujos encantos, diz-se, é impossível resistir, Reyna percebe que subestimou o seu inimigo. Ele está decidido a tudo para subjugar a sua virtude. A bem do seu povo, ela não pode ceder... e a sua audácia leva-a a fazer algo com que nunca sonhou: pôr em jogo o seu coração.

Este livro foi composto
em Sabon MT para a LeYa
e impresso em setembro de 2013.